# 日中戦争全史 上

対華21カ条要求(1915年)から
南京占領(1937年)まで

笠原 十九司
Kasahara Tokushi

高文研

# 日中戦争全史◉上巻目次

装丁＝商業デザインセンター・山田 由貴
地図作成＝藤森 瑞樹

## 日中戦争全史◉下巻目次

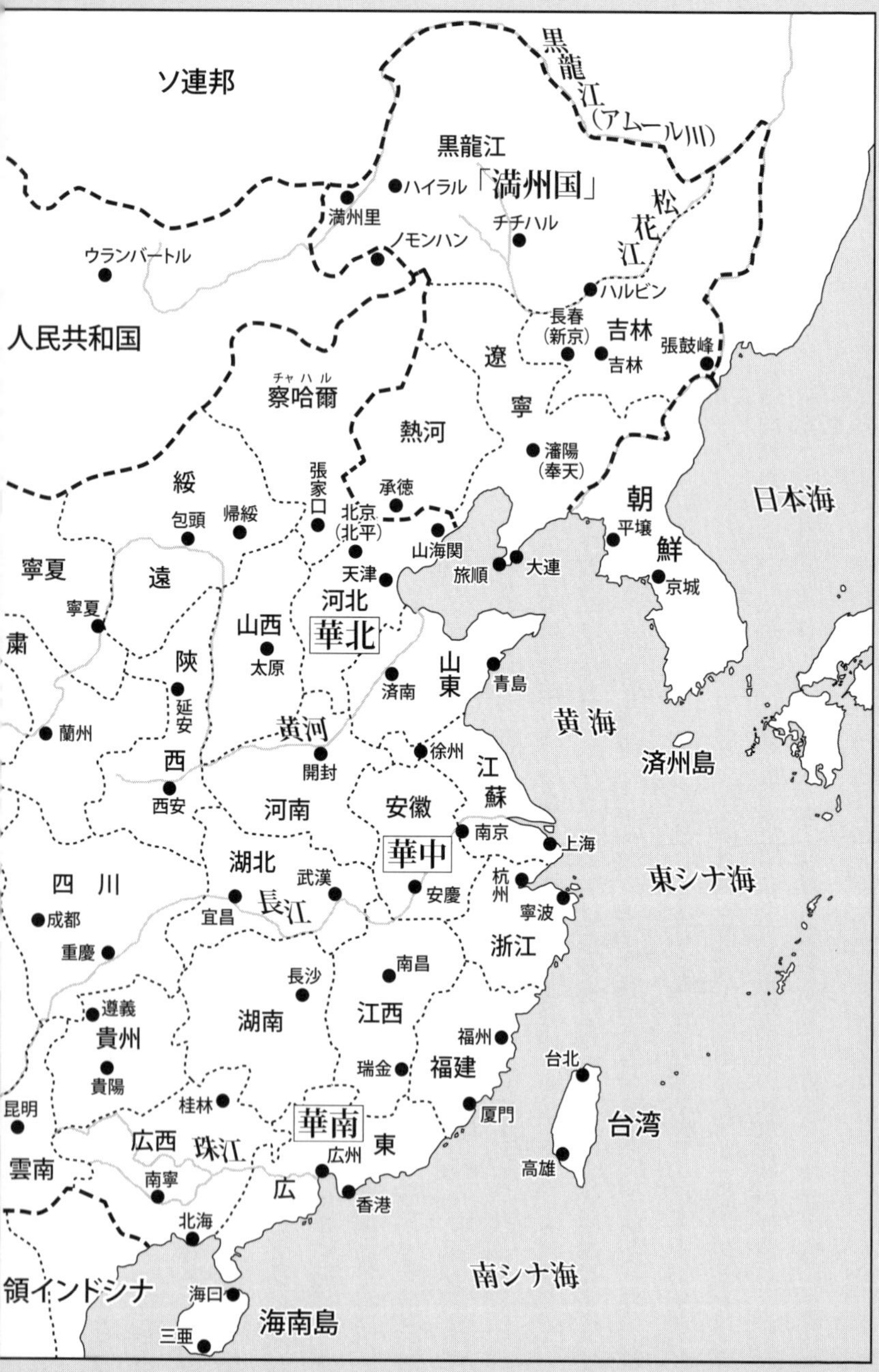
ソ連邦
黒龍江（アムール川）
黒龍江
ハイラル
「満州国」
満州里
松花江
チチハル
ノモンハン
ウランバートル
ハルビン
人民共和国
長春（新京）
吉林
吉林
張鼓峰
遼寧
察哈爾《チャハル》
熱河
瀋陽（奉天）
綏遠
張家口
承徳
朝鮮
日本海
包頭
帰綏
北京（北平）
平壌
山海関
旅順
大連
寧夏
天津
京城
河北
寧夏
山西
華北
甘粛
太原
山東
青島
陝西
済南
延安
黄海
蘭州
黄河
徐州
開封
済州島
江蘇
西安
河南
安徽
南京
上海
華中
湖北
杭州
四川
武漢
安慶
東シナ海
長江
寧波
成都
宜昌
浙江
重慶
南昌
長沙
遵義
湖南
江西
貴州
福州
瑞金
福建
台北
貴陽
桂林
昆明
厦門
台湾
華南
広西
珠江
広東
広州
高雄
雲南
南寧
香港
北海
仏領インドシナ
南シナ海
海口
海南島
三亜

# 地図① 日中戦争全史関連要図

※笠原十九司著『海軍の日中戦争』掲載
「地図1 日中戦争関係中国全図」を元に作成した。

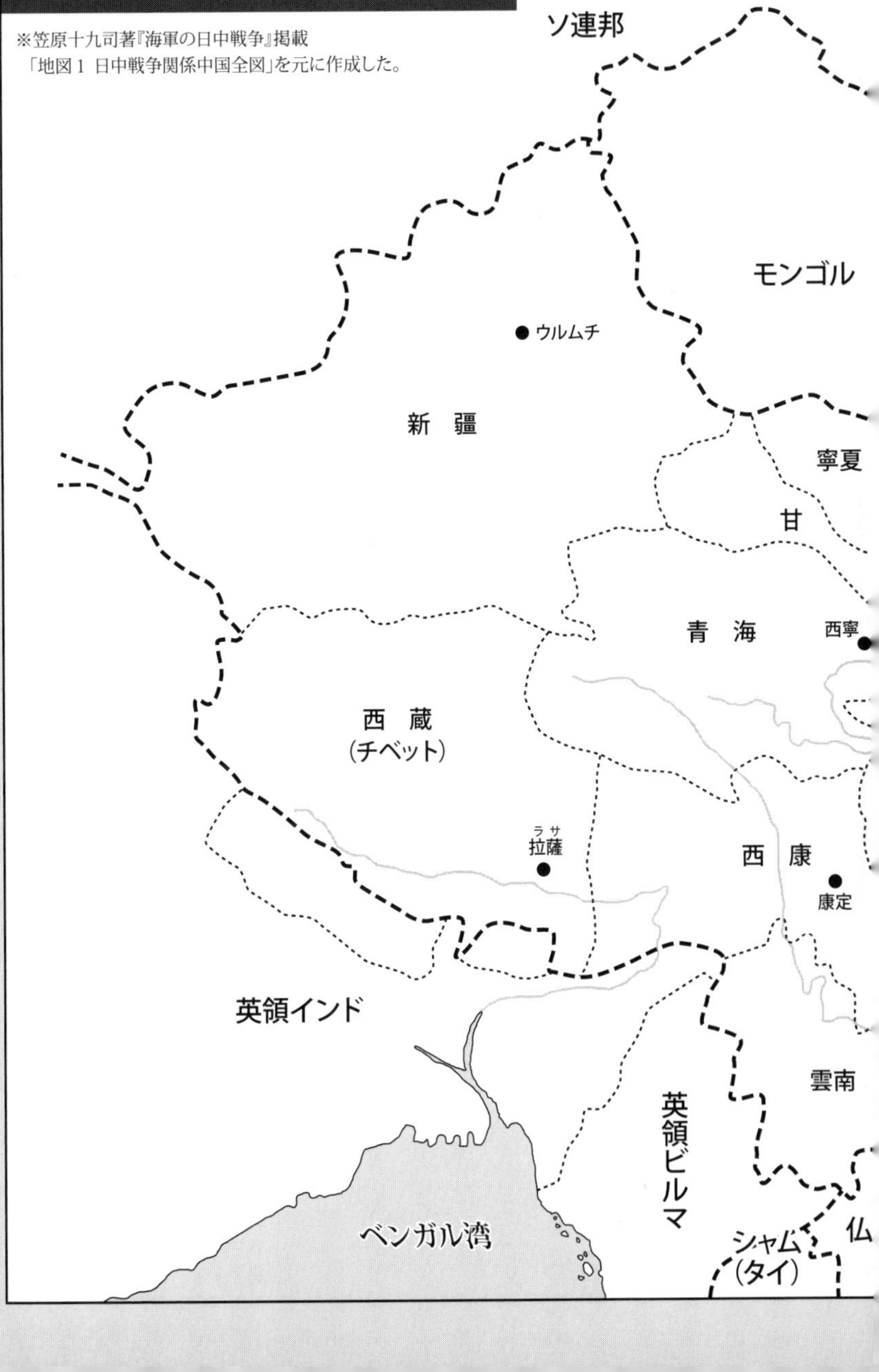

地図②　日中戦争における戦線と占領地の拡大

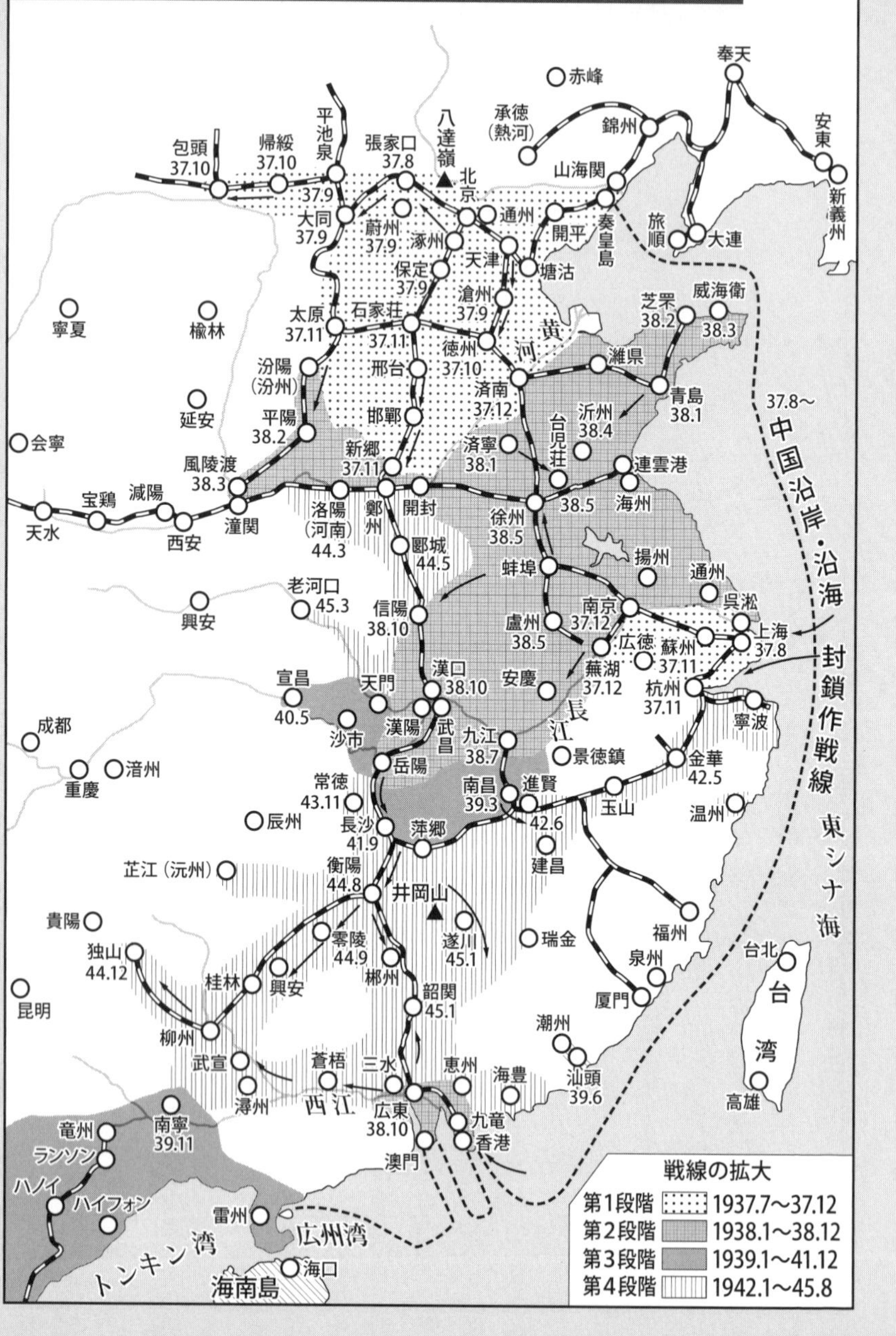

# はじめに――本書の組み立てと全体の流れ

日中戦争は一般に知られているように一九三七（昭和一二）年七月七日の盧溝橋事件から開始され、一九四五（昭和二〇）年八月一五日の日本の敗戦までの八年間にわたっておこなわれた日本の中国侵略戦争である。中国では抗日戦争と呼ぶ。日中戦争は、一九三一（昭和六）年九月一八日の柳条湖事件によって開始された満州事変を継承した日本の中国侵略戦争であり、「日中十五年戦争」あるいは単に「十五年戦争」と呼ばれることもある。日中戦争はさらに一九四一（昭和一六）年一二月八日にアメリカ・イギリスに宣戦布告して開始されたアジア太平洋戦争（太平洋戦争）に包摂され、第二次世界大戦の一環となった。

日中戦争はアジア太平洋戦争以降、それまでの日本と中国との戦争から、日本が中国・アメリカ・イギリスなどの連合国と戦う戦争に大きく転換したが、これまで日本で数多く出版された日中戦争の歴史書には、その叙述がほとんど欠落している。

戦争は言うまでもなく一国だけでおこなうものではない。日中戦争全史を明らかにするためには、日本側の視点と合わせて中国側の視点も必要となり、さらにアメリカやイギリス、さらに日本と軍事同盟を結んだドイツの動向など国際的な視点も必要となる。これまで、日中戦争の歴史書の多くは日本史研究者の手になるものがほとんどであったが、一国史研究の枠では、日中戦争の全体像を解明することには限界がある。

本書は中国近現代史、日中関係史、東アジア国際関係史を専門とする筆者がこれまでの研究成果を集大成して書き上げた、類書にない『日中戦争全史』であると自負している。

日本は満州事変から一五年間にわたり中国侵略戦争をおこなったが、戦場が日本ではなく、中国大陸であったために、多くの日本国民は、膨大な日本軍が長期にわたり中国戦場で中国の軍民（兵士と民衆）にたいして何をおこなったのか、知らされていない。また、学校教育においても教えられていない。

日中戦争の時代、中国人俳優・歌手李香蘭として活躍した山口淑子が、敗戦後漢奸（中国人の裏切り者・売国奴）として裁判にかけられたが、日本人であることが判明して死刑を免れて日本に帰国した。戦後の日本で参議院議員もつとめ、二〇一四年に九四歳で亡くなった彼女は、晩年「本当にあの戦争はバカな戦争でした。どれだけ人の命を奪ったことか。特に若い人の命を」「日本軍は、中国で本当に罪深いことをしたと思う」「私が仮に中国人だったとして同じことをされれば、日本を嫌いになったでしょう」と語っていた（『朝日新聞』二〇一四年九月一五日）。

本書は李香蘭時代の彼女が目撃した「日本軍は、中国で本当に罪深いことをした」歴史事実を全体的に叙述したことにおいて、これまでの日中戦争史の類書にはないことである。

本書は正真正銘の『日中戦争全史』として上巻・下巻にわたる膨大な分量になった。目次を見ていただけば分かるように、日本・中国・世界の多方面の多岐にわたり、時代も必要により前後して叙述しているので、通読するのに時間を要し、日中戦争の全体像を理解するのに困難な読者があらわれることも予想される。そこで、本書のはじめに、本書全体の構成を示し、各章ごとにその内容の概略を述べることにした。これによって、まず日中戦争の全体像をおおまかに理解したうえで、各章の叙述が日中戦争の歴史のどの段階に当たるか確認しながら読み進めていただければ、長期、多岐にわたる複雑な日中戦争の実態の理解が容易になるのではないかと思われる。

## 序章　戦争には「前史」と「前夜」がある

国家が発動した戦争は、国家の名によって他国の軍民（兵士と民衆）を殺害することである。それも近代兵器の使用と長期化により「大量殺人」となる。日中戦争は、徴兵制によって召集された日本の成年男子が中国戦場に駆り出され、中国の軍民を大量殺害した侵略戦争であった。国内では人に危害を与えたこともない日本兵を中国戦場において殺人者にしたてる巧妙な日本軍隊の仕組みがあった。

戦争は突然勃発するのではなく、戦争へと進む「前史」があり、それがいよいよ戦争発動・開始の「前夜」の段階にまで進むと、戦争を阻止することはほとんど不可能となり、謀略でも偶発的事件でも容易に戦争に突入する。日本国民が日中戦争の歴史から学ぶべきことは、いつから「前史」が始まり、いつ「前夜」に転換したかを知ることである。それは将来、日本が戦争「前夜」にいたるのを防ぐための国民の英知を身につけるためである。

## Ⅰ　日本はいつから満州事変・日中戦争への道を歩みはじめたのか

一九一四年七月二八日ヨーロッパで第一次世界大戦が開始されると、日本は日英同盟を口実にドイツに宣戦布告、ドイツ東洋艦隊の根拠地である要塞都市青島《チンタオ》を軍事占領した。日独青島戦争である。第一次世界大戦の長期化を利用して日本は一九一五年、中華民国の袁世凱政権に対華二十一カ条要求をつきつけ、最後通牒を出して圧力を加え、五月九日袁世凱政権に受諾させた。二十一カ条要求は、満州（中国東北）や山東半島、さらには「韓国併合」につづいて、中国全土に日本の支配を拡大する構想をもっていた。日本は満州事変・日中戦争を発動して中国の軍事支配を企図した。二十一カ条要求の強要は、満州事変・日中戦争の「前史」のはじまりであった。

日本が侵略の対象とした中国は一九一一年の辛亥革命により建国された中華民国であった。国家にたいする主権者意識に目覚め、自覚した中国国民が最初に展開したのが二十一カ条要求反対運動であった。それは、以後長期にわたり日本の侵略政策に反対して展開される中国国民の抗日民族運動の起点となり、日中戦争の開始にともない抗日戦争へと発展した。

一九一七年一一月ロシア革命によってロマノフ王朝が打倒され、レーニンの率いるボルシェビキ（ソ連共産党の前身）がソビエト政権を樹立、ドイツ・オーストリア側と単独講和を結ぶと、アメリカ・イギリス・フランスをはじめとする列強は内戦を開始した反革命政権を援助するためにシベリア出兵（シベリア革命干渉戦争）をおこなった。

日本はシベリア出兵を満州とロシアの沿海州に進出する絶好の機会ととらえ、シベリア革命干渉戦争の連合国軍総数約九万のうち、七万二〇〇〇の軍隊を派遣した。日本はシベリア出兵を利用して南満州から北満州へ軍事行動を拡大、一九一九年四月「関東庁」を発足させるとともに行政から独立した「関東軍」を成立させた。関東軍は統帥権の独立を盾に張作霖爆殺事件、柳条湖事件の謀略を策動、満州事変を引き起こした。ここから満州事変の一つの「前史」がはじまった。

歴史にはある期間に重要な事件が集中して発生、歴史の流れが大きくかわる転換点（turning point）がある。

革命家孫文は中華民国北京政府に対抗して、広東に地方政権を築き、試行錯誤をへながら、ソ連の援助を受けて国民党を組織して広東国民政府を樹立、さらにソ連の赤軍（共産党軍）をモデルにした国民革命軍を組織した。孫文は中国共産党との合作を進め共産党員も国民党政府・組織・機関に参加できるようにした（第一次国共合作）。

孫文の死後、革命遺志をついだ広東国民政府は、国民革命軍（蔣介石総司令）による中国全土の統一と帝国主義列強からの主権回収をスローガンにかかげ、北京政府からの奪権をめざして北伐戦争を開始した。中国国民革命である。これを多くの中国国民は積極的に支持、あるいは参加した。

日本は国民革命に敵対、国民革命軍が山東省を北上しようとすると、田中義一内閣（政友会）はそれを妨害・阻止するために三次にわたって山東出兵をおこない、山東省の省都済南の軍事占領を続けた。済南を迂回した国民革命軍は北京を占領して北京政府を崩壊させ、蔣介石国民政府（南京に首都による中国統一はひとまず達成された。

日本は、北京政府を統治していた満州に基盤をもつ軍閥・張作霖に本拠地の奉天（現在の瀋陽）に退去するよう勧告した。一九二八年六月四日早朝、奉天駅にさしかかった張作霖の列車は、関東軍高級参謀の謀略による満鉄線爆破のために押しつぶされ、張作霖は死亡した。関東軍高級参謀はこれを国民革命軍の仕業として、関東軍を出動させ、満州を軍事占領する計画だった。日本政府と軍部は張作霖爆殺事件の真相をいっさい国民に知らせなかった。

一九二八年三月田中義一内閣は共産党勢力に大弾圧を加えて組織活動をほぼ壊滅させたうえ（三・一五事件）、それを口実に同年六月治安維持法を改正して最高刑を死刑とした。以後日本の敗戦まで治安維持法体制は政治活動、言論思想弾圧に猛威をふるい、日本国民が軍部・政府の戦争政策に反対することはほとんど不可能になった。

一九二八年は日本が満州事変・日中戦争への「前夜」へと歴史の歯車を大きく回転させた転換点となった。

いっぽう国際社会においては、一九二八年八月「パリ不戦条約」が締結され、戦争が国際法において違法であると規定、戦争放棄と戦争の平和的解決をうたった。アメリカ・イギリス・フランス・ドイツ・イタリア・日本などが署名・批准、中国も加盟、後に六三カ国が加盟国となった。一九二八年は、「戦争違法化」へ向けた世界史の転換点となった。

## II 日本軍は「満州」で何をおこなったのか

関東軍参謀石原莞爾《かんじ》は同じく参謀の板垣征四郎とコンビを組んで満州を軍事占領するための謀略を周到に計画、一九三一年九月一八日夜、奉天近郊の柳条湖で満鉄線を爆破、これを張学良（張作霖の息子）の東北軍の仕業として軍事行動を開始した（柳条湖事件、満州事変の始まり）。関東軍は四カ月後に満州の主要都市と鉄道を占領した。関東軍の満州事変発動にたいして、中国国民政府は国際連盟に提訴した。

一九三二年一月昭和天皇は関東軍の謀略と独断的軍事行動を賞賛する勅語を発した。これにより満州事変と満州侵略は日本の国策となった。ついで関東軍の策謀により、同年三月一日、「満州国建国」を宣言、清朝最後の皇帝溥儀を執政に就けた。

日本では一九一八年政友会総裁の原敬が首相になって以後、政党の総裁が首相となり組閣する政党内閣制がつづいていた。しかし一九三二年五月一五日海軍青年将校グループが「国家改造」をとなえて決起、首相官邸を襲撃し犬養毅首相を殺害した（五・一五事件）。これにより政党内閣政治は終焉をつげ、軍部による専横政治が始まった。

一九三三年二月国際連盟総会は満州事変と「満州国」について日本の主張を認めない決議を賛成四二、反対一（日本）、棄権一で採択した。日本はこれに反発して、翌三月国際連盟脱退を通告、天皇も国際連盟脱退の詔勅を下した。

満州事変にたいして中国国民政府の指導者の蒋介石と東北政権の権力者張学良は、不抵抗主義政策をとったが、満州各地の軍隊や民衆は自発的に抗日義勇軍を組織して反「満州国」抗日ゲリラ闘争(反満抗日闘争)に立ちあがった。

関東軍は抗日義勇軍の討伐をすすめるいっぽう、占領した満州の地に日本から農業移民を送る計画の実行に着手した。日本では満州開拓移民といっているが、開拓ではなく、中国農民から土地を強奪し、そこへ日本人を移住させたのである。最初の満州開拓移民は在郷軍人で組織した武装移民団であった。

一九三三年以降、中国共産党の組織した東北人民革命軍が急速に勢力を拡大し、第一軍から第一一軍までを有する東北抗日連軍に発展した。一九三五年九月関東憲兵司令官兼関東局警務部長に就任した東条英機は、東北抗日連軍と共産党勢力の撲滅に執念を燃やした。東条は中国共産党員とその支持者、親ソ連とみなしたものなど三〇〇〇人を逮捕して大弾圧を加えた。さらに一九三七年三月に関東軍参謀長となった東条は治安粛清作戦(治安戦)を指揮、東北抗日連軍を壊滅させた。

関東軍の周到な治安戦によって、反満抗日武装闘争がほぼ壊滅させられたのち、武装移民団に代わって日本人の分村移民や一般人の満州開拓移民が膨大に送出されるようになった。

## Ⅲ 日中戦争はどのように準備されたか

日中戦争の歴史書は一般に盧溝橋事件(一九三七年七月七日)から日中戦争が勃発したように記述

しているが、本書が明らかにするように、日中戦争は日本海軍によって積極的に拡大、遂行された重要な歴史事実を見落としている。一九三六年はまさに日中戦争の「前夜」そのものであった。

天皇の統帥権を錦の御旗にして専横的に政治権力を手にした陸軍部内では、日本の内外政策をめぐって統制派と皇道派の派閥が対立を強めていたが、一九三六年二月二六日早暁、皇道派の青年将校が約一四〇〇人の兵力を率いて「昭和維新」「尊皇討奸」をかかげて決起、蔵相・内大臣・陸軍教育総監を殺害、首相官邸・陸軍省・参謀本部・警視庁など永田町一帯を占領してクーデターを試みた（二・二六事件）。これにたいし昭和天皇は激怒して武力鎮圧を命じ、決起部隊を反乱軍とみなす奉勅命令を出した。天皇から「逆賊」とみなされた決起部隊は無血で鎮圧され、さらに陸軍軍法会議で皇道派の青年将校一七人に死刑が執行された。

二・二六事件の結果軍部の強権政治体制が確立、日中戦争は陸軍の主導権を掌握した統制派によって遂行される。また海軍は天皇の統帥権を利用した軍部強権政治体制を利用して、本格的に日中戦争を準備した。二・二六事件は日本が日中戦争「前夜」に突入する決定的な契機となった。

関東軍は満州支配につづいて、「満州国」に接する華北の支配に着手した。土肥原賢二奉天特務機関長（特務機関は中国各地に配置された特別の軍事組織で、作戦以外の諜報・謀略などの特殊活動・工作をおこなった）が中心となって一九三五年傀儡政権の冀東《きとう》防共自治政府を樹立した。関東軍は天津・北京とその周辺に駐屯させていた支那駐屯軍と共同して、傀儡政権の支配領域の拡大をはかった。一九三六年になると日本政府は華北五省（河北・山東・山西・察哈爾《チャハル》・綏遠《すいえん》）を国民政府の支配から分離させる「華北分離」政策を決定した。陸軍は二・二六事件以後、支那駐屯軍を一七七一人から五七七四人に増強し、北京周辺で軍事訓練、演習を公然とおこなった。翌年の盧溝橋事件は起こるべくして起こったのである。

三六年六月、二・二六事件の衝撃を利用した海軍の主導で「帝国国防方針」を、それまでのソ連を仮想敵とする北進論に米英を仮想敵とする南進論を加えて「南北併進論」に改定させた。広田弘毅内閣はそれをそのまま認めて「南北併進」の戦略とそのための予算を配分して軍備拡張をすることを定めた「国策の基準」を決定、陸軍は対ソ戦、海軍は対米英戦を準備していくことになった。アジア太平洋戦争の「前史」の始まりである。

このときの海軍はかつてワシントン海軍軍縮条約、ロンドン海軍軍縮条約を締結した「国際的開明的」な海軍とは一変し、対米強硬派の皇族伏見宮博恭《ふしみのみやひろやす》軍令部総長（一九三二年から四〇年まで在職）の人脈で海軍首脳はかためられていた。

山本五十六は海軍軍縮条約で制限の対象とならない海軍航空兵力の開発と拡充につとめ、一九三六年に長距離爆撃機の九六式陸上攻撃機（中型攻撃機、中攻と略称）が完成した。サイパンなどの陸上基地から発進してアメリカの太平洋艦隊などを爆撃する目的で開発された爆撃機である。

日本の陸軍と海軍は中国大陸の縄張りを決め、満州・華北は陸軍、華中・華南・台湾は海軍の管轄に棲み分けて、それぞれ作戦の主導権を尊重しあった。一九三六年九月、海軍の管轄である広東で日本人が中国人に殺害された事件と上海で水兵が中国人に殺害された事件が発生した。海軍中央（軍令部と海軍省）はただちに日中戦争発動準備態勢に入り、長崎の大村基地や台北の基地には中攻機に爆弾を搭載して、東シナ海を越えての「渡洋爆撃」への出撃に向け待機した。

しかし、陸軍中央（参謀本部・陸軍省）が強く反対したので、海軍の日中戦争発動は実現しなかった。このことは海軍が一九三七年八月九日謀略による大山事件をしかけ、第二次上海事変を勃発させる伏線となった。

蒋介石は南京国民政府を樹立すると共産党の粛清・弾圧に転じた（第一次国共合作の終焉）。しかし、共産党は紅軍を中心にして華中・華南に中華ソビエト政権を樹立、国民政府に対抗した。蒋介石は中華ソビエト政権の撲滅に全力をかけ、陝西省北部の陝北ソビエト政権に追い詰めた。そして張学良に最後の止めを刺す任務をあたえた。しかし、張学良は共産党の周恩来らと秘密裡に停戦合意を結んだ。

一九三六年一二月一二日、張学良は任務遂行の督促に西安にきた蒋介石を武力で監禁、国民党と共産党が一致して抗日戦争を戦い、全国の抗日勢力を統一させることを迫った（西安事件）。西安事件は平和的に解決され、翌年の日中戦争勃発とともに第二次国共合作が成立、抗日民族統一戦線が形成されることになった。

一九三六年に日本、中国それぞれにおいて日中戦争（中国では抗日戦争）の構造がすでに形成され、日中戦争は準備されていたといえる。

## Ⅳ　日中戦争はどのように始まったか

一九三七年七月七日盧溝橋事件が発生した。事件そのものは偶発的に発生したもので現地軍の間で停戦協定が成立した。しかし、陸軍参謀本部内で統制派の武藤章や田中新一らの拡大派が華北分離の懸案を一気に解決させると「中国一撃論」を主張して勢力を拡大、石原莞爾らの不拡大派を凌駕した。近衛文麿内閣は陸軍が要請した日本軍の華北派兵を認め「北支事変」と命名した。

前年に日中戦争発動を企図しながら陸軍の反対で不成功におわった海軍は好機到来と華北から華中、華南への戦争を拡大する態勢に入った。

いっぽう石原莞爾参謀本部第一（作戦）部長ら不拡大派は、天皇も望んだ北支事変の早期解決に動き、近衛内閣も賛同して「日華停戦条件」を決定、秘密裡に国民政府と和平交渉をすすめた。国民政府もこれに応じ、八月九日に上海において和平交渉を開始した。和平交渉が成立して「日華停戦」が実現することを恐れた現地海軍は同日夕方、上海特別陸戦隊西部分隊長の大山勇夫を中国保安隊に射殺させる謀略を仕掛けた（大山事件）。現地海軍の思惑どおり日本国内の世論が激高、「暴支膺懲《ぼうしようちょう》」が叫ばれ、のちに日中戦争のスローガンとなった。八月一三日、上海特別陸戦隊と中国軍との間で第二次上海事変が開始され、華北の戦争は上海に拡大した。海軍航空隊はこの日に九州の大村と台湾の台北から中攻機隊を出撃させ、国民政府の首都南京を渡洋爆撃する態勢をとっていたが、台風のため中止、一四日と一五日になって決行した。宣戦布告もしていない中国政府の首都南京を爆撃したのは、戦時国際法に違反する不法行為であったが、日本の軍部・政府、国民にその意識は欠如していた。

一三日の夜の臨時閣議で米内光政海相は陸軍の上海派遣を強硬な態度で決定させた。米内海相は翌一四日の夜も臨時閣議を開かせ、近衛内閣に「暴支膺懲」の帝国声明を発表させた。「帝国声明」にもとづき、陸軍は「上海派遣軍」（松井石根《いわね》司令官）を出動させ、政府は「北支事変」を「支那事変」と改名、日中戦争は海軍の思惑どおり中国との全面戦争に拡大した。

九月になって上海に飛行場を開設した海軍航空隊は、中攻機隊と九六式艦上戦闘機隊による南京空襲部隊を編成、一一次にわたり、南京空襲を敢行した。南京空襲の目的は、中国の首都の軍事・政治・経済機能を破壊して、国民政府を屈服させ、中国国民に敗戦を意識させることにあった。現在の戦争の主要形態になっている空爆戦争の先駆けである。海軍航空隊は広東・漢口・南昌やその他の中小都市の空爆もおこなった。

日本海軍機による中国の無防備都市の爆撃、および日本の中国侵略を非難する世界の世論がたかまるなかで九月二八日国際連盟総会は「都市爆撃に対する国際連盟の非難決議」を全会一致で採択した。アメリカのルーズベルト大統領は一〇月五日、シカゴにおいて日本に対する経済的政治的封鎖をにおわせる「隔離演説」をおこなった。さらに国際連盟総会の提案をうけてイギリスとアメリカが提案国となって一一月三日からブリュッセル会議を開催、日本の中国侵略にたいする制裁措置を検討することになった。日本がもっとも恐れたのは石油や鉄などの軍需物資を大きく依存しているアメリカの主導による経済制裁が決定されることだった。

日本政府は、ドイツ政府に申し入れて国民政府との和平交渉を開始した。駐華ドイツ大使の名にちなんでトラウトマン和平工作といわれる。

ブリュッセル会議が日本の中国侵略を道義的に批判するだけで終わったことに勢いを得た日本の政府・軍部は一一月二〇日、戦時における最高統帥機関である「大本営」を宮中に設置した。本格的な日中戦争指導体制の構築である。

三カ月におよび苦戦した上海戦は武藤章作戦課長が作案、現地にとんで指導した第一〇軍による杭州湾上陸作戦が功を奏して上海戦は終結した。上海派遣軍は第一〇軍と合わせて中《なか》支那方面軍（松井石根司令官）を編成、武藤章が参謀副長となった。統制派で拡大派のリーダーであった武藤は国民政府の首都南京を攻略して降伏させ、「中国一撃論」の正しさを証明しようとした。松井石根司令官は南京を攻略して蒋介石政府を倒し、親日派政権を擁立することを当初から考えていた。

中支那方面軍は多田駿《はやお》参謀次長の統制に従わず、上海戦で疲労した大軍を食糧補給・装備・運輸も不十分なまま南京攻略にむかわせた。大本営は中支那方面軍の独断専行を追認して一二月一日南京攻略令を下令した。日本軍は南京城の四方から攻撃、包囲殲滅戦を展開、一二月一三日に南京占領、つづいて徹底した残敵大掃蕩をくりひろげ、世界に報道されて国際的非難を呼びおこした南京大虐殺事件（南京事件）をひきおこした。

南京陥落の前日の一二日、空から南京防衛軍の陣地を爆撃した海軍航空隊は、中国軍の指導部が船舶に乗って長江上流へ脱出しつつあるという情報をえて、長江上の船舶の爆撃に向かい、先頭の村田重治隊がアメリカの砲艦パナイ号を急降下爆撃して沈没させた（パナイ号事件）。パナイ号事件で四人が死亡、ヒューズ艦長は重傷をおった。衝撃をうけたアメリカ国民の間に日本商品ボイコット運動がひろまった。

後に日本海軍が真珠湾攻撃をすると、アメリカではパナイ号事件を「真珠湾攻撃への序曲（Prelude to Pearl Harbor）」と想起するようになった。日本においてもパナイ号を撃沈した村田重治が真珠湾攻撃において最初に戦艦ウェストバージニアを魚雷攻撃で炎上させた。またパナイ号事件ではアメリカ政府との対応に奔走した山本五十六海軍次官は日本連合艦隊司令長官として真珠湾攻撃を指令した。さらに常州の基地で南京爆撃を指揮した参謀が真珠湾奇襲攻撃の綿密な作戦計画をたてた源田實であった。山本・源田・村田の三人はパナイ号事件が「真珠湾攻撃への序曲」となったことを証明した。

## V 日中戦争はどのような戦争だったのか〈1〉

### ——国民政府「潰滅」をめざした大作戦の展開——一九三八年

中国の首都南京を占領した日本は政府官庁が主導して全国で戦勝祝賀行事を繰りひろげた。しかし、国民政府はすでに重慶に遷都を決定、武漢に暫定的な首都機能を移して抗日戦争の体制を整えていた。

一九三八年一月一四日近衛内閣はトラウトマン和平工作を打ち切り「国民政府を対手《あいて》とせず、国民政府の潰滅をめざし、新政権を樹立する」という閣議決定をおこなった。大本営政府連絡会議の決定を経て翌一六日、近衛内閣は「帝国政府は爾後《じご》国民政府を対手とせず」という近衛声明（第一次近衛声明）を発表した。日中戦争の目的は国民政府を「潰滅」させ、新たに親日政府を樹立することにあると定めたのである。

徐州は華北と華中を結ぶ交通の要衝にある。徐州に国民政府軍の主力が集結しているという情報を得た大本営は、中国軍の捕縛殲滅をねらって一九三八年四月七日、徐州作戦を命令した。日本軍は五月一七日徐州を占領、日本国内では提灯行列をするなど戦勝気分を盛り上げたが、中国主力軍はすでに退却してしまっていた。

大本営は八月二二日「中支那派遣軍は海軍と協同して漢口付近の要地を攻略占拠すべし」と武漢攻略作戦（武漢作戦、漢口作戦ともいわれる）を命じた。海軍は武漢地区（武昌・漢口・漢陽）の占領を強く要請した。二カ月におよんだ武漢攻略作戦は日本、中国とも大軍を投入、それまでの日中戦争におけるもっとも大規模な戦闘となった。

日本軍は一〇月二七日武漢全域を占領した。しかし国民政府は日本軍の武漢侵攻を予測して六月には奥地の重慶に政府機関を移転、主力軍も地の利を利用して撤退していたので、中国軍に大打撃を与えるという日本軍の目的は達成できなかった。

大本営はイギリス領の香港をつうじて欧米からの国民政府援助物資が搬入されることを阻止するために、武漢攻略作戦と同時期に広東作戦を命令した。周到な準備をした日本軍が一〇月九日に台湾を出発、広東に侵攻したが、国民政府軍の抵抗はほとんどなく、一〇月二一日には広東を占領した。大本営陸軍部が広東占領につづいて武漢占領を発表すると、サイレン・ラジオ・号外などでいっせいに全国に報道され、一〇月二八日は政府によって武漢・広東占領祝賀の日とされ、全国で戦勝祝賀行事が大々的に繰りひろげられた。

蔣介石は武漢撤退にさいして「全国国民に告げる書」を発表して全面抗戦の堅持を呼びかけた。一九三八年に日本は国民政府の「潰滅」をめざして大作戦を敢行したにもかかわらず「潰滅」することができず、日中戦争は長期戦争の泥沼に入りこんだのである。中国は抗日戦争は長期持久戦段階に入ったと位置づけた。

一九三八年一一月三日近衛内閣は「東亜新秩序建設声明」（第二次近衛声明）を発表、国民政府の新秩序への参加を拒否するものではないと和平への期待をもりこみ、「国民政府を対手とせず」という第一次近衛声明を修正した。

## Ⅵ　日中戦争はどのような戦争だったのか〈2〉

### ――南進・北進への衝動と勝利なき二つの戦場での戦い――一九三九～四〇年

日本海軍は一九三九年二月一〇日から中国大陸の南端にある海南島への侵攻作戦を開始、三日後には作戦を終了した。海南島は台湾に近い広さをもち現在は海南省となっている。海軍は海南島を軍事占領して航空基地と軍港を建設した。海軍は海軍航空隊の陸上基地を開発・運営・防衛するために基地部隊を設置、さらに軍政を施行、島内の抗日武装ゲリラを掃蕩するために海南警備府を設置した。

日米戦争では戦艦どうしの決戦はおこなわれず、緒戦では航空部隊を主力とする航空母艦どうしの決戦が展開されたが、ミッドウェー海戦の敗北以後は陸上基地の争奪戦が重要となった。アメリカは海軍の海南島軍事占領と南進基地化に抗議して、一九三九年七月二六日、大統領の権限で「日米通商航海条約廃棄通告」を日本政府へ提出、同条約は六カ月以後無効となると通告した。アメリカ政府による対日経済制裁の第一段階となった。

陸軍の北進論、北進政策は「満州国」を基地にして沿海州・東部シベリア・内外モンゴルへも進出するというものだった。一九三八年夏の「満州国」と朝鮮と沿海州の国境地帯の張鼓峰で日本軍（朝鮮軍）が挑発したソ連軍との軍事衝突事件が発生した（張鼓峰事件）。ソ連軍にいっぽう的に敗北した日本軍にたいして、関東軍参謀の辻政信はソ連軍の警備がうすいとみなした「満州国」と国境を接する東部モンゴルからソ連のバイカル方面へ侵攻する作戦計画をたてるようになった。

モンゴル人民共和国は一九二四年に建国されたアジアで最初の社会主義国であった。日中戦争が開始されると日本に通敵するのではというスターリンの猜疑心がつよまり、一九三七年一〇月から三九年五月にかけて、モンゴル人民革命党・政府・軍の指導者二万余人が反ソ連・反革命、日本のスパイなどの嫌疑で銃殺された。スターリンの大粛清でモンゴル軍が崩壊状態にあるという情報を得た関東軍司令部はモンゴルに侵攻する好機が到来したと判断した。

一九三九年五月末、ハイラルから出撃した関東軍の部隊が、モンゴル・ソ連軍が「満州国」とモンゴルの国境のハルハ河を越えたと攻撃した。しかし、ソ連軍の反撃により一部隊が全滅した（第一次ノモンハン戦争）。

関東軍においては辻政信参謀と参謀（作戦主任）の服部卓四郎が、陸軍の飛行兵団と戦車兵団からなる大部隊を出動させてソ連軍を撃滅させ、さらにモンゴル領内に侵攻する作戦を積極的に進めた。七月二日からハルハ河を挟んで関東軍とソ連軍の大部隊が第二次ノモンハン戦争を開始した。八月二〇日からソ連軍は航空機五〇〇機による爆撃と最新鋭の戦車大集団による攻撃を開始、第二三師団は潰滅させられた。辻や服部は関東軍の全部隊を投入して決戦を挑もうとしたが、大本営は第二次世界大戦の勃発というヨーロッパの情勢の急変にともない、関東軍司令部の幹部を更迭、日本政府は九月一五日ソ連と停戦協定を結んだ。

ノモンハン戦争を強硬に作戦指導した関東軍参謀の服部卓四郎と辻政信は、いったん他の職に転じたが、まもなく服部は参謀本部作戦課長、辻は作戦班長に栄転した。ノモンハン戦争でソ連の機械化部隊の圧倒的な戦力をみせつけられた二人は、北進論から南進論へ転向、アジア太平洋開戦へ向けて参謀本部を積極的にリードしていくことになった。ノモンハン戦争は対ソ戦争から対米英戦争（アジア太平洋戦争）への一つの、しかし大きな転換点（turning point）となった。

西ヨーロッパにおけるドイツの電撃的勝利は、日中戦争に行き詰まっていた日本社会に大きな衝撃と興奮を呼びおこした。新情勢の到来によって、宗主国の敗滅した仏印（ベトナム）や蘭印（インドネシア）さらにはドイツの攻撃にさらされているイギリスの植民地（香港・マレー半島・ビルマ）に進出して資源、とくに蘭印の石油を手に入れる絶好の機会が到来したと軍部・政府、世論も色めきたった。ナチスドイツのような強力な「新体制」を構築する必要があると近衛文麿は第二次近衛内閣を組閣、一九四〇年八月一日ドイツの「ヨーロッパ新秩序」に呼応して東南アジア・南洋諸島もふくめた「大東亜新秩序」を確立するという「基本国策要綱」を発表した。以後「大東亜新秩序の建設」「大東亜共栄圏の確立」は「八紘一宇」のスローガンとともに、日本の朝野に南進気運を高めていった。

ノモンハン戦争の責任をとって陸軍参謀本部の首脳が更迭された後の第一（作戦）部長となった富永恭次は、ノモンハン戦争の惨敗で頓挫した陸軍の北進論を南進論に転換させた。富永は自らハノイに乗りこみ、参謀本部の制止を無視して南支那方面軍をハイフォンから上陸させ、一九四〇年九月二六日北部仏印武力進駐を強行した。これに対抗してアメリカ政府は同日対日屑鉄輸出の全面禁止の断行に踏み切ったので、日本は日米開戦への決定的第一歩を踏みこんだ。さらに近衛内閣は松岡洋右外相が積極的に動いて、九月二七日日独伊三国軍事同盟を締結、いわゆる枢軸国陣営を形成して、アメリカやイギリスに敵対する立場を明確にした。

第二次国共合作によって華北の共産党軍は国民革命軍第八路軍（八路軍）、華中の共産党軍は国民革命軍新編第四軍（新四軍）に編入替えされた。共産党軍は日本軍の占領支配地域に抗日根拠地を築いて拡大させ、日本軍の侵略・占領・支配から土地と民衆を解放した。中国では「解放区」と呼んだ。共産党が統治した地方政権は公式には「中華民国特区政府」と称されたが、一般的には辺区政府といわれた。辺区政府＝抗日根拠地政権は共産党が国民政府から独立した地方政治権力を築き、民衆を抗日勢力に組織していった。日本軍が国民政府軍の潰滅をめざしてつぎつぎと大作戦を繰りひろげ、占領地を拡大していったのに比例して、共産党・八路軍は占領地内部に解放区すなわち抗日根拠地を拡大した。一九四〇年八月下旬から一〇月上旬にかけて二次にわたり、八路軍は日本軍が占領する華北の主要鉄道・通信線・日本軍の拠点にたいして、全勢力をあげて奇襲攻撃をくわえ、大きな損害を与えた。作戦に参加した八路軍の総兵力は一一五団四〇万人といわれ、百余団が参加したことから「百団大戦」とよばれる。

皇軍の「威信失墜」という屈辱をあじわった北支那方面軍は、共産党・八路軍の抗日根拠地にたいする「燼滅掃蕩《じんめつそうとう》作戦」を治安掃蕩作戦として実施した。「燼滅」とは「焼き尽くし、あとかたもなく滅び尽くす」すなわち徹底的に殺戮・破壊・放火・略奪して生存不可能な状態にするというものだった。中国では「三光政策」といった。「三光」とは中国語で「焼光（焼き尽くし）、殺光（殺し尽くし）、搶光（奪い尽くす）」を意味する。

一九四〇年には八路軍・新四軍は六〇万人以上、民兵（ゲリラ兵）二〇〇万人の大勢力に成長、日本軍占領地内の解放区の人口は約四〇〇〇万人にたっしていた。百団大戦は北支那方面軍の共産党・

八路軍にたいする認識を一変させ、「剿共《そうきょう》なくして治安維持は達成せられない」と主敵が国民政府軍から共産党軍に移り、抗日民衆も相手にする戦闘に転換した。こうして日中戦争には中国のいう「正面戦場」と「後方戦場」の二つの戦場が登場したのである。正面戦場とは国民政府軍と日本軍との戦場、後方戦場は「敵（日本軍）後方戦場」の意味で、共産党軍の抗日根拠地・抗日ゲリラ地区すなわち解放区の戦場のことである。

日本は、一九四一年夏の段階で、「満州国」の関東軍を除いて約八五万人にものぼる日本軍を中国大陸に投入していたが、中国における後方戦場の拡大強化により、正面戦場における戦果も減殺された。国民党と共産党とは中国革命をめぐっては敵対する勢力であったが、第二次国共合作により相互補完的に抗日戦争を戦った。そして中国大陸における「正面戦場」と「後方戦場」という二つの戦場の形成により、日本軍が日中戦争に勝利する展望は消滅した。

武漢占領後、陸軍は陸軍航空兵団、海軍は海軍航空隊の基地をそれぞれ建設した。地上戦における国民政府軍の潰滅作戦にことごとく失敗、行き詰まった日本軍は、重慶の都市と住民を標的にした無差別爆撃をおこない、重慶国民政府の屈服を迫るという本格的な戦略爆撃を一九三九年から開始した。陸軍航空兵団も参加したが、主力は海軍航空隊であった。海軍の連合空襲部隊と陸軍第三飛行集団の一時協同により一九四〇年五月から三カ月にわたり重慶爆撃の百一号作戦が実行された。日本海軍航空隊は全攻撃力を漢口に集中し、重慶政府の崩壊を企図した。漢口には中攻機一三〇機が進出した。

一九四〇年八月「敵地深く進入できる長い航続力をもち、速力、攻撃力も世界水準を抜く」という「零《れい》式艦上戦闘機」（零《ゼロ》戦）が初めて重慶爆撃に投入された。それまで戦闘機の護衛なしでおこなった中攻機隊だけの爆撃は、中国空軍戦闘機の迎撃により多くの被害をだした。百一号作戦は熾烈をきわめ、海軍航空隊は「重慶定期便」と呼号して連日のように出撃、重慶市街をA・B・C・D・E地区と絨毯を敷き詰めたように区分し、各航空部隊がそれぞれの区域を担当してすきまなく爆弾を投下した。海軍航空隊はこれを絨毯爆撃と称した。さらに重慶市民に恐怖心をあたえることを企図して夜間空襲もおこなった。

しかし、熾烈な重慶爆撃によっても重慶政府と市民の抗戦意志を崩壊させることはできなかった。いっぽう重慶市民にたいする無差別爆撃の惨状は国際的な批判を呼びおこし、とくにアメリカにおいてはさまざまな中国支援団体が政府と協調しつつ、石油・屑鉄・機械などの対日軍需物資禁輸へ向けたはたらきかけをおこなった。

## Ⅶ　日中戦争からアジア太平洋戦争開戦へ――一九四一年

第二次近衛内閣の松岡洋右外相は、一九四一年四月一三日日ソ中立条約を結んだ（有効期間五年間）。ソ連は独ソ戦準備のため、日本は南進政策を進めるためであった。六月二二日ドイツが独ソ不可侵条約を一方的に破ってソ連に侵攻、独ソ戦が開始された。七月二日の大本営御前会議において「情勢の推移に伴う帝国国策要綱」を決定、まず仏印および泰（タイ）に進出、さらに南方進出の態勢を強化し、対英米戦を辞せずとした。対ソ戦については、独ソ戦の推移が日本にとって極めて有利に進展すれば武力を行使して北方問題を解決するとした。このため北進と南進の双方を準備することになった。

日本は日ソ中立条約を締結している手前「密かに対ソ武力準備」を「関東軍特種演習（関特演）」の秘匿名で実施した。七月七日、日本陸軍創設いらい空前の八五万人二六個師団基幹態勢を整える大動員が下令され、七月一三日から大部隊が満州北部のソ連との国境付近に集中輸送された。しかし、八月初旬をすぎても日本軍が期待したソ連がドイツ軍によって崩壊する「好機」は到来しなかった。大本営陸軍部は八月九日、年内の対ソ戦開戦を断念、「一一月末を目途とする対南方戦準備の促進」という対米英開戦準備の方針を決定した。「関特演」が陸軍主導でおこなわれたのにたいし「南部仏印進駐」は海軍の主導でおこなわれた。

一九四一年七月二五日、陸海軍協同の大部隊が海南島の三亜港を出港、八月四日に南部仏印進駐は終了した。南部仏印進駐の結果、海軍はベトナム南部に航空基地八カ所、海軍基地二カ所の使用、陸軍は部隊の訓練と行動の自由をドイツ占領下にあったフランス・ビシー政権に認めさせた。アジア太平洋戦争開戦にそなえて南部仏印に開設された航空基地に進出した航空部隊は、アジア太平洋戦争開戦劈頭《へきとう》のマレー方面の空爆作戦を担当した。南部仏印進駐に対抗してアメリカ政府は、七月二五日、在米日本資産の凍結令を公布、八月一日対日石油全面禁輸を発動した。

海軍航空隊は南部仏印進駐と同時期の一九四一年七月二七日から八月三一日まで、陸軍爆撃隊と協同で重慶爆撃の一〇二号作戦を敢行した。重慶市街を徹底的に破壊して重慶政府を降伏させるという目的のほかにこの作戦は、アジア太平洋戦争の開戦にそなえ、日米航空決戦の実戦演習という性格をもっていた。八月一五日及川古志郎《おいかわこしろう》海相は各航空隊に一〇月一五日まで各航空隊や各艦船部隊にたいしてアジア太平洋戦争開戦に向けた戦闘準備を発令した。一〇二号作戦は八月三一日で終了となり、海軍航空隊の諸部隊は、アジア太平洋戦争開戦初日の奇襲攻撃作戦のための準備と猛訓練に入っていった。

一九四一年七、八月の間は参謀本部内ではまだ北進派と南進派と日中戦争解決優先派の対立があったが、ノモンハン戦争に関わった田中新一が作戦部長、戦争をしかけた服部卓四郎が作戦課長、辻政信が作戦課兵站班長に就任、彼らはノモンハン戦争惨敗の反動として積極的な対米英開戦論者となり、参謀本部内を対米英開戦論にまとめるため積極的に動いた。

一九四一年九月六日の大本営御前会議において「帝国国策遂行要綱」を決定、「帝国は自存自衛を全うする為、対米（英蘭）戦争を辞せざる決意の下に概ね十月下旬を目途として戦争準備を完成す」とアジア太平洋戦争の開戦を決定した。山本五十六連合艦隊司令長官は御前会議で開戦を決定したのち「艦隊としては、零戦、中攻各一〇〇〇機ほしいが、現在零戦は三〇〇機しかない、しかしこれでもやれぬことはない」と述べた。日中戦争や一九四〇年以降の対米英開戦に備えた「南洋行動」で十分な訓練をつんだ海軍航空隊の戦力への自信がうかがわれる。零戦は一二月末には五五〇機を超えた。

第二次近衛内閣は一〇月一六日に総辞職し、二日後に対米英強硬派による東条英機内閣が成立、一二月八日のアジア太平洋戦争開戦へと日本は突き進んだ。

## Ⅷ　日中戦争はどのような戦争だったのか〈3〉

### ――アジア太平洋戦争の総兵站基地化とその破綻――一九四二～四五年

一九四一年一二月八日、日本はアメリカ・イギリス・カナダ・オーストラリアに宣戦布告、同日アメリカ・イギリスも対日宣戦布告し、九日中国国民政府は正式に日本・ドイツ・イタリアに宣戦布告、一一日ドイツ・イタリアがアメリカに宣戦布告した。東条内閣は「支那事変を含めて大東亜戦争と呼称する」と発表した。大東亜戦争は本書にいうアジア太平洋戦争と同じである。第二次世界大戦の一環となったので、中国は連合国二六カ国の一員となり、日中戦争は日米戦争を中心とするアジア太平洋戦争に包摂された。日中戦争の戦場は、アジア太平洋戦争の「中国戦区」に設定され蔣介石が総司令官に就き、スティルウェルが中国・ビルマ・インド戦区米軍司令官・連合軍中国戦区参謀長・アメリカ軍駐華軍事代表として中国に派遣された。連合国が中国を支援するとともに中国の単独降伏、単独講和をさせないことを保障したので、中国が抗日戦争に敗北、降伏することはなくなり、日本が中国との戦争に勝利することはなくなった。

ただし、米英両国は「ヨーロッパ第一主義」の戦略を堅持したので、中国は一定の期間困難な戦闘を負担しつづけることになった。

日本はアジア太平洋戦争のため中国戦場から大兵力を南方に抽出したために、これまでの国民政府を潰滅させようという作戦は断念し、代わって日本軍がアジア太平洋戦争を戦うための食糧・資源・労働力などを収奪して供出させる総兵站基地の役割を中国に課した。華北における治安戦は、アジア太平洋戦争の兵力培養補給の重要な支えとなり、食糧・資源・労働力の安定供給のために、安定した占領統治地域を拡大することを目的に、日本軍は共産党・八路軍の抗日根拠地にたいしてかつてない大規模な燼滅掃蕩作戦（治安戦）を繰りひろげた。日本国内の鉱山や土木工事、軍事施設の建設などの労働力の不足を補うために、日本軍は抗日根拠地や抗日ゲリラ地区の村落を包囲襲撃して成年男子を集めて強制連行し、強制労働に従事させた。

中国の総兵站基地化により日本軍の占領地に樹立させた傀儡政権下の農村・農民からも米・小麦・綿花などの食糧や資源を「収買」の名目で収奪・略奪した。日本の植民地とされた「満州国」はアジア太平洋戦争の総兵站基地化の役割を強制された結果、植民地経済そのものが破綻した。一九四三年後半期から関東軍は精鋭基幹部隊のほとんどを南方や中国戦場に抽出して「空洞化」し、大本営陸軍部は以後の対ソ戦攻勢作戦を断念した。

一九四二年四月一八日、アメリカ航空母艦から発進したB25爆撃機一六機（ドゥーリトル隊）が東京から横浜・神戸など日本列島を縦断して主要都市を爆撃して中国大陸の方向へ飛び去った。米軍機による本土初空襲はアジア太平洋戦争の緒戦の勝利に沸き立っていた日本に冷水を浴びせた。政府と軍部のうけた衝撃は大きく、以後日中戦争の性格が大きく転換し、米軍機の日本本土空襲を防衛するための戦争となった。南京・上海・杭州など中国の主要都市への渡洋爆撃で日中全面戦争を開始した日本と中国の立場が逆転したのである。

大本営は中国の空軍基地からB25爆撃隊が日本本土を連続して空襲することを恐れ、ドゥーリトル隊が着陸を予定していた浙江省の飛行場をはじめ、浙贛線《せっかん》（杭州—南昌）沿線の飛行場を破壊する目的で四月三〇日、支那派遣軍約一八万を動員して浙贛作戦を命じた。同作戦は浙江省の中国空軍飛行場を破壊して九月末に終わった。同作戦で日本軍は毒ガス兵器を大規模に使用した。日中戦争は日本軍の歩兵部隊が徒歩で米軍機を追いかけて飛行場を攻撃、破壊するという勝算のない戦争となった。

一九四三年一一月二五日、中国の江西省の飛行場を発進したＢ25・Ｐ38の計一五機が台湾の飛行場を空襲した。完成が近いとされた大型長距離爆撃機Ｂ29が出現すれば、日本軍が侵攻していない中国南西部の飛行場からも日本本土爆撃が可能となる。それを阻止しようと中国大陸のアメリカ軍飛行場の覆滅と中国大陸を南北に縦断してベトナムを経由して南方への輸送路を確保するという目的で、大陸打通作戦が一九四四年四月から四五年二月まで実施された。作戦の作案者は参謀本部作戦課長の服部卓四郎だった。支那派遣軍の約八割にあたる約五一万人が動員され大陸を縦貫すること一五〇〇キロ、国民政府軍約一〇〇万を撃破しながら徒歩で南下、しかも食糧はほとんど現地住民からの略奪によった。日中戦争における最大規模の作戦であった。

しかし一九四四年七月にサイパンが陥落してアメリカ軍はサイパン・テニアン・グアムにＢ29爆撃機の基地を建設、同基地を出撃したＢ29の大編隊が直接日本本土を空襲するようになった。

## 終章　日中戦争に敗れた日本

一九四五年三月末、沖縄戦が開始されると支那派遣軍の指揮官や軍備もふくめて多くの人材が日本本土防衛戦態勢の構築のため日本本土へ配置換えとなった。ついで大本営陸軍部は米軍の中国上陸地点を予想して、支那派遣軍を広東・香港、上海・南京・杭州、山東半島の東部沿岸地帯に兵力を集中して陣地構築を急がせた。

大本営陸軍部は朝鮮半島北部を対ソ戦の最後の決戦場と位置づけ、一九四五年五月になると関東軍総司令官にソ連の対日参戦に備えて北朝鮮の防備態勢を固めることを下令した。しかし、このことは満州開拓移民や「満州国」の日本人には秘匿された。八月八日に宣戦布告して満州に侵攻したソ連軍による満州開拓移民団や日本人居留民の悲劇はこのために発生した。

大陸打通作戦のため抗日根拠地の掃蕩作戦に従事していた北支那方面軍の大兵力が、大陸打通作戦のために長期にわたり動員されたうえ、米軍の中国大陸上陸に備えて日本軍の大軍を西部から東部へ移動させたので、華北や華中の広域において日本軍の占領統治力は激減した。さらにアジア太平洋戦争の総兵站基地として華北から食糧・農産物・資源を強制的に徴発したことなどにより、華北一帯の中国農民の日本軍の侵略・略奪行為への怒りが抗日意識として頂点に達していた。これらのことが、共産党・八路軍が民衆を奮起させて抗日闘争へ決起させ、抗日武装勢力に組織することを容易にした。一九四五年七月には八路軍と新四軍は正規軍九一万人、民兵（ゲリラ兵）二二〇万余、華北を中心に全中国に一九の抗日根拠地が建設され、解放区の総人口は一億ちかくにまで拡大した。八月に入って、毛沢東、中国共産党は「大反攻」を指令、共産党軍は日本軍、傀儡軍にたいして猛烈な全面反攻を展開した。共産党・八路軍が華北の抗日根拠地政権を拡大しながら展開した大反攻作戦によって、共産党は華北全域に権力基盤を拡大、抗日戦争後の国共内戦において、共産党が国民党に勝利する絶対的な条件を構築した。

一九四五年八月一五日、前日のポツダム宣言受諾の御前会議にもとづき、天皇が「玉音放送」により「終戦の詔書」を発表、アジア太平洋戦争は日本の敗戦で終結した。九月二日東京湾に停泊するミズーリ号艦上で日本の連合国にたいする降伏文書の調印式がおこなわれた。九月九日、南京において支那派遣軍の国民政府軍にたいする降伏調印式がおこなわれ、以後、九月中旬から一カ月にわたり、南京・上海・天津・北京・杭州・済南・青島・鄭州・漢口・武昌・九江・長沙・広東などの各地区の日本軍兵団部隊は各地区ごとに降伏文書に調印し、武器を引き渡した。満州事変から一五年、盧溝橋事件から八年におよんだ日本の中国侵略戦争は日本軍の公式な降伏によって終幕をむかえた。

本書においては、引用文献史料のカタカナはひら仮名に、旧漢字、旧仮名つかいは、現代漢字、新仮名つかいに改め、また適宜句読点を入れたり、漢字をひら仮名にしたりして、読みやすいようにした。人名に敬称をつけることはすべて省略した。年号は西暦に統一し、必要な場合は元号を使用した。いっぽう、引用文献史料の「支那人」「満州」「満蒙」「部落」(村落の意味)、あるいは中国側のことを「敵国」「敵地」「敵軍」「敵兵」など、戦時中に使用されていた用語で、現在においては不適切な用語をそのまま「　」も付さずに使用している箇所があるが、文脈上やむをえず戦争中の用語として使用していることを断っておきたい。

# 序章

# 戦争には「前史」と「前夜」がある

## 戦争は「大量殺人」をすること

歌手で俳優の美輪明宏は一九三五年に長崎に生まれ、一〇歳の時に爆心地から約四キロの自宅の二階で、夏休みの宿題をしているときに、原爆投下に見舞われた。幸い閃光を直接あびなかったので、ケロイドにはならなかったが、一七歳ごろまで原爆後遺症に悩まされた。美輪は、悲惨な被爆現場を目撃した体験から、平和問題についても積極的に発言し、「戦争って言葉をなくせばいいんです。【大量殺人】でいいんです」「兵隊は殺し屋です」と、戦争の本質をずばりとつく発言をテレビなどでおこなっている（本書は歴史書として敬称は省略させていただく）。

戦争とは、国家あるいは民族の名において、敵とみなした相手国の兵士さらには民衆を殺害、それも美輪明宏の言うように大規模、大量に殺害することである。

しかし、日本人の多くには、戦争は「人を殺すこと」それも「大量殺人」をする行為である、という認識や想像力が欠けている。そのため、満州事変・日中戦争〈註1〉（一九三一～四五年）は、長期にわたり膨大な日本軍が膨大な中国兵と民衆を殺害した戦争であったという本質を知らないでいる。その根本的な理由は、日中戦争の戦場はすべて中国であり、日本兵が中国兵や民衆を殺害する場面を目撃していないことによる。また、中国戦場から帰還した日本兵の多くが、国内においては自らおこなった殺害体験を語らなかったことにもよる。

それだけでなく、戦時中の日本の戦争ニュース映画や戦争記録映画を見ればわかるように、戦争の残虐な本質を国民に知らせまいという当局の厳しい検閲と撮影側の自己規制があったので、日本兵が中国兵や民衆を殺害するリアルな場面は、ほとんどない。これは、筆者が自国の兵士が殺し殺されるシーンも撮影するアメリカやヨーロッパの戦争記録映画と比較して常に思っていることである。日本の戦争記録映画には、日本兵が撃たれて戦死する場面もまったくといっていいほどない。これは「無敵皇軍（天皇の兵隊）」の神話にとってまずいという判断と、これから兵士として出征していく青少年に戦死への恐怖心を抱かせてはならないという、政府・軍部当局の思惑があったからだと思われる。戦争当時のニュース映画や戦争記録映画を見ると、日本軍部隊の突撃シーンを後方から撮影した場面と、敵城〈註2〉を占領した部隊が、日の丸を掲げて、万歳を三唱している場面とほぼ決まっている。戦争は「大量殺人」「兵隊は殺し屋」という戦争の本質を日本国民に写真や映像では見せないようにしてきたのである。

しかし、日中戦争において派兵された膨大な日本兵が、中国兵さらには抗日的とみなした民衆を殺害するために中国大陸へ派遣され、中国戦場において、事実、中国人を殺したのである。また、日本軍兵士として中国戦場に投入された以上、上官に命令されれば、そのとおりに中国兵や民衆を殺さなければならず、殺害命令に抗することは許されなかったのである。もしも命令に従わなければ、陸軍刑法にある「抗命罪」として処罰の対象にされた。

## 殺害者に仕立てる日本軍隊の仕組み

中国に新たに派遣された日本軍部隊において、ほぼ例外なく、「新兵の肝試《きもだめ》し」「新兵の度胸試し」

と称した、日本兵を戦場に適応させ、殺人者に仕立てあげるための新兵教育がほどこされた。「刺突訓練」ともいわれたように、無抵抗な捕虜や民間人の後ろ手を縛って杭に縛り付け、三八式歩兵銃の銃剣で刺殺させることが多かった。三八式歩兵銃は、日露戦争直後の明治三八（一九〇五）年に採用された歩兵用の銃で、アジア太平洋戦争の終わりまで広くつかわれ、敵兵を突き殺すために、一・二八メートルの銃の先に刃渡り四〇センチの銃剣を着装（着剣）した。

渡部良三『歌集　小さな抵抗――殺戮を拒んだ日本兵』（岩波書店）は、日本兵としてはまったく稀有に、新兵教育において捕虜刺殺を拒んだ兵士の記録である。渡部良三は、八路軍（中国共産党の軍隊）の捕虜五人を四九人の新兵が銃剣で刺突する新兵訓練の場において、聖書にある〝汝《なんじ》殺す勿《なか》れ〟というイエス・キリストの教えを絶対として、新兵教官の命令に従わず、刺突を拒んだのである。このため、渡部良三は「上官の命令」すなわち「天皇の命令」に背いたとして、部隊内において、上官・上等兵らから死にまさるような肉体的・暴力的リンチを毎日毎夜加えられ、部隊の新兵仲間からも侮りと蔑みを受ける内務班生活（二〇人前後が一室で生活する兵役中の軍隊生活の基礎単位）に耐えねばならなかったのである。リンチはすさまじく、革のベルト・軍靴・銃の台尻・ゲートル（幅八センチ、長さ二メートル弱の厚手の羅紗《らしゃ》で、両脚の脛《すね》にまきつけて着装した戦闘服装、巻脚絆《まききゃはん》ともいった）などによる殴打、水責め・匍匐《ほふく》（腹ばい）前進など、人知で考えられるほとんどのリンチを死を除いて経験したのである。

渡部良三の親友の衛生兵は「眼をとじてひと突きすれば済んだのに馬鹿だなあ」と言ったというが、いっしょに新兵訓練を受けた四九人中、四八人は刺突をおこない、戦場に適応して殺戮者になっていったのである。

渡部良三は、一九二二年に山形県西置賜《おきたま》郡小国町に生まれた。父の弥一郎は内村鑑三以来の無教会主義の絶対的非戦論を思想としたクリスチャンだった。良三は一九四三年一〇月二一日、中央大学経済学部三年生の時、明治神宮外苑競技場で挙行された「出陣学徒壮行会」に参加、四四年春、中国河北省の徳州と石家荘《せっかそう》をむすぶ石徳線のほぼ中間に駐屯していた部隊に配属され、捕虜刺殺の新兵訓練を受けたのである。出征直前の息子にたいして父弥一郎は「一介の兵士として、人間として、神様の御心に叶《かな》う行動をする余地が必ずある筈《はず》だ。それを知る為にも、常に胸を開き神様に祈ることを忘れないでくれ」と諭したのである。息子の良三は、父の教えを固く守り、殺戮を拒んだのである。

しかし、渡部良三の例は、日本兵の中の例外中の例外であり、ほぼ一〇〇パーセントの兵士が、多くは「目をつぶって」最初の殺人を体験したのである。

二〇一一年一二月にＮＨＫで放映された「証言記録　兵士たちの戦争」のシリーズの「中国華北占領地の治安戦―独立混成第四旅団」の番組の中で、山西省に派遣された独立混成第四旅団の二等兵山本又兵衛（九一歳）は、新兵刺突訓練について、つぎのように証言した。

私は、入隊して三日目に突かされたのですわ。

（新兵訓練の教官が）「突くのは嫌な者は手を挙げろ！」

そしたら一人手を挙げた。

「貴様はそれでも日本人か、軍人か」

（新兵訓練の教官が往復ビンタを）バーン、バーン、バーン、バーン。嫌だって手を挙げた人がそれですよ。一人いたんです。他の人は手を挙げたくても挙げられません。私も手を挙げたくても挙げられませんわ。

右の証言からも、新兵たちが刺突訓練において刺殺を拒める状況になかったことがわかる。もしも刺突を拒めば、渡部良三のように、普通の兵士には耐えることのできない凄惨なリンチ生活を覚悟しなければならなかったのである。

普通の日本兵は、つぎの近藤一の証言のように、初年兵教育によって人を殺すことを直接覚えたのである。近藤が右の山本又兵衛とおなじ山西省駐屯の独立混成第四旅団に属して、一九四一年二月ごろ厳しい初年兵教育を受けたときの体験である。

初年兵教育の後半のある日、広場に集合整列させられました。その前方三〇メートルほど先に、立ち木を背にした便衣《べんい》姿《すがた》（民間人服）の中国人二人が後ろ手にくくられ、目隠しをさせられていました。敵、八路軍捕虜を初年兵の刺殺訓練のため処刑するというのです。初めて生の人間を刺すのだと思ったとたん、足先より全身に震えが始まりました。私らは三八式歩兵銃というのに五〇センチくらいの銃剣をつけて構えて、それを中国人に対してガーッと走って行ってサッとこう突き刺すんです。

「着剣！」……助教（下士官）の大声も耳に入らぬくらいでした。最初の初年兵が声にもならぬ声で「やあ！」と一声。くくられている中国人の右胸にグサッと剣が突きささりました。……「グエー！」と刺された中国人の口より発した声が、私たちの耳に飛び込みました。「次！」と助教の大声を聞いたような聞こえぬような……。当然こちらの方は七〇名ぐらいですから、二名ずつ次つぎにそこを突くんです。六番目か七番目か、私が刺したときはもう虫の息。左胸の心臓、心臓がありますからね、左胸をめがけてスーッと突き刺さるんです。頭をがっくり下げ、厚い便衣服の胸より鮮血が出ていました。まるで豆腐を突き刺したような感じでスーッと剣が突き刺さっていきました。人を殺すことに何の罪の意識もなく……。

そこで初めて、今日、こう刺し殺すっていう感触を自分の体で覚えるわけなんですね。覚えさせられたといいますか、覚えた。で、当然、人を殺すっていうことは、いまの感覚によると本当は罪悪感が出て殺せるわけないんですけども、そういうふうに子どものうちからいろんな教育されて、中国人は「チャンコロ」、「豚以下の人間」だっていう意識が頭のなかにありますから、罪の意識が何もない。そういうことで、人間は人を殺すっていう感触を覚えた。（近藤一・宮城道良『最前線兵士が見た「中国戦線・沖縄戦の実相」――加害兵士にさせられた下級兵士』、学習の友社）

中国戦場へ投入された日本軍の初年兵が大なり小なり、近藤一のような教育をうけて平然と人を殺せるように戦場に適応していったのであるが、近藤のように、戦後になってその体験を公開の場で証言した元兵士は極めて例外的で、ほとんどの日本兵は、帰還後そして戦後もこのような殺害体験を語ることをしなかったのである。

いっぽう、人間の適応力はすごいもので、初年兵訓練で、震えながら目をつぶって、無抵抗な中国兵捕虜を刺突した日本兵も、やがて人を殺すことへの抵抗感が消え、むしろ殺害することに快感を覚えるようになっていったのは、筆者が数多く聞いた元日本兵の証言で共通している。美輪明宏の言う「兵隊は殺し屋」になっていったのである。

北原白秋の弟子で、短歌誌『コスモス』を創刊し、結社を主宰した歌人の宮柊二《みやしゅうじ》は、一九三九年から四年間、独立混成第三旅団に配属されて山西省を転戦、その間の戦場の体験を詠んだ短歌を戦後、歌集『山西省』（古径社、一九四九年）にまとめて出版した。歌集のなかに北陲《ほくすい》（北の国境）と題して「部隊は挺身隊。敵を避けてひたすら進入を心がけよ。銃は絶対に射つなと命令にあり」と前書きをつけた一連の短歌がある。挺身隊とは、敵情・地形などの状況を偵察・捜索するために、部隊から選ばれて派遣される少数の兵士で編成された斥候部隊である。「銃は絶対に射つな」と命令されていたのは、敵軍の陣地内に潜入するため、発砲すれば、自分たちの身が危険にさらされるだけでなく、日本軍部隊が近くにいることを敵軍に知らせることになったからである。宮柊二はつぎのような歌を詠んだ。

磧《かわら》より夜をまぎれて来《こ》し敵兵の三人《みたり》迄を迎えて刺せり
ひきよせて寄り添ふごとく刺《さ》ししかば声も立てなくくづをれて伏す

宮柊二たち斥候兵は、敵陣地内に潜入し、遭遇した中国兵三人を刺殺したのである。「ひきよせて……」の歌は、闇の中を歩いてきた中国兵に正面から抱きつくように襲いかかり、相手の背に手をまわして抱き寄せ、寄り添うように自分の体重を帯剣にかけて、相手の腹部を一突きに突き刺し、腸を抉《えぐ》って切断、相手は声をあげる暇もなく即死状態で足元に崩れおちた、という、映画のワンシーンのように鮮明な刺殺場面である。前述の三八式歩兵銃の銃剣は、銃先に着装しないときは、鞘におさめて帯（ベルト）につけていたので、帯剣といい、短剣として使った。刃渡り四〇センチ、ゴボウくらいの長さだったので、「ゴボウ剣」とも呼んだ。

人を殺す瞬間を短歌に詠んだのは、宮柊二のこの歌以外に筆者は知らない。むろん、平常時ならば、殺人犯の証拠になる、このような歌を詠めるはずがない。人を殺すことが戦争であることの証明である。

それにしても、相手の国民政府軍の兵士は、武装していたであろうから、その中国兵を正面から襲って自分に引き寄せ、短剣で刺殺するのは、「殺し屋のプロ」であり、素人にはできない行為である。歌集『山西省』には、つぎの歌もある。

帯剣の手入れをなしつつ血の曇《くもり》落ちねど告ぐべきことにもあらず

戦闘が一段落した後に、帯剣の手入れをしていたら、敵兵を刺殺したとき、帯剣に着いた血糊が固まって錆のように付着したまま、拭いても落ちない、しかし、このことは別段、戦友に話すような特別なことではない、また戦果として自慢するようなことでもない、という意味である。血糊は着いてすぐに拭えば落ちるが、戦闘と刺殺をつづけて拭う暇もなかったので、固まった血糊がべっとりと付着して錆びついてしまったというのである。宮柊二も相当数の中国兵を刺殺した「殺人のプロ」であったことを想起させる歌である。

もしも、宮柊二が、自分が殺害した国民政府軍の兵士にも自分と同じように親やきょうだい、あるいは恋人がおり、その家族がどんなに悲しむだろうか、などと考えたら、このような歌を詠むことはできなかったであろう。宮柊二も、戦争とは国家の名のもとに人を殺すことである、という割り切りがあったからこそ、戦場や戦闘行為を短歌に詠むことができたのである。

ヨーロッパ大陸の戦争は、ドイツやフランス、ソ連など国どうしで、攻め込んだり、攻め込まれたりして、他国と自国を戦場とする戦闘が展開されたが、日中戦争の場合は、ヨーロッパ大陸の戦争と異なり、日本軍が一方的に中国大陸へ侵攻して中国を戦場にして戦闘した戦争であり、中国軍が日本へ侵攻した戦争ではなかった。つまり、日中戦争の本質は、日本軍が中国へわたり、中国戦場において中国の兵士やさらには民衆も巻き込んで殺害した侵略戦争であったことにある。

日本は、一九三七年から四五年にわたる長期の日中戦争において、膨大な軍隊を中国戦場へ送り込み、駐屯させ、戦闘に従事させた。派兵数は年ごとに増え、一九三七年末には四〇万以上、三九年末には八五万以上（関東軍を含めるとおよそ一〇〇万）という膨大な数になっていた。この膨大な日本兵が、いつ、どこの中国戦場において、どのようにして中国兵士・民衆を殺害したのか、戦時中はもちろん、戦後の日本社会においても、学校教育・社会教育などにおいてもほとんど教えず、メディアなどでもあまり報道してこなかった。したがって今の日本国民は、日中戦争において、日本兵がどのように中国兵士・民衆を殺害したのか、実態を知る機会がないために、日本側が加害者であったという歴史認識をもてない人が多い。

日本人として「これだけは知っておきたい」のは、長期にわたる日中戦争の戦場において、日本軍が何をおこなったのか、本書で明らかにするような基本的な歴史事実である。

## 戦争にはかならず「前史」と「前夜」がある

「大量殺人」である戦争は、ある日突然、突発的・偶発的に、不可抗力的に発生するのではない。人間社会、国家の歴史は、私たち個人の人生や生活と同じように、過去と現在と未来が時間、時代の経緯、流れにしたがい、原因・要因とその結果という因果関係をもって連続、継承して展開していく。戦争の歴史もおなじである。

病気を事例にとれば、わかりやすい。病気にはストレス・過労・栄養不足などの原因・要因があり、それが時間の経過とともに蓄積していき、ある段階になると体調不良や痛みなどの予兆、徴候があらわれる。この段階では、早期にそれに気づき、病気発生を予防する手段を講ずれば、本格的な病気になるのを未然に防ぐことができる。しかし、それに気づくことなく、あるいは気づいても放置しておけば、やがて病気が発生、さらに悪化して深刻な症状になる。過去の発病の経験、体験から学び、こういう予兆、徴候があらわれれば発病の可能性があると予知できるようになれば、発病を事前に予測して、発病回避の対策・手段を講ずる知恵を身につけることができる。

戦争の歴史にも、歴史的に長い期間の遠因と比較的近い期間の近因とからなる「前史」があり、その流れがさらに強まると戦争勃発直前の戦争「前夜」の段階になる。戦争前史の段階では、病気でいう予兆、徴候の段階に相当し、戦争政策を推進する政治勢力を国政から失脚させたりして、戦争回避にむけた政策転換をはかることがまだ可能である。しかし、戦争前夜の段階にまで到達すると、戦争は偶発的事件でもあるいは謀略事件によっても容易に戦闘開始となり、もはや戦争突入回避は不可能となる。本書で明らかにするように、満州事変は関東軍の謀略であった柳条湖事件（一九三一年九月一八日）で始まり、日中戦争は偶発的な盧溝橋事件（一九三七年七月七日）から始まり、日中戦争の全面化は上海海軍特別陸戦隊の仕掛けた大山事件（一九三七年八月九日）を契機に開始された第二次上海事変から突入した。いずれも、国民の意志決定のおよばないところで、戦争に突入したのである。いったん戦争前夜の状況になれば、もはや戦争回避が不可能となることの証左である。

日中戦争前夜の国民の意識状況として、前史の段階において、日本の学校教育・社会教育・メディアなどを通じて喧伝・煽動された中国人にたいする差別・蔑視意識が日本国民の骨の髄まで浸透していたことも見逃してはいけない。それは、さきの近藤一の「子どものうちからいろんな教育されて、中国人は『チャンコロ』、『豚以下の人間』だっていう意識が頭のなかにありますから、罪の意識が何もない」という証言にあるとおりである。

日中戦争は、日本国民が中国人を「支那人」と称して軽蔑するいっぽうで、日本軍部が仕組んだ謀略事件にたいしても、「支那人」の「反日」「排日」「侮《ぶ》日」行為であるなどと憤激し、「暴支膺懲《ぼうしようちよう》（乱暴、無法な中国を懲らしめる）」などと叫ぶ軍部や政府の煽動にのり、中国人を憎悪し、中国兵に敵《てき》

抗日戦争記念館（北京）と靖国神社遊就館（東京）。日本と中国の日中戦争（抗日戦争）に対する記憶には大きな違いがある。

愾心《がいしん》を抱き、軍部・政府の発動した戦争に熱狂してなだれ込み、動員されていった戦争であった。このような国民意識は、日清・日露戦争以降の長期にわたる学校と社会における国民教育をとおして日本国民に浸透、定着し、戦争前史を形成していったのである。

戦争は国家による「大量殺人」であるから、一五年間の中国侵略戦争において、「殺し屋の兵隊」によって膨大な人々が殺された。日本の歴史書では約一〇〇〇万の中国軍民が犠牲になったと記され、中国側の公式見解では約三〇〇〇万の中国人が死傷したとされる[註3]。殺し、殺されるのが戦争であるから、日本軍兵士の戦死者も膨大で、日本政府は日中戦争・アジア太平洋戦争をふくめて日本軍人の戦没者は二三〇万人という概数を明らかにしている。

人命だけでもこれだけの犠牲・惨禍をだした日中戦争の歴史から学び、再びこのような歴史の過誤をくり返さないために、「これだけは知っておきたい」ことは、日中戦争がどのようにして開始されたのか、戦争前史はどのようにして形成され、いつごろ、戦争勃発回避が不可能な戦争前夜の段階に到達していたのかを知ることである。それは、日本のこれからの時代において、戦争前史が形成されていく政治と社会の状況を察知し、戦争前夜にいたる前に、戦争回避の政治へと転換させる叡智を国民の側が身につけるために必要である。

日中戦争の「前史」、「前夜」を体験した世代の日本人は、年々少なくなっているが、それらの戦争体験者の多くから聞かれるのは「今の日本の政治・社会状況が満州事変前夜の日本に似ている」「今の日本はいつか来た戦争への道に酷似している」という言説である。さきの病気の話と同様、戦争の惨禍を体験した人たちが、今の日本の政治・社会状況に戦争への予兆・徴候を感じていることに、戦争非体験世代の私たちは注意し、日本を戦争前夜の point of no return、戦争回避不能な段階にいたらせぬよう、未然に阻止する知恵と努力が求められる。

「失敗から教訓を学べないものは進歩がない」「誤りから学ばないものは誤りをくり返す」といわれるように、「戦争の過ちの歴史から教訓を学べない国の政府と国民は進歩がない」「戦争政策の過ちを反省し、教訓を学べない国は戦争をくり返す」ということができる。

日本の政府と国民がそうならないように願いながら執筆したのが本書『日中戦争全史』である。

**【註】**

〈1〉一九三七年七月七日の盧溝橋事件を契機に開始された日本と中国の全面戦争であった日中戦争、それが一九四一年一二月八日に開始されたアジア太平洋戦争の一環となって継続され、一九四五年八月一五日の日本の無条件降伏によって終わるまでの戦争を、中国を戦場にしておこなった戦争の総称として、本書では日中戦争と呼称する。満州事変・日中戦争・アジア太平洋戦争（太平洋戦争）をあわせた総称である「日中十五年戦争」あるいは単に「十五年戦争」ともいわれる呼称は、満州事変以降の日本の中国侵略戦争の継続性を捉えるうえで重要である。本書でも必要に応じてこの呼称を用いる。

〈2〉中国では都市や町のことを城という。それは中国の都市や町がヨーロッパのように、防衛のために城壁で囲まれていたからである。たとえば、南京城というのは南京市のことである。

〈3〉堅実な日中戦争の通史として定評のある江口圭一『十五年戦争小史』（青木書店、一九九一年）は、一五年にわたる侵略戦争を通じての中国人の死者は「大ざっぱに約一〇〇〇万人といわれる」と記している（二六〇頁）。

# I

# 日本はいつから満州事変・日中戦争への道を歩みはじめたのか

## 1　一九一五年の対華二十一カ条要求

### 日独青島《チンタオ》戦争と二十一カ条要求の強制

第一次世界大戦直前のヨーロッパは、ドイツ・オーストリア・イタリアが三国同盟、イギリス・フランス・ロシアが三国協商と、それぞれ軍事同盟をむすんで対立していた。一九一四年六月二八日、オーストリアの皇太子夫妻がセルビアの青年に暗殺されたサラエボ事件をきっかけに翌月二八日にオーストリアがセルビアに宣戦布告をすると、ドイツ・ロシア・フランス・イギリスなどが相次いで参戦し、第一次世界大戦が開始された。

八月四日にドイツと戦争状態にはいったイギリスは、八月七日、日英同盟を結んでいた日本政府に、極東におけるドイツ軍艦と武装商船（商船に仮装した巡洋艦）を捜索して撃沈してほしいと依頼してきた。当時ドイツは、一八九八年に中国から租借した山東半島の膠州湾の青島に近代的な港湾施設をととのえて、ヨーロッパ風の大都市を建設していた。また、膠済鉄道（山東省の省都済南から青島まで）を敷き、山東省内の鉱山の利権も獲得して、開発をおこなっていた。青島はドイツ東洋艦隊の根拠地であり、多数の砲台と保塁を周囲に配置した要塞都市でもあった。

ドイツは一九世紀末いらい、日本が独領南洋諸島と呼んだマリアナ・カロリン・マーシャル諸島を植民地として支配、ドイツ東洋艦隊が寄港していた。イギリスは、ドイツ東洋艦隊の艦船が、シンガポール、香港に軍港をおく、イギリス東洋艦隊の艦船やイギリス商船を背後から攻撃することを恐れたのである。

イギリスの依頼をうけた日本政府（大隈重信内閣）の加藤高明外相は、第一次世界大戦に参戦することによって「日支懸案の解決」（六四頁参照）をはかる絶好の機会ととらえ、八月一五日にドイツに最後通牒〈註1〉をつきつけ、一週間後に宣戦布告をおこなった。日独青島戦争である。

日本軍の総兵力約五万人、対する青島要塞のドイツ軍守備兵は、四九二〇人だけであった。日本軍は一一月七日には青島を占領して日独青島戦争に勝利した。膠州湾租借地をドイツから接収した加藤外相は、「日支懸案解決」の時期が到来したと考え、軍部、財界の要求をいれて原案を作成したうえで、一九一五年一月一八日、二十一カ条要求を日置益《ひおきえき》駐華公使から袁世凱《えんせいがい》大総統に直接手交させた。公使からは外交総長（外務大臣にあたる）をつうじて外交交渉をおこなう通例であったので、異例なやりかたといえた。要求は第一号から第五号まであり、合わせると二十一カ条になった。

## 日中戦争「前史」としての二十一カ条要求

二十一カ条要求の内容で大きなものは、三つあった。

一つは「第一号山東省に関する件」の四カ条で、ドイツが山東省にもっていた一切の権益（権利と利益）を日本に譲渡すること、さらに山東半島北岸の芝罘《チーフー》（現在の煙台）または龍口《ロンコウ》から膠済鉄道につながる鉄道の敷設権を日本に与えること、という要求であった。これは日独青島戦争の勝利の戦果の要求であった。加藤外相はこれを「三国干渉への報復」といった。それは、日清戦争直後の三国干渉にドイツが参加し、日本が下関条約で獲得しようとした遼東半島を清国に返還させておきながら、一八九八年に山東省でドイツ人宣教師が殺害されたのを口実に出兵し、膠州湾をドイツの租借地としたことへの「報復」という意味で、日本の朝野の声でもあった。

袁世凱は二十一カ条要求を「亡国の要求」、すなわち、これを受諾すれば、五年前の一九一〇年に日本が韓国に強要した「韓国併合条約」と同様に中国が亡びることになると驚き、交渉を長引かせて抵抗するいっぽうで、イギリスやアメリカに秘密交渉の内容を洩らし、両国政府からの干渉を引き起こして阻止しようとした。袁世凱政府の抵抗に業を煮やした日本は、青島・済南・天津・南満州へ戦時編成の日本軍を増派し、一九一五年五月七日、袁世凱政府に要求受諾を迫る最後通牒をつきつけた。日本軍は南満州に戒厳令をしいて南満州駐屯軍に総動員令を発動、済南の日本軍守備隊に臨戦態勢をとらせた。さらに海軍の軍艦を中国沿岸に配置させ、北京公使館および各地の領事館員ならびに日本人居留民に引き揚げ準備に入らせた。

南満州とは、日本が日露戦争の結果、ポーツマス条約によってロシアから獲得した長春以南の南満州鉄道と大連・旅順を中心とする遼東半島租借地を総称していう。当時、中国では遼東半島は「関東州」〈註2〉と呼ばれていた。関東州や南満州の日本の権益を守るために駐屯した陸軍守備隊が後に関東軍となり、さらに満州事変以後、満州（中国東北部）全体を武力支配した日本陸軍を関東軍と呼ぶようになる。関東軍は終始一貫してロシアそしてソ連を仮想敵として、日本の北進政策を推進するための「北向きの軍隊」であった。

話を二十一カ条問題にもどして、日本の陸軍と海軍の軍事威圧に直面した袁世凱政府は、日本政府がイギリスとアメリカの圧力で第五号要求（六五頁参照）を撤回したこともあって、五月九日に二十一カ条要求を受諾した。中国の国民は、日本が最後通牒を突きつけた「五月七日」と袁世凱政府が受諾した「五月九日」を屈辱の日として永久に忘れず、日本への恥辱を雪《そそ》ぐ覚悟を新たにする日として、「国恥《こくち》記念日」と定めた。以後毎年この両日は、日本の中国侵略に対する愛国・救国運動を鼓舞する行事がおこなわれる記念日となり、長くつづくことになる反日民族運動史、抗日運動史の出発点となった。中国にとっての抗日戦争の「前史」の始まりといえる。

日独青島戦争により、日本は済南・青島・膠済鉄道（山東鉄道）沿線を軍事占領して、ドイツの山東権益を接収、青島守備軍による軍政をおこなった。日本軍占領下に、旅館業・料理屋・飲食店・露店・薬屋など商売営業をする日本人が、青島や済南など山東半島の都市や山東鉄道の沿線へ移住していった。青島では、日本領事館記録によれば、日独青島戦争の前の一九〇六年には一八九人であった日本人が、一九二二年には二万四一一二人に膨れ上がった。済南では一九一四年に一五四人であった日本人が、一九二二年には五六〇六人に増大した。これらの日本人は居留民といわれたが、次節で述べる日本軍の山東出兵は、済南における日本人居留民保護を理由におこなわれたものである。山東出兵は日本が満州事変への道を歩み出す「歴史の転換点」になる（八九頁参照）ことを考えると、二十一カ条の「第一号」を既成事実化するために多くの日本人が進出していったことも「前史」を形成した重要な要因となった。

もう一つは、「第二号南満州鉄道および東部内蒙古に関する件」の七カ条で、加藤外相が第一次世界大戦に参戦して「日支懸案の解決」をはかろうとした外交課題の中心で、当時「満蒙問題」といわれた。要求の内容は、旅順大連租借地期限ならびに南満州鉄道および安奉鉄道（安東―奉天）および吉長鉄道（吉林―長春）の管理経営の各期限をさらに九九年延長すること、南満州と東部内蒙古《うちもうこ》における日本人の居住、営業の自由を付与すること、日本に鉱山採掘権を許与し、独占的に鉄道敷設権を与えること、さらに日本人の政治・財政・軍事顧問教官を招聘すること、などであった。

この「満蒙問題」、すなわち南満州からさらに、ロシア革命によって帝政ロシアが崩壊したあとの北満州もふくめて、満州全域と内モンゴルへの日本の進出は、日清・日露戦争後の日本の中国大陸進出政策の根幹となるものである。一九三〇年代に入ると「満蒙は日本の生命線」というスローガンが日本の朝野で叫ばれ、満州事変を経て「満州国」が建国されることになる歴史を想起すれば、二十一カ条要求が「満州事変への道」の「前史」の画期となったことが理解されよう。

後述するように張作霖爆殺事件で父を殺害された張学良のもとに、東北政権の建設が進み、二十一カ条を契機にして拡大された日本の進出に対抗し、日本に奪われた権益を回収しようとした民族運動が強まっていた。こうした「排日運動の激化」にたいして関東軍は、「日本人居留民保護」をし、「日本の生命線である満蒙」を死守すると称して満州事変を発動したのである。

満州居住の日本人は、たとえば、日本領事館の記録によれば、奉天（現瀋陽市）では、一九〇六年に二二五〇人、一九一四年には一万六五五八人であった日本人が、一九二二年には三万九一一人と激増、満州事変の発生した一九三一年には四万七三一八人になっていることから、二十一カ条要求が、日本人の満州進出を促進するきっかけをつくったことが理解されよう。

すでに述べたように、日本が日露戦争で獲得した南満州鉄道と遼東半島租借地の守備隊を前身として一九一九年に関東軍が組織され、その関東軍が謀略による柳条湖事件を引き起こし（満州事変）、軍事行動を開始したのを、多くの日本人が熱狂して支持したのは、日本人居留民が暴動的な「排日」により、生命財産が危険にさらされているのを救出するためと信じたからである。

さらに一つが「第五号懸案解決その他に関する件」の七カ条である。さまざまな要求からなり、一見寄せ集めに見えるが、わずか五年前の韓国保護国化から「併合」（一九一〇年）へのプロセスを念頭において見ると、日本の政府・軍部がつぎは中華民国の保護国化、植民地化をねらって作成した青写真と見ることができる。

日本は日露戦争中に第一次日韓協約（一九〇四年）を強制して、日本人の財政顧問と、軍事顧問、警務顧問や日本が推薦する外交顧問を置かせ、顧問政治をおこなわせた。第二次日韓協約（一九〇五年）では統監府を設置して外交権を奪った。そして第三次日韓協約（一九〇七年）では、韓国軍を解散させ、司法権・警察権を奪い、韓国併合条約（一九一〇年）で韓国植民地化を強制したのである。

第五号からは、中華民国中央政府に「有力なる日本人顧問」を採用させて、政治・財政・軍事の枢要を掌握し（第一条）、台湾の植民地化、朝鮮の植民地化において民族抵抗を弾圧・鎮圧、統治を維持するために絶対的な役割を果たした警察官と警察制度を導入させ（第三条）、さらに日本からの兵器供給ならびに日中合弁の兵器工場生産の日本式兵器によって中国軍の装備を日本式にする（第四条）、また、布教権の自由を認めさせて中国各地に神社を建立させ、天皇制国家神道を流布、宣伝し（第七条）、日本人を大陸に送りこむために日本の学校や病院、寺院（神社）を各地に設立して日本人居留民社会を拡大させる（第二条）など、中華民国の保護国化、植民地化への青写真となっていることが読みとれる。

第五号要求は、将来の中国の保護国化、植民地化を推進するための長期戦略構想とし、受諾させた後に徐々に可能な要求から実現していくことを狙ったものといえる。

実際には、日本政府は、アメリカやイギリスの反対と袁世凱政府の執拗な抵抗に焦慮し、最後には第五号要求を撤回したうえで、袁世凱政府へ最後通牒をつきつけて受諾させた。このとき撤回したとはいえ、第五号は、日本政府が満州事変・日中戦争の大きな戦略構想となる、中国の保護国化、傀儡国家化の要求を一度、中国につきつけたことの意味は重要である。後の歴史が明らかにするように、第五号の構想は、「満州国」建国や日中戦争時の汪精衛の「中華民国国民政府（南京政府）」の樹立へとつながっていく。二十一カ条要求が満州事変・日中戦争の「前史」に位置づけられる所以《ゆえん》である。

## 大日本帝国の「臣民」と中華民国の「国民」

二十一カ条要求の外交文書は当時の中国の正式名称であった「中華民国」および略称としての「中国」を意図的に使用せず、「支那」という用語を使用している。加藤外相が二十一カ条要求の狙いを「日支懸案の解決」と言っていたことは前述した。日本政府が「中華民国」「中国」の名称を用いず、それまでの「清国」に代わり、「支那」と呼称するように政府に進言したのは、辛亥革命によって中華民国が建国されたときに駐華公使であった伊集院彦吉であった。これを受けて、一九一三年六月、内閣の閣議決定で中華民国を「支那」と呼称することに決定した。欧米では中国の各王朝の国号いかんによらず、地理的名称の China を使用しているというのがその理由のひとつであった。中国政府はこれにたいし、中華民国の呼称を使用するよう求めたが、日本政府は応じなかった。

天皇制国家の指導者たちは、「臣民」が国民主権意識に目覚めて「国体」＝「天皇制」を変革しようとする動きを極度に恐れ、事前に取締り、厳しく弾圧した。一九一〇年には、皇室にたいする危害を「大逆罪」とした大日本国憲法下の刑法を利用して、天皇暗殺を企てたとする大逆事件が捏造され、社会主義者の幸徳秋水ら一二人が一九一一年一月に処刑された。これを契機に同年警視庁に特別高等警察（特高）が設置され、国体変革をめざす思想、言論・社会活動を取締り、弾圧するようになった。大逆事件は、国民にたいして天皇制を批判し、反対することへの脅しとしての効果を発揮し、天皇制批判を恐れ、タブー視する国民意識が時代とともに浸透し、定着するようになった。

日本政府が中華民国という正式な国号を意図的に使用しないようにしたのは、中国民衆が二〇〇〇年以上つづいた専制王朝国家に終止符を打ち、共和制国家を樹立したことの意味を日本人に認識させまいとした政治的配慮があったからである。「民国」といえば、「民の国」すなわち「国民主権の共和制国家」がイメージできる。中国では中華民国の主権者は「国民」であるのにたいして、日本では天皇制大日本帝国の「臣民」（天皇の統治に仕え、支配される民）であった。

中華民国建国の憲法にあたる「中華民国臨時約法」（一九一二年三月一一日公布）は、第一条「中華民国は中華人民によって組織される」、「中華民国の主権は国民全体に属す」と主権在民を明確に規定した。これにたいし、日本がポツダム宣言を受諾して正式に連合国に降伏した一九四五年九月まで有効であった大日本帝国憲法は、第一条「大日本帝国は万世一系の天皇之を統治す」、第三条「天皇は神聖にして侵すべからず」、第四条「天皇は国の元首にして統治権を総攬し、此の憲法の条規に依り之を行う」と定めていた。第二章「臣民権利義務」では、日本国民としてではなく「日本臣民」として、権利よりも先に、兵役の義務（第二〇条）、納税の義務（第二一条）が定められた。第一一条「天皇は陸海軍を統帥す」は、本書で後述するように、満州事変・日中戦争を遂行した軍部が「天皇統帥権」として最大限利用した。

日本政府が「支那」「シナ」という蔑称をこめた呼称を公式文書でつかい、学校教育やメディアでも流布させた結果、時代とともに、差別意識、蔑視意識さらに侮蔑意識が増殖され、日中戦争の戦場において日本兵たちが「チャンコロ一人殺すのは屁でもない」などと言い合うまでになったのである。朝鮮人を「鮮人」「チョン」、中国人を「シナ人」「チャン」などと蔑称して見下す差別・蔑視意識が、日本の朝鮮植民地支配と中国侵略戦争に加担していく日本人の国民意識を助長していたことを考えると、この時の政府の呼称決定は、国民意識形成史からみた日中戦争の「前史」とみることができる。〈註3〉

二十一カ条要求は、辛亥革命によって中国の主権者となった国民に、救国意識と愛国意識に目覚めさせ、政府と国民の官民一体的な民族運動を展開させた歴史上最初の事件となった。わずか数年前に日本が強行した韓国「併合」とその前提となった三次におよんだ日韓協約と二十一カ条要求（特に第五号）との類似性が強調され、「朝鮮亡国」の歴史や惨状が新聞に報道され、ビラやパンフレットや書物などで広く宣伝、紹介された。

中華民国が日本によって朝鮮と同じように亡ぼされた場合、その責任は主権者である国民にあるという危機意識が高まり、日貨ボイコット（日本商品の不買・排斥）・国貨提唱（国産品の生産と愛用）運動が全国に拡大した。この二つの運動は、全国民が一致して日本商品を買わず、国産品を購入することを守ることによってはじめて効果を発揮するものであった。二十一カ条要求に抗議した日貨ボイコット・国貨提唱運動の結果、日本の経済進出は大きな打撃をうけた。

この運動が愛国・救国啓蒙運動として全国に拡大、普及するなかで、中華民国の国民であるという意識が民衆に浸透していったことも重要である。

二十一カ条要求反対運動以後、日本の中国侵略強化にともなう事件が発生したり、ぎゃくに日本に奪われた利権を取り戻すために中国主権回収熱が高まるなかで、日貨ボイコット・国貨提唱運動が反日民族運動、抗日民族運動〈註4〉の車の両輪のようになって、継続的に展開されることになる。

これにたいして、日清戦争後の下関条約によって、帝国主義列強の仲間入りをして不平等条約体制〈註5〉を中国に押し付ける側に立った日本人は、前述した青島・済南・奉天へ移住、増大していった日本人居留民のように、日本の租界・租借地さらには日本軍占領地に続々と進出して行き、帝国主義国の特権を利用して、一旗揚げようとばかりに経済的利益をはかり、いっぽうで大日本帝国の権威を振りかざして、現地の中国人を差別・蔑視して横柄・傲慢にふるまったりした。第一次世界大戦期に急激に増大した日本人居留民は、現地中国人の日貨ボイコット運動あるいは排日運動が発生すると現地の日本外交当局へ取締りを求め、さらに運動が激化すると、日本政府・軍部に保護を求めて派兵による武力鎮圧を要請するまでになった。

日本政府・軍部が「排日運動の激化により危険にさらされた日本人居留民の保護」というのを口実に、中国へ大規模な軍隊を派兵、そして戦争になるパターンは、本書で詳しく述べるとおりである。

## 満州事変「前史」としてのシベリア出兵

第一次世界大戦におけるイギリス・フランスにならんで主要な連合国であったロシア帝国において、一九一七年三月、戦争に苦しむ民衆が立ち上がって二月革命（ロシア暦の呼称）をおこしてロシア帝国皇帝のロマノフ朝ニコライ二世を退位させ、臨時政府を樹立した。しかし臨時政府はその後も戦争を継続したので、同年一一月、レーニンが率いるボルシェビキ（ロシア社会民主労働党の一派で多数派を意味する、ソ連共産党の前身）が労働者・兵士ソビエト（ロシア語で会議）を組織して武装蜂起をおこない、武力で臨時政府を倒しソビエト政権を樹立した。さらにニコライ二世とその家族を処刑して、ロマノフ王朝を滅亡させせた。ロシア暦で一〇月革命と呼ばれる。ソビエト政府は一八年三月にドイツ・オーストリア側と単独で講和条約をむすび、第一次世界大戦から離脱した。

第一次世界大戦のヨーロッパ戦場は、ドイツ・オーストリアを挟むかたちで、西部戦線と東部戦線が形成されていたが、ロシアのソビエト政府が大戦から離脱したために、東部戦線が解消され、ドイツ軍は全兵力を西部戦線に投入することが可能になった。そこで、イギリスとフランスを中心にした連合国首脳は、ロシアの革命政権を倒すために、軍事干渉をおこなうことを決定し、一八年に入って、連合国艦隊が黒海へ派遣され、そこからフランス軍はウクライナへ、イギリス軍はザカフカス（現在アルメニア・アゼルバイジャン・グルジア共和国に分属）へ侵入した。つづいて、連合国軍は、ロシアの反革命勢力を強めるために、各地の反革命軍・反革命政権を援助した。このため、ソビエト政府と反革命勢力の国内内戦ははげしくなり、三年間にわたってロシア人どうしの戦いが続けられた。

日本は、日露戦争以後、アメリカやイギリスの干渉を排除し、さらに中国と朝鮮の民族運動を抑圧するために、ロシア帝国と四次にわたる日露協約をむすび、ロシアは北満州、日本は南満州と勢力範囲を取り決めて軍事提携をはかってきた。さきの対華二十一カ条要求の第二号は、それを中国政府にも公式に承認させようとしたものだった。

ロシア革命によって「協力」相手のロシア帝制が崩壊すると、日本は北満州さらに植民地となった朝鮮の北側につづくロシアの沿海州、日露戦争で日本が南部を獲得した樺太《からふと》の北半分、さらに広くシベリアと称されるロシア帝国の極東地域を日本の勢力下におく好機が到来したと考えた。そこで、日本は一八年五月に中国の北京政府と「日中共同防敵軍事協定」（日中軍事協定と略称）を結び、日本軍は「北部満州東部蒙古および極東露領方面よりシベリアの東部」、中国軍は「中部蒙古、西部蒙古および新疆」を軍事作戦地域に分担して、日中共同でシベリア出兵をするという秘密協定を結んだ。当時の北京政府は親日派の段祺瑞《だんきずい》という軍人が国務院総理（首相）だった。日本は段祺瑞政権にたいして西原借款と総称される総額一億四五〇〇万円にのぼる借款援助と総額八一〇〇万円にたっする武器供与をおこなった。今でいえば、段祺瑞政権にたいする買収工作である。西原借款は現在でいえば数千億円にあたる膨大な金額になる。

日本は日中軍事協定を利用して、実質的には日本の単独によるシベリア出兵を実行しようとしたが、アメリカが強く反対、アメリカの斡旋で一九一七年八月に連合国側にたって第一次世界大戦に参戦した段祺瑞政権も、日本だけとのシベリア共同出兵を巧妙に回避した。イギリスとフランスは、アメリカと日本の革命干渉軍をシベリアへ派遣するよう要請し、ソビエト政府を西と東から挟み撃ちにしようとしたが、アメリカのウィルソン大統領が、「十分に正当な理由がない」と賛成をしぶった。ところが、一八年五月、シベリア鉄道沿線でチェコ・スロバキア軍団が反乱を起こすと、[註6]ウィルソン大統領もチェコ・スロバキア兵の救出を名目にしてアメリカ兵のシベリアへの派兵を決意した。一八年八月、アメリカ・イギリス・フランス・イタリア・[註7]中国そして日本からなる連合国軍がウラジオストクへ上陸し、ロシア革命への共同干渉が開始された。シベリア干渉戦争の連合国軍総数約九万のうち、日本は七万二〇〇〇の軍隊を派遣した。日本だけが突出した膨大な軍隊の派兵について、日本は日中軍事協定に基づくものと言い訳し、中東鉄道（満州里―ハルビン―長春）を使って中露国境の満州里からザバイカル方面に派兵、アムール州、沿海州さらにサハリン州にわたるシベリア一帯で革命軍とパルチザン部隊（労働者・農民などで組織された遊撃隊）を殺戮する革命干渉戦争を展開した。

ザバイカルで反革命政権の樹立と拡大を目指したコザック出身のセミョーノフが、満州里を根拠地にして中露国境地帯で活発な軍事行動を展開すると、日本は一八年八月、満州駐箚《ちゅうさつ》師団を満州里

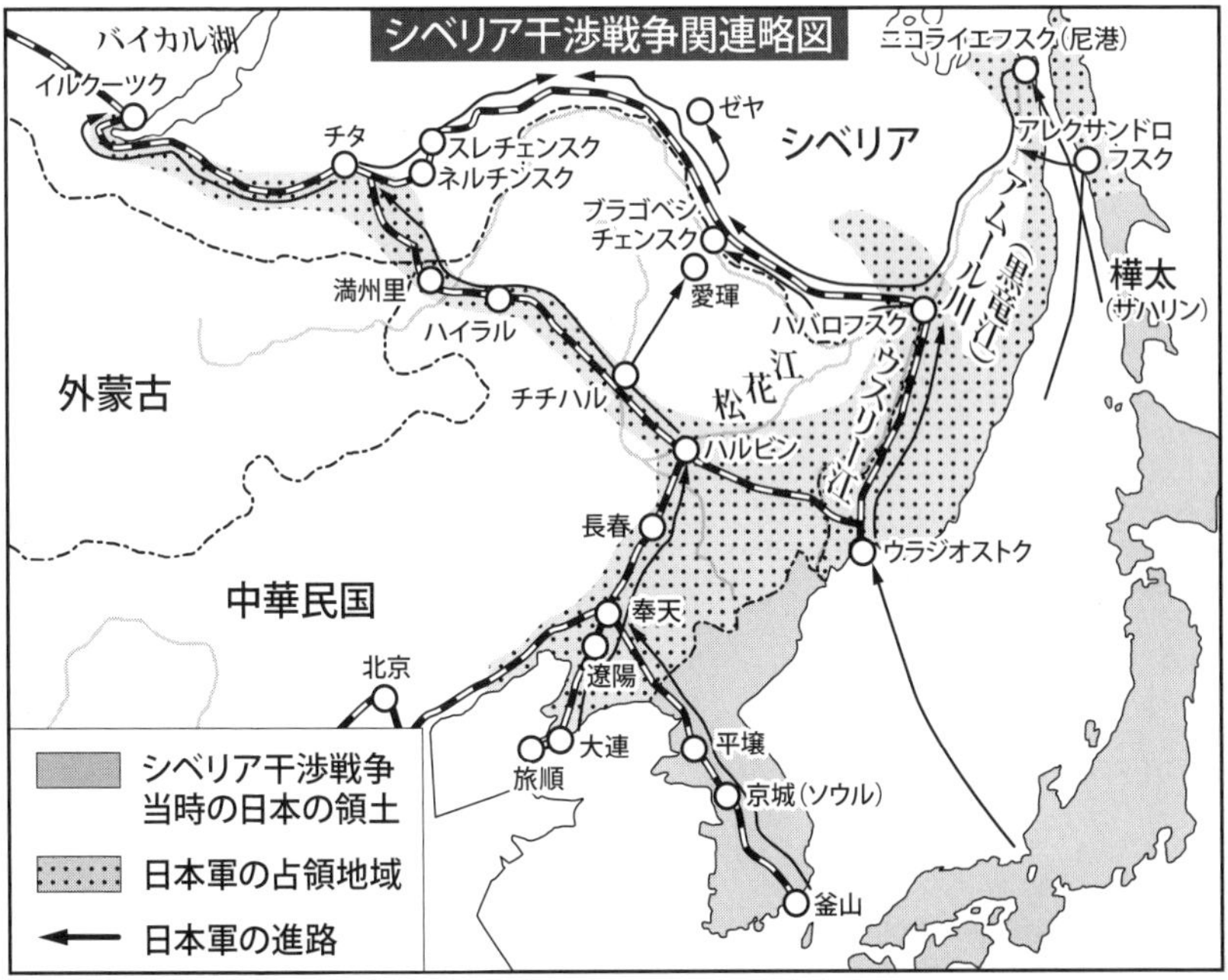


へ出動させ、セミョーノフ軍を支援することを決定した。満州駐箚師団とは、すでに述べた関東州租借地と南満州鉄道沿線に配備されていた一師団で、この時は第七師団であった。日本はこれを機にハルビン・ハイラルにも軍隊を派遣、九月上旬にはセミョーノフ軍と策応して、満州里からチタに侵攻し、九月下旬には日中軍事協定にもられた日本軍の作戦地域であるバイカル以東の極東ロシア領をほぼ日本軍の制圧下においた。シベリア出兵を利用して、南満州から北満州へ軍事行動を拡大した日本は、一九一九年四月、南満州統治の行政ならびに軍の機関であった関東都督府を廃止してより権限を強化した植民地行政機関として関東庁を発足させた。さらに、行政から独立して「作戦と動員計画に関して参謀総長の区処(指揮)を受ける」と規定された関東軍が誕生したのである(島田俊彦『関東軍―在満陸軍の独走』中公新書)。

関東軍が統帥権の独立を盾にして張作霖爆殺事件や柳条湖事件の謀略を策動、さらに独走による満州事変を強行し、政府の不拡大方針を無視し、さらに軍中央の統制に従わずに満州侵略を拡大した次章で詳述する歴史を考えると、シベリア出兵を利用した関東軍の成立は、満州事変の「前史」として決定的な意味をもった。以後、関東軍は、ソ連を仮想敵国とする日本の国防方針（北進論）の前衛部隊としての役割をになっていくことになる。

日本による植民地支配を逃れて、多くの朝鮮人がロシアの沿海州やアムール州へ南満州へと移住し、一九一〇年代、シベリアには約一二万人の朝鮮人が在住し、そのうちの約七万人が朝鮮と地続きの沿海州に住んでいた。シベリア在住の朝鮮人にとって、ロシア革命による帝制ロシアの崩壊は、朝鮮民族の民族自決、日本の植民地支配からの独立をたっせいする好機と考えられた。シベリアに朝鮮人の民族革命家たちが集まり、シベリアにおける革命運動と呼応して、シベリア在住の朝鮮人による独立運動が活発に展開されるようになった。

第一次世界大戦後に民族自決主義が世界の一大潮流となったのに乗じて、朝鮮民族の独立の意志を世界の世論に訴え、朝鮮の独立を実現しようと、一九一九年三月一日のソウル集会からはじまった独立運動は、またたくまに朝鮮全土にひろまり、朝鮮と国境を接する中国の間島《かんとう》地方（現在の吉林省東部の延辺《えんぺん》朝鮮族自治州一帯）やシベリアの沿海州の朝鮮人のあいだにもおよんだ（朝鮮三・一独立運動）。シベリアでは、祖国の解放をめざして募兵運動が推進されたが、三・一独立運動が日本の軍隊と警察によって容赦なく流血の弾圧をされ、またパリ講和会議においても朝鮮問題が無視されるにおよんで、急募された兵員のパルチザン部隊に編成され、ロシア革命の防衛と祖国の独立を結びつけ、シベリアの各地で日本軍撃退の戦闘に参加していった。また、朝鮮・中国混成連隊も結成され、シベリア在住の朝鮮人・中国人志願兵の赤軍（革命軍）への参加も増大していった。

第一次世界大戦がドイツ・オーストリア・トルコの敗北で終結すると、戦意を失ったチェコ軍団もロシアから撤退していった。ロシア革命後の内戦はロシア革命の防衛にたちあがった兵士、労働者・農民などの戦いによって、反革命政権がつぎつぎと壊滅させられ、連合国によるロシア革命干渉は失敗した。一九二〇年の春から夏にかけ、各国の軍隊はシベリアから撤退していったが、日本軍だけは駐留をつづけた。これにたいして、国の内外から批判があびせられると、日本政府はシベリア出兵の目的をチェコ兵救援から、「極東露領の政情安定ならざる為、累を帝国に及ぼすべきに鑑《かんが》むるときは、我接界近邇《せつかいきんじ》の関係ある地方の於ては帝国の自衛上直に撤兵を許さざるものあり」、兵力を沿海州に集中し、中東鉄道沿線にも配備して、朝鮮国境、吉林省東境ならびに満州にたいする「過激派の行動を防止する」ためにシベリア出兵を継続するという「シベリア撤兵期に関し政府声明」（一九二〇年三月三一日）を発表した。（註8）

日本政府と軍部が恐れたのは、シベリアにおける朝鮮人独立運動の発展、とりわけ三・一独立運動期に開始された朝鮮人パルチザン部隊の形成と急激な発展であった。日本政府と軍部がロシア革命勢力を意図的に「過激派」と呼称した意図については後述する（七九頁参照）。

活発化する朝鮮独立運動に直面した日本のウラジオストク派遣軍司令部は、二〇年四月、ウラジオストク、ニコリスク等沿海州南部において、朝鮮独立運動に凄惨な大弾圧をくわえ、朝鮮人パルチザン部隊に大打撃をあたえた。

朝鮮と国境を接する満州の間島地方は、朝鮮植民地化以後、多くの朝鮮人が移住するようになり、朝鮮民族運動の拠点になっていた。三・一独立運動が武力弾圧されると、朝鮮人の独立運動家たちは、シベリアの朝鮮人革命運動と連携しながら、朝鮮独立軍を結成して、活発な武装活動を展開した（間島パルチザンといわれた）。朝鮮人の抗日武装闘争の影響が朝鮮国内にもおよぶことを恐れた朝鮮総督府と朝鮮軍は、抗日民族運動の弾圧を企図した。一九二〇年一〇月、琿春《こんしゅん》の日本領事館を中国人の馬賊に襲撃させ、「朝鮮革命党人とロシア人と中国人の匪賊数百人が襲撃して日本領事館を焼失させ、日本人一一人が死亡、一〇名が負傷した」という琿春事件を口実に、日本のウラジオストク派遣軍と朝鮮軍数千を中国領土の間島地方に越境、進駐させ、琿春事件の「報復」として無辜《むこ》の朝鮮人を殺害、村を焼き払い、学校や教会を焼失させた（間島出兵、または間島事件といわれる）。

## 日本人に革命・共産主義への恐怖心を植えつけるのに利用された尼港《にこう》事件

ロシアの沿海州のアムール河がオホーツク海にそそぐ河口に日本では尼港というニコラエフスクがある。シベリア出兵をおこなった日本軍は一九一八年九月にニコラエフスクを占領し、第一四師団の水戸歩兵第二連隊第三大隊（大隊長石川正雅少佐、以下石川守備隊）を駐屯させた。一九年一月の調査では、二九一人の日本人、二三二九人の中国人、九一六人の朝鮮人が居住していた（総人口一万二二四八人）。日本人には熊本県の天草からわたってきて娼妓となった女性が多かった。

二〇年一月末にはニコラエフスクも総勢二〇〇〇というパルチザン部隊（ニコラエフスク地区赤軍と

称した）に包囲され、陸軍戦闘員二八八人にすぎなかった石川守備隊はパルチザン側の和平交渉に応じて、パルチザン部隊は二月末にニコラエフスク市街に進駐した。パルチザン部隊には中国人と朝鮮人も加わっており、市内の朝鮮人、中国人を部隊に編成して勢力を拡大した。このことは日本軍と日本人居留民に敵愾心と恐怖心をつのらせた。

三月一一日夕刻、赤軍本部で宴会が催され、石川守備隊長と日本領事館の石田領事も出席した。パルチザン兵の多くが度外れに飲んで酔っ払った。ところが、日本軍は、翌一二日の午前一時三〇分、宴会が終わって寝静まっていた赤軍本部を包囲して急襲をかけ、パルチザン部隊の殲滅をはかったのである。本部は火炎につつまれ、パルチザン部隊司令官のトリャピーチンは、炸裂した手榴弾で足に傷を負った。

石川守備隊と在留日本人自衛団・在郷軍人などからなる日本軍とパルチザン部隊との戦闘は、数日間続いたが、一七日になって在ハバロフスク歩兵第二七旅団長山田少将からの戦闘中止勧告が伝えられ、一八日に日本軍は降伏した。残存した日本兵士と居留民一二人の約一三〇人が俘虜として収監された。日本人居留民の多くは日本軍決起の巻き添えをくって戦死したが、日本人居留民の死には、楼主がピストルで十数人の娼妓を殺して集団自決した事例もある（第一次尼港事件）。

四月になって日本軍尼港守備隊全滅の情報をえた日本政府は、ただちに尼港救援隊出動を決定、二〇〇〇人の部隊を小樽から派遣したが、アムール河口は海も河も結氷のため、接近できず、解氷期の五月になってようやく軍事行動を開始した。しかし、日本軍がニコラエフスクに進撃すれば、俘虜として収監されていた日本人の生命安全が危うくなることへの配慮はなされず、赤軍からの尼港奪回の大義名分にこだわった行動であった。

大部隊の日本軍によるニコラエフスク再占領が阻止できないと判断したトリャピーチン司令官とその取り巻きは、ニコラエフスク市を撤退するにあたって狂気のテロルを展開した。五月二四日から二五日にかけて、約一三〇人の獄舎の日本人捕虜は、アムール河畔に連れ出されて殺害された。パルチザン部隊はニコラエフスク市からの撤収を終えると市の大部分に火を放って破壊した（第二次尼港事件）。

トリャピーチンは、その極左的、無政府的な思想行動から、一般住民にたいする徴発や没収、略奪をおこない、敵対するとみた一般住民も多数殺害した。そのため、トリャピーチンは、極東のソ連共産党組織によって逮捕され、反革命罪で処刑された（原暉之『シベリア出兵　革命と干渉　1917-1922』筑摩書房）。

以上の第一次、第二次をあわせて尼港事件と称するが、この事件は、「尼港の惨劇」の悲報として、日本国内でセンセーショナルに報道された。

第一次尼港事件は「斯《か》くして同胞は終《つい》に滅ぶ　最後の最後まで我が軍は死力を尽くして奮闘した領事が妻子を銃殺した時の胸中や如何」（『大阪朝日新聞』一九二〇年六月二五日）のタイトル、「街衢《がいく》に横たわる死骸」の中見出しで「市内居留民は（三月）十三日以来毎日門口に引き出されて惨殺され、四百二十名中残ったものは僅かに八名であった」と報道された。「悲壮なる最期」の中見出しで「石田領事は此の時正装をつけて妻子を銃殺し、更に赤衛隊に向かって最後の談判を試みる為戸外に現れたがその刹那弾丸に中《あた》って死を遂げた」とあるのは、前述した日本人居留民の女性が集団自決させられたことの証左である。

第二次尼港事件は、第一次より先に「凶悪言語に絶する尼港の過激派　邦人百三十名を鏖殺《おうさつ》す」「残留民を悉《ことごと》く殺戮」(『大阪朝日新聞』一九二〇年六月七日)と報道された。つづいて「尼港の虐殺五千名　余焔尚炎炎たる焦土を踏破しアムール河の氷上に投棄されし同胞の幽魂を弔う」「惨劇を目撃せし露人は語る　児童は岩石に叩き付けて打殺し　女は凌辱後裸踊りさして銃殺」「板壁に残る同胞の絶筆『五月二四日午後一二時を忘るな』　邦人の死体捜索に全力を尽くす」という大中の見出しをつけて報道された(『大阪朝日新聞』一九二〇年六月一三日)。

尼港事件が日本軍が背信的な奇襲攻撃をかけた結果の自殺行為に近い全滅だった事実は知らされず、日本国民はただ同胞の悲惨な運命に同情し、パルチザン＝「過激派」の暴虐に憤慨し、敵愾心を沸騰させた。こうしたセンセーショナルな報道をとおして、ロシア革命における革命勢力を総くくりにして「過激派」と呼称して反発し、敵愾心を抱く思考がひろく日本国民にゆきわたるようになった。

「過激派」という呼称は日本の軍部と政府が意図的に使用して、新聞などで流布させ、定着させた言葉である。ロシア革命におけるボルシェビキ、労農兵士ソビエト、赤軍、パルチザン、ソ連共産党などすべての革命組織・団体・活動を「過激な革命をおこなう勢力」と嫌悪感をともなって感情的に否定させることによって、国民の思考をストップさせる役割をはたしたのである。「過激派」に類した「アカ」「左翼」というレッテル貼的用語の流布も同様である。それが、マルクスやレーニンの思想、社会主義や共産主義の思想と理論も「過激思想」「危険思想」として忌避・排除・抑圧する社会思想状況を国民の側に醸成していくことになる。このことは後述する「治安維持法体制」の確立へとつながっていく。

尼港事件はその後「過激派」すなわち、パルチザン・赤軍・共産党・ソビエト政権などの残虐性・非道性を示すものとして大々的に宣伝され、その後の日本人の社会心理に、反ソ連・反共産党意識さらには反共産主義意識を植え付けるひとつの原点となった。

ロシア革命を世界革命に拡大しようとしたレーニンが一九一九年三月に国際的共産主義組織である共産主義インターナショナル（コミンテルン）を創設、その支部として、日本や中国、朝鮮などで共産党が結成された。コミンテルンには東アジアにおける革命を指導するための極東ビューロー（コミンテルンの指導機関の執行委員の下部組織で事務局はハバロフスクやウラジオストクに置かれ、上海には支局が置かれた）が設置された。そして一九二二年一月には、植民地朝鮮と中国、日本をはじめとする東アジアの社会主義者と民族主義者が参加してコミンテルンが指導する極東勤労者大会（極東民族大会）がモスクワで開催されるにいたった。極東民族大会は、植民地朝鮮の民族革命運動と日本ならびに欧米の帝国主義に対抗する中国の革命運動を支持し、その展望を示したものであったから、日本の政府、軍部の大陸政策にとって大きな脅威となるものであった。

一九二三年二月二八日、陸軍参謀本部と海軍軍令部は協定して帝国国防方針を改定した。その要点は、①日本の想定敵国の順位を、露国（ソ連）・米国・支那（中国）と定める。②ロシア革命後の情勢から対露一国戦争がおこる公算はほとんど想定できず、日本が日清・日露戦争で獲得した満蒙の権益を確保するために、これの回収を望む中国との間に事端が発し、それが発展して、日本対支露との戦争となる場合がもっとも多い。あるいは日本対支米戦争、さらに日本対支露米戦争となることも想定される。③対露作戦のほか、大陸における所要域（満州・北支・中支の各要域、南支の一局部）の戡《かん》定《てい》（勝利して乱を平定する）に必要な兵力を整備し、その作戦実行上必要な作戦資材の整備を完了する。これができれば、対支問題から展開して発生する対二国、やむをえない情勢においては、対三国の戦争にも一応堪えうるもくろみをたてえる。〈註9〉

右の帝国国防方針は、日本がシベリア出兵と称したシベリア干渉戦争に敗北して以後に改定したものであるが、すでに中国東北における中国側の日本権益回収を阻止するための満州事変の発動、さらに日中戦争とその延長としての日米戦争さらにはアジア太平洋戦争終盤の対ソ戦も予想して軍備を備えるというものである。本書で明らかにするように歴史はそのとおりに展開することになる。

一九一八年八月から連合国の共同干渉として開始した日本のシベリア出兵は、連合国が一九二〇年になって撤兵していった後も、日本軍だけが革命干渉戦争をつづけた。しかし、日本が中国の北京政府を従属的な軍事同盟に組み入れ、北満州からシベリアへの進出をはかる手段にした日中軍事協定も、一九二〇年七月に親日派の段祺瑞率いる安徽派軍事政治集団と親米派の直隷派軍事政治集団との間で戦われた安直戦争によって、安徽派が敗退、直隷派が北京政府の権力を掌握した結果、二一年一月に日中軍事協定は廃棄され、日本のシベリア出兵は後退を余儀なくされた。

そして、世界から批判を浴び、国際的に孤立した日本は、一九二二年一〇月、ついにシベリアから撤兵した。四年三カ月にわたった、シベリア干渉戦争で、日本軍は約三〇〇〇人の死者と、その数倍にのぼる負傷者（凍傷も多かった）を出した。いっぽう、日本のシベリア干渉戦争のため、八万人以上のロシア市民が殺害されたといわれ、現在でも、犠牲になった人たちの追悼碑がシベリアの各地に立っている。

日本の政府と軍部は、敗北に終わった侵略戦争、不義の革命干渉戦争の真相を国民に秘密にした。「シベリア戦争」といわずに「シベリア出兵」と呼んだのも、敗戦であったことを隠そうとする配慮がはたらいたからである。いっぽうで、尼港事件の真相を隠して、パルチザン、赤軍さらには革命に参加した民衆の残虐非道ぶりを誇大に宣伝して、反露・反ソ・反共意識を煽動することによって、シベリア出兵の失敗、挫折にたいする国民批判を封じ込めるのに成功した。

ソビエト政府は連合国による共同革命干渉戦争と国内の反革命政権との内戦に勝利して、一九二二年一二月三〇日ソビエト社会主義共和国連邦（ソ連邦、ソ連と略称）を成立させた。

## 世界史の流れを理解できなかった日本人

日本政府と国民が認識できなかったことに、第一次世界大戦期の世界史の流れがあった。流れの一つは、一九〇〇年の義和団戦争で八カ国が連合出兵して以後、「義和団体制」ともいわれた列強が中国を共同で分割支配する体制ができ、日本が一国単独で中国を支配するのを許さない列強間の暗黙のルールができたことである。

第一次世界大戦をつうじて世界一の経済大国となったアメリカは、大戦後の東アジアおよび太平洋の国際秩序を新たに調整するためワシントン会議（一九二一年一一月〜二二年二月）を開催した。この会議の結果、二十一カ条要求をはじめ、日本が第一次世界大戦中に獲得した中国における諸権益や独占的・排他的な地位は否定された。日本は「山東懸案に関する条約」を締結させられ（一九二二年二月）、旧ドイツの膠州湾租借地と山東鉄道を中国に返還させられた。そして日本軍は、山東半島から撤退することになり、一九二二年一二月に青島守備軍は撤退を完了する。

さらに、太平洋上の属地・領地である島々についての権利の保障、現状維持、紛争の共同解決を約した四カ国条約がアメリカ・イギリス・フランス・日本の間に締結され、イギリスと日本の二国間の権益を保障しあうとした日英同盟は廃棄された。

ワシントン会議において締結された「中国に関する九カ国条約」（一九二二年二月六日調印、締結国はアメリカ・イギリス・日本・中国・フランス・イタリア・オランダ・ポルトガル・ベルギー）は、①中国の主権・独立・領土的行政的保全を尊重する、②中国が有力な安全国家を建設・維持する機会を完全に保障すること、などを約定した。中華民国の国家建設を保障する平和的な国際環境の保障をうたい、これに反する日本の二十一カ条要求などの国家建設干渉、妨害政策を抑止することを約定したのである。

この「九カ国条約」が、満州事変・日中戦争の「前史」として決定的に重要なのは、二つの戦争がともにこの国際条約に違反した行為であり、中国国民政府が国際連盟に提訴したからである。アメリカ・イギリスなどの列強から批判され、対立を強める中で日本は国際的な孤立を深め、ついには国際連盟を脱退、やがてアジア太平洋戦争への道をつき進むことになる。

日本政府と国民が理解・認識しなかった（できなかった）のは、「九カ国条約」によって日本がつきつけられた歴史的に重要な意味であった。吉野作造は、当時日本で展開されていた大正デモクラシーの代表的な理論家であり、日本の植民地政策を批判し、朝鮮・中国の民族運動の理解を呼びかけた、当時の日本にあってはもっとも進歩的な政治学者であった。その吉野は、四カ国条約を「世界人心の一変の結果として生まれたものである。しかして世界の平和的進歩の上から見て、此気分の一変が肝要な出来事」であり、「東洋平和の為に欣《よろこ》び、さらにもつと強い程度に於いて、日本自身の為に欣ぶ」などと高く評価したいっぽう、〈註10〉ワシントン会議についていくつか書いた評論のなかで、九カ国条約への評価も言及もない。吉野作造でさえ、こうであったから、他は推して知るべしである。

またワシントン会議では米・英・日の主力艦の保有比率を五・五・三とする海軍軍縮条約が結ばれたが、日本が当初対米七割死守を目標にしていたので、大海軍主義者の間に強い不満が生まれた。

ワシントン会議により締結された諸条約をもとにした国際協調体制をワシントン体制と呼ぶが、昭和期に入ると、このワシントン体制を打破することが軍部急進派の目標となった。



## 2 戦争「前史」の転換点となった一九二八年

歴史は一つの大きな事件をきっかけに流れが大きく変動することがある。また、ある時期に集中あるいは連鎖して発生した出来事によって歴史の流れが急激に変わっていくことがある。後の歴史からみて、歴史の流れが一つの方向へ大きく変化した時期を歴史の転換点、英語で turning point という。

歴史の流れは、時代時代の現時点におけるいくつかの歴史展開の可能性の中から一つの流れに選択されて歴史が進んでゆく。本書序章で述べたように、戦争「前史」の段階では、戦争発動に向かう歴史の流れに対抗して、戦争によらない平和的解決に努力し、あるいは開戦を回避する可能性も残されている。歴史の転換点はまた、歴史の分岐点すなわち歴史の分かれ目、ともいう。「現在は戦争への道か、それを阻止して不戦・平和への道を歩むか、歴史選択の岐路に立たされている」という言い方をすれば、わかりやすい。

「日本はいつから満州事変・日中戦争への道を歩みはじめたのか」という本章の問題意識にしたがえば、対華二十一カ条要求の強制が戦争「前史」の開始であったのにたいし、一九二八年が、日本の歴史が戦争「前夜」に向かって大きく変動していった転換点（turning point）となった年である。一九二八年においては、戦争「前夜」に向かわせないようにする歴史の流れを選択する可能性も残されていた。しかし、後の歴史から明らかなように、当時の日本は、政府・軍部と国民の総意の結果として、「満州事変への道」へと歴史の流れを選択してしまったのである。なぜか。過誤の歴史から教訓を学び、現在あるいは未来の歴史の転換点において、誤った歴史の選択をしない国民となるよう、一九二八年に起こった出来事がなぜ転換点といえるのか、考えてみたい。

## 中国国民革命の展開

清王朝の打倒をかかげて革命党を組織し、革命運動の指導者となった孫文は、辛亥革命によって樹立された中華民国の臨時大総統に就任したが、革命側には清王朝を壊滅させるだけの軍事力がなかった。そのため清王朝最後の皇帝である宣統帝溥儀《ふぎ》を退位させた袁世凱に臨時大総統の地位を譲った。袁世凱は一九一三年一〇月に正式の大総統に就任し、北京を首都にさだめて、中華民国北京政府を発足させた。日本が二十一カ条要求を突きつけたのが、この袁世凱政府であった。袁世凱は官民一体となった二十一カ条要求反対運動の盛り上がりを利用して、さらに権力を強化しようと帝制復活を企て、皇帝に即位して、洪憲王朝を名乗った。しかし、中華民国の主権者として目ざめた国民は、君主制の復活を許さず、北京政府の軍人や官僚からも帝制反対運動がおこり、孤立した袁世凱は、神経性疲労と尿毒症を併発して、皇帝を名乗ってからわずか半年で病死した。

袁世凱の強権政治に反対して北京を離れ、広東へ政治活動の場を移した孫文や国民党国会議員らは、一九一七年に広東軍政府（孫文が大元帥）を樹立して北京政府に対抗した。孫文は一九年一〇月に国民党をより大衆的な政党に改め、広東政府と改称して大総統に選ばれた。孫文は一九二四年一月に国民党第一回全国代表会議をひらき、ソ連との友好（連ソ）、共産党との合作（容共）、労働者や農民の運動の支援（扶助農工）の三大政策を決定した。これにより国民党と共産党の第一次国共合作が成立し、共産党員も国民党政府・組織・機関に参加して活動できるようになった。(註11)

孫文は、辛亥革命において袁世凱に臨時大総統の地位を譲らざるを得なかったのは、革命党が統一された強力な革命軍を持っていなかったためであると認識していた。その教訓から孫文は、ソ連の援助を受けて、二四年六月に広東の黄埔に黄埔軍官学校を設立、蒋介石を校長として、ロシア革命を主導した赤軍をモデルにした国民革命軍（国民党軍）の幹部を養成した。ソ連から多数の軍事顧問が派遣され、国民革命軍の訓練と作戦を指導した。ソ連からは武器・弾薬、そして経済面でも相当の援助がなされた。

孫文は、広東政府による全国統一をめざして、「北伐」（各地に割拠していた軍閥〈軍事政治集団〉を打倒するための北上）を呼びかけたが、一九二五年三月肝臓癌のため、「革命未だならず、同志諸君、奮闘努力せよ！」という国民党への遺嘱《いしょく》を残して死んだ。

孫文の革命遺志をついだ国民党は、汪精衛を主席とする中華民国国民政府を広州に樹立し、翌

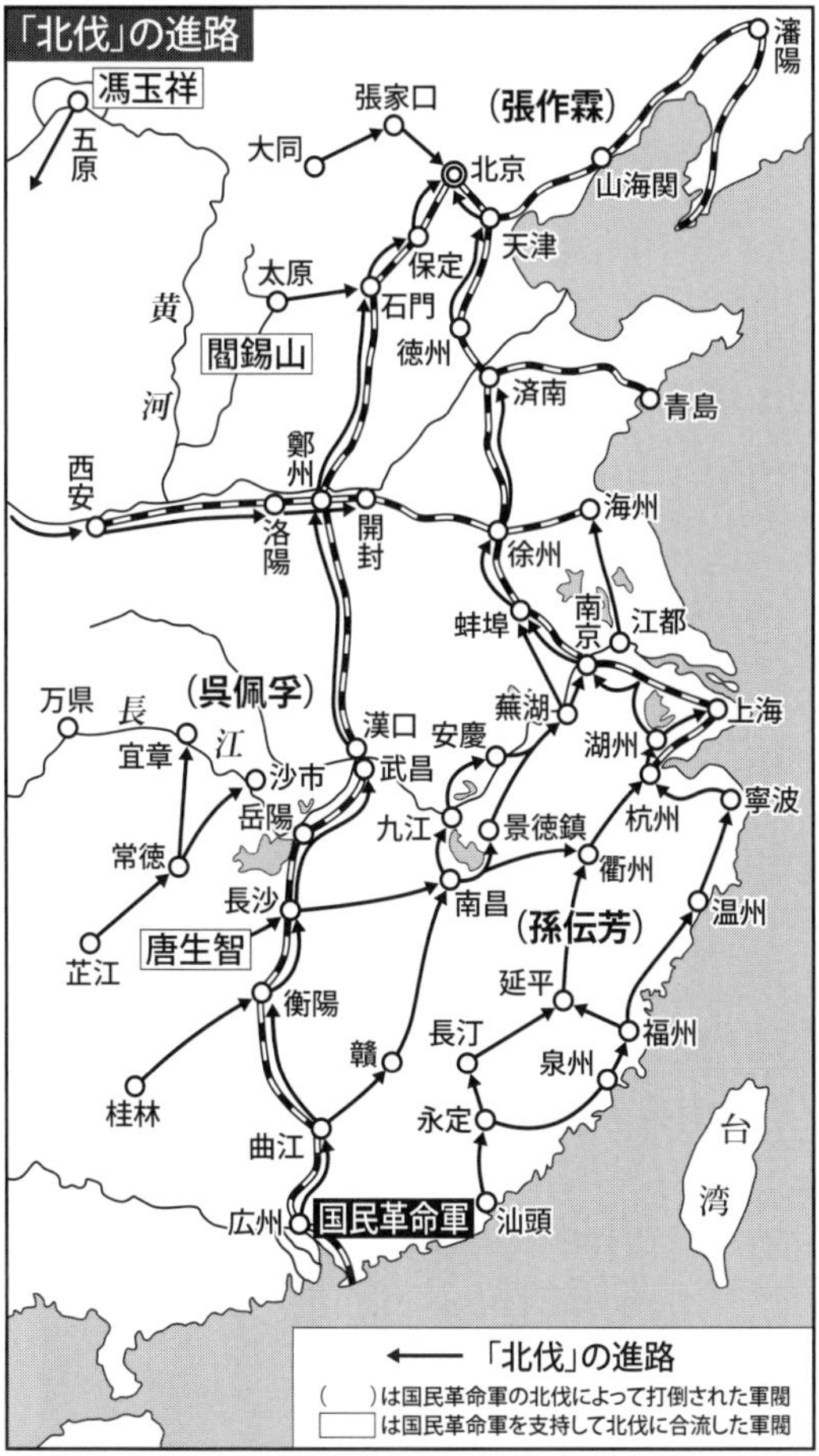


一九二六年七月、国民革命軍総司令に就任した蒋介石は、国民革命軍を率いて、広東から北京をめざして北上（北伐）を開始した。国民革命軍は北伐軍と呼称され、国民政府による統一をめざして各地に割拠する軍閥と戦闘して討伐しながら進んだので、北伐戦争といわれる。

国民革命軍は、辛亥革命により樹立された中華民国を正統に継承すると宣言する国民政府によって全国を統一することをめざし、関税自主権の回復と領事裁判権の回収など不平等条約撤廃、列強からの租界・租借地を回収して中国の完全主権を確立することを掲げて、各地の労働者・農民・学生や民衆の共鳴と支持を獲得しながら快進撃をつづけた。国民革命軍の北伐戦争を中心に全国で展開された革命運動の高揚を国民革命と呼ぶ。

国民革命は、張作霖を首領とする奉天軍閥が実権を握っていた北京政府および全国に割拠する地方軍閥勢力を打倒すること、ならびに帝国主義列強の従属から中国の主権を回復することをスローガンに謳った。ソ連やコミンテルンが国民革命を援助した目的は、後者の反帝国主義運動にあった。

一九二七年三月、国民革命軍が南京に入城すると、反帝国主義をさけぶ群衆によって日本・イギリス・アメリカなどの領事館が襲撃されたことにたいし、長江に停泊していたアメリカとイギリスの軍艦が南京城内に報復砲撃をおこない、多くの市民を殺傷した（南京事件）。この事件以後、蒋介石は帝国主義列強からの軍事干渉を恐れるようになった。同年三月、帝国主義列強の権益が集中する上海において、労働者と市民が共産党の指導のもとに武装糾察《きゅうさつ》隊を組織して武装暴動をおこし、上海市政をにぎって北伐軍を迎え入れようとした。これにたいし、蒋介石は、四月一二日、武装糾察隊の武装を解除し、多数の労働者と共産党員を逮捕・処刑した。蒋介石の「四・一二反共クーデター」といわれる。これをきっかけに、蒋介石は共産党の大弾圧にのりだし、第一次国共合作は完全に崩壊した。

蒋介石はつづいて四月一八日、南京に国民政府を樹立、〈註12〉共産党の排撃（清党）を宣言した。アメリカとイギリスは反共産党・反ソ連の立場を明らかにした蒋介石による中国統一を支持した。

## 山東出兵――国民革命への干渉

日本の田中義一内閣は、一九二七年五月、北伐軍が山東省に迫ると日本人居留民の生命・財産の保護を名目に第一次山東出兵をおこなった。関東軍歩兵第三三旅団約二〇〇〇人が大連港を出発して青島港に入港、そこから上陸して青島と済南を軍事占領した。当時、青島に約一万三〇〇〇人、済南にはおよそ二〇〇〇人の日本人居留民が生活していた。日本当局は、国民革命運動の影響をうけて、山東省でも高まりつつあった反日運動の取り締まりを蒋介石に要求した。日本政府は国民革命に反対し、干渉する立場を鮮明にしたのである。このとき、蒋介石は北伐をいったん中止したので、九月には日本軍も撤兵した。

日本が山東出兵をおこなった口実は日本人居留民の保護であったが、真の目的は、北京政府を支配していた張作霖を支援して、北伐軍の北京への進撃を阻止することにあった。張作霖は日本の武器・経済援助を受けて満州全体に権力基盤を拡大した軍人で、奉天派といわれる軍閥を統括していた。日本は張作霖に多くの軍事顧問を送りこみ、張作霖の東北政権を利用して、満州における日本の権益拡大をもくろんでいた。日本の軍事援助をうけた張作霖は軍閥間の戦争に勝ち抜いて、北京政府の実権を掌握するまでになった。日本は張作霖を援助・利用して権益の維持と拡大をはかろうしていたのである。

一九二八年四月、国民革命軍総司令として国民党内部の指導権をかためた蒋介石は、中国統一をめざして北伐を再開、五月一日には済南へ入城した。これにたいして、田中内閣は第二次山東出兵を決定、熊本から第六師団約六〇〇〇人を派遣した。四月末に青島に上陸した第六師団は五月二日には済南に到着した。国民革命軍と日本軍が対峙するなかで、五月三日、アヘンの密売をしていた日本人居留民の一〇数人が殺害される事件が発生した。

日本の陸軍当局は、国民革命軍により二、三〇〇〇人の日本人居留民が虐殺されたとセンセーショナルに報道、日本国民の敵愾心を煽ったうえで、国民革命軍に総攻撃をかけ、済南城を占領した。これを済南事件という。中国側では「五三惨案」とよび、五月三日を国恥記念日とした。

日本政府は、済南事件を口実にして、この際徹底的に国民革命軍を「膺懲《ようちょう》（懲らしめる）」するとして、第三師団一万八〇〇〇人などを増派して第三次山東出兵をおこない、済南の軍事占領を継続した。これにたいして国民政府は、日本の山東出兵と軍事占領は九カ国条約に違反すると国際連盟に訴えた。日本の山東出兵と済南事件にたいして、中国国内では日貨ボイコットを中心とする激しい排日運動が展開された。

日本軍とのそれ以上の戦闘を回避して、済南を脱出した国民革命軍は北伐を続行、北京政府を支配していた張作霖の奉天軍隊を各地で敗走させて、六月に北京に入城、北伐を完成させた。国民政府は、対外宣言を発表し、全国統一の完成を告げるとともに、不平等条約の廃棄を宣言した。アメリカを先頭に、イギリスなどヨーロッパ各国もつぎつぎに中国の関税自主権を承認、中国を九カ国条約下の主権国家として尊重し、国民政府による国家建設を支援する立場を表明した。しかし、日本のみが国民政府に敵対する立場をつづけたのである。

## 張作霖爆殺事件――葬られた真相

張作霖が北伐軍に決定的に敗北し、国民政府の勢力が満州にまで直接およぶようになることを恐れた日本は、張作霖に奉天（現瀋陽）へ撤退することを勧告した。北京にとどまることに最後まで固執した張作霖も、後楯となっていた日本の勧告を受け入れ、一九二八年六月三日、ついに列車で北京を離れることになった。

翌六月四日午前五時二五分ごろ、京奉線（北京―奉天）を走る張作霖の乗用列車が奉天駅手前約一キロの皇姑屯《こうことん》近くの南満州鉄道とのクロス鉄橋をくぐり抜けようとした時、鉄橋下に装填された爆薬が爆発、崩れた鉄橋が張作霖の乗った車両を押し潰した。

瀕死の重傷を負った張作霖は、部下によって奉天市内の張帥府（張作霖大元帥政府庁舎）に担ぎこまれたが、まもなくして息を引き取った（張作霖爆殺事件）。

張作霖爆殺を計画したのは、関東軍高級参謀の河本大作大佐で、張作霖を爆殺し、これを南軍（当時日本は、国民革命軍とはいわず、南軍といった）の仕業として、軍事行動を起こし、一気に南満州を関東軍の手で占領しようと考えたのである。河本らは前日の夜、奉天の独立守備隊の兵舎から爆薬と電線を運びだして爆薬を仕掛けた。独立守備隊とは、満州の鉄道を守った部隊の固有名詞で、実体は鉄道警備隊である。張作霖が前から五両目の展望車に乗っていることを知ったうえで、同車両が鉄橋下を通過する瞬間に爆破スイッチを押したのは同隊中隊長東宮鉄男《とうみやかねお》大尉であった。その後、河本、東宮とも、謀略を罰せられるどころか、関東軍に「功績」を認められ、出世している〈註13〉。

河本は、張作霖爆殺を南軍（国民革命軍）の仕業として、駆けつけた奉天軍との間で武力衝突を起こさせ、これを機に関東軍も武力行動を開始して、一気に南満州の占領を謀る手はずであった。しかし、「張作霖氏の列車　爆弾を投げられ転覆　死傷者多数、張氏は軽傷」（『大阪毎日新聞』一九二八年六月四日号外）と新聞報道されたように、張作霖が死んだとは思われず、側近がその死を一週間にわたって隠したため、河本らは武力発動をする機会を失してしまい、謀略は失敗に終わった。

張作霖爆殺事件について、関東軍は、事件翌日の六月五日、「南方便衣隊」すなわち国民革命軍の特務兵の仕業であると報告した。便衣隊とは軍服ではなく、民間服を着た兵隊の意味である。事件は当時「満州某重大事件」と呼ばれたが、日本の軍人が中国の大元帥を暗殺したのであるから、陸軍刑法違反の重罪であることは明らかであり、真相が世界に知られれば、大きな国際問題となる可能性があった。

田中義一首相は、事件が関東軍の犯行であるという確かな情報を入手していた。そこで二八年一二月、昭和天皇に「遺憾ながら帝国軍人関係するものある如く……詳細は調査終了次第陸相より奏上する」と上奏したのである（ＮＨＫ取材班・臼井勝美『張学良の昭和史最後の証言』、角川書店）。このときの上奏では、河本らを軍法会議にかけ、厳格な処分をすると天皇に報告していた。

元老の西園寺公望は、日本の国際的信用のため、あえて事件の真相を公表し、責任者を軍法会議で厳重に処罰するよう、田中首相に要望し、牧野伸顕内大臣・鈴木貫太郎侍従長らも同じ考えであった。

ところが、陸軍首脳部には河本を厳重に処分する方針に強い反対が渦巻いた。与党の政友会の多くの閣僚もそれに同調し、田中内閣の外務政務次官の森恪《もりつとむ》は、これ以上真相を暴くべきではないと真相究明に反対し、情報もれを防ごうとした。政友会の森恪が軍部専横への旗振りをやったことについては次章で改めて述べる。

田中義一は長州藩士を父にもつ軍人で、陸軍大将まで昇りつめた後、予備役となって政界に入り、政友会総裁となって、首相の座についたのであった。軍部との関係を重んじた田中首相は、二九年六月、日本軍の犯行であるという証拠が見つからないので、重大な影響をおよぼさないように、行政処分程度にとどめたいという主旨の上聞《じょうぶん》（報告）を天皇におこなった。

この報告は、当時二七歳であった若き昭和天皇の逆鱗に触れ、責任をとって首相の辞表を出すようにとまで、叱責したのである。田中内閣は、二九年七月一日、満州某重大事件について、日本人は事件に無関係とし、守備上の責任を問うて行政処分にとどめると政府発表をおこない、翌二日、事件処分問題で天皇の信任を失ったとして総辞職した。即日、民政党の浜口雄幸《はまぐちおさち》内閣が成立した。天皇に叱責されて面目を失した田中は、政治生命を絶たれたに等しく、野心家であったがゆえにそのショックは大きく、二カ月後に狭心症で死去した。しかし、無産政党〈註14〉の弾圧と治安維持法体制の強化など（後述）、田中が敷いた戦争への道の歴史のレールは、本人が亡くなっても軌道を修正されることなく、むしろ加速されて戦争「前史」から戦争「前夜」へつき進んでいくことになる。

昭和天皇は、田中首相の首尾一貫を欠いた上聞に怒りを示したものの、真相の公表と厳しい処分をしない方針を裁可した。田中内閣は責任をとって総辞職したが、張作霖爆殺の事件の真相は、戦後にいたるまで公表されず、事件は「満州某重大事件」として、うやむやのまま葬られてしまった。

張作霖爆殺現場の写真、現場警備の日本兵は笑っている
（写真提供／朝日新聞社）

当時、中国の新聞や外国の新聞は、事件の背後に日本陸軍がいるという報道をおこなっていたが、日本国内では、関東軍の「新聞の掲載記事検閲を励行」せよという要望により、情報統制がなされ、新聞は、「南軍便衣隊の仕業」という報道をして、謀略の真相を報道しなかった。

ところが、上の「爆破後直ちに出動した我警備兵」（『大阪朝日新聞』一九二八年六月五日号外）と報道された張作霖爆殺現場の写真を見てみよう。列車の残骸が黒煙を噴き上げ、警備隊に犯人として射殺されたとされる「南方便衣隊」の死体が横たわっている緊張した場面のはずなのに、日本軍の警備の兵士は笑っている。その前に撮られた写真では中国人の死体の顔が見えたが、この写真では、上半身が向こう側に向けられ、顔が見えなくなっている。顔が見えてはまずいとされたのは、爆破現場で射殺された二人の中国人は、事件の前日に河本関東軍高級参謀に渡された奉天在住のモルヒネ患者だったのである。遺体の顔が見えるようになっていれば、それがばれる可能性があったのである。このヤラセの写真を撮影した大阪朝日のカメラマンは、おそらく事件が謀略であることに気づいていたであろう。

当時の日本では「国民革命軍」という用語をことさらに使用せず「南軍」「南方軍」という言い方をしたのは、「中華民国」と呼称せずに「支那」と呼んだのとまったく同じ理由で、日本人に中国国民革命の本質を理解させないようにしたためである。

張作霖爆殺事件当日、たまたま現場近くを通りかかった民政党の代議士松村謙三らによって、野党民政党総裁浜口雄幸にも状況が報告され、民政党もこの事件が日本軍の仕業であることを知っていた。しかし、事件の真相を広く国民に知らせようとはせず、真相の隠蔽を黙認するかたちになった。

もしも、新聞が謀略事件であったことを報道し、政府が事件の真相を国民に知らせ、謀略を起こした河本らの厳正処分を求め、世界に日本の非を表明していれば、関東軍の第二の謀略である柳条湖事件があのようなかたちで成功することはなかったであろう。

まだ「前史」の段階であったこの時点で、張作霖爆殺事件の真相が広く報道され、国民からも批判・糾弾の声が強く巻き起こり、元老の西園寺公望が主張したように、政府と軍部が、日本の国際的信用のため、あえて事件の真相を公表し、責任者を軍法会議で厳重に処罰していれば、石原莞爾や板垣征四郎が、あのようなかたちで、柳条湖事件を引き起こすことはできなかったにちがいない。

いっぽう、中国においては、日本に従属、協力していた父の張作霖を日本が爆殺し、しかもその真相を闇に葬ったことは、張学良の対日不信と反日感情を決定的にした。二八年七月一日、黒龍江・吉

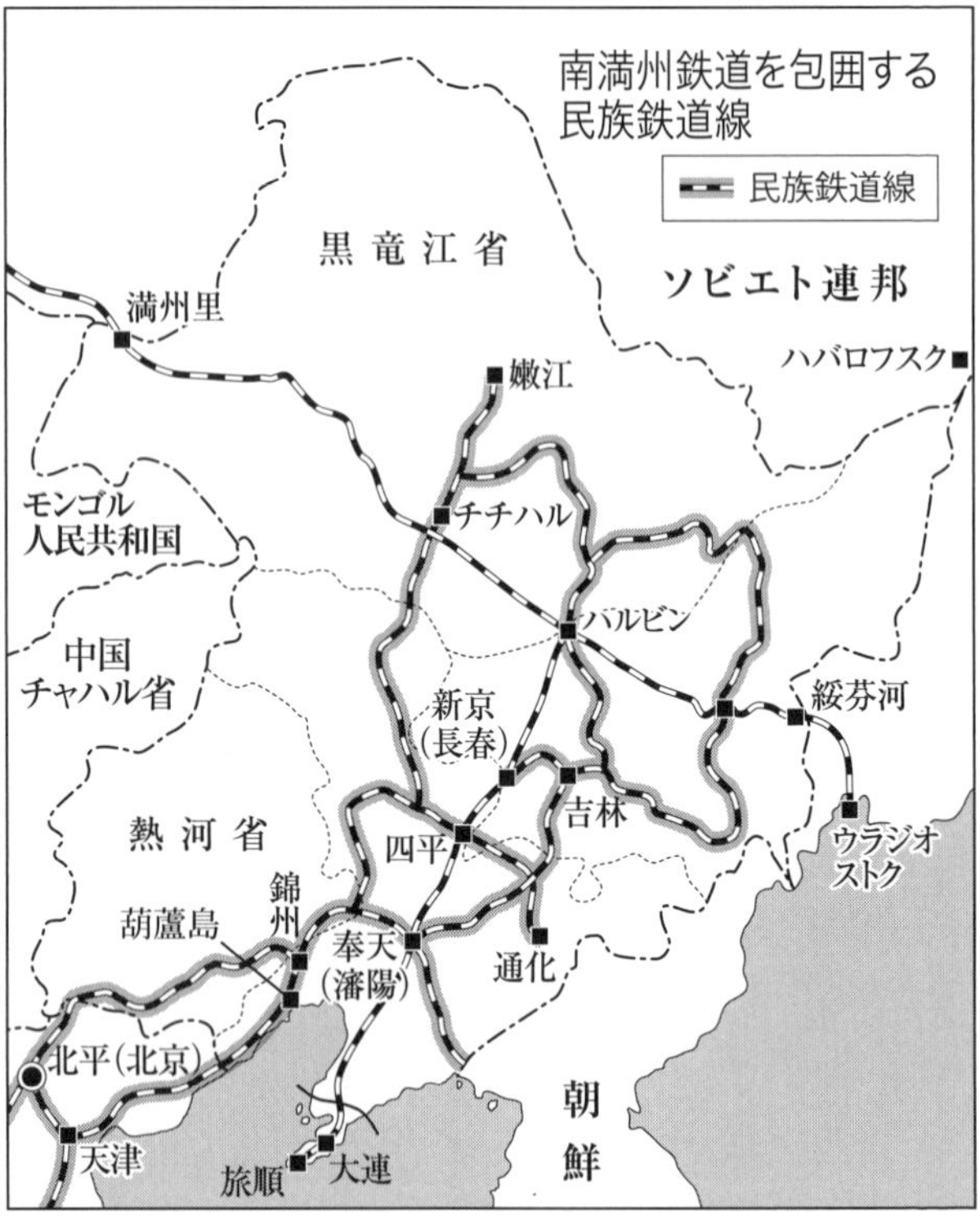


林・奉天（遼寧）の東《とう》三省保安総司令に就任した張学良は、張作霖が築き上げた東北政権の基盤をうけつぎ、日本側の執拗な説得をはねつけて、同年一二月二九日、東北（満州）全土の旗を、国民政府の青天白日旗に取り替える「易幟《えきし》」を断行した。張学良の東北政権が国民政府に合流することを表明したことにより、国民政府の全国統一が達成された。

　張学良は奉天軍閥の親日派の重鎮を粛清して、日本との決別の姿勢を明らかにし、東北軍と称されるようになる奉天軍の軍権を掌握し、独自の理念にもとづいて東北政権の基盤強化を進めていった。東北軍の編成、装備の近代化にとりくみ、陸軍・海軍・空軍を備えた近代的軍隊に仕上げた。また東北大学を奉天に設立するとともに、各地に中学校を建設し、東北政権をになう人材を育成した。

　張学良はさらに、日本の南満州鉄道の西側と東側に並行する鉄道を建設し、大連港に対抗して、葫《こ》蘆《ろ》島にドイツ資本で大規模な港を建設した。これにより黒龍江省と吉林省から満鉄を利用せずに鉄道を葫蘆島港に直結させ、海外へ満州の産物を直接に輸出できるようになった。日本側はこれを「満鉄包囲網」の形成といって、危機感をつのらせた。張学良はまた、幣制改革をおこなって貨幣統一をはかり、経済流通を発展させた。こうして大連・満州鉄道付属地中心の日本による植民地経済に対抗して、奉天・ハルビン中心の東北経済建設が進められた。

いっぽう、張学良の東北政権下においては、日本の帝国主義的進出に反対・抵抗し、「大連と満鉄の回収」「領事裁判権回収」「日本の警察権の回収」などを唱える反日ナショナリズム（日本側は「排日運動」といった）が台頭した。

こうした張学良の東北経営が発展するにともない、満州における「日本の生命線」といわれてきた満鉄の経営は悪化し、さらに日本の帝国主義的権益を回収しようとする民族運動の高揚にたいして、日本側は「排日運動の激化」と対抗ナショナリズムを強め、「満蒙は日本の生命線」という叫びとともに、関東軍の武力発動による鎮圧をもとめる声が日本の朝野に強まっていった。このような日本という国家と個人としての国民は「運命共同体」として一体である、したがって個人は国家の権益・利益を守るために犠牲を恐れずに戦わねばならないと、侵略戦争に国民を駆り立て、動員するための煽動的・情緒的スローガンは、以後もくり返され、その時代時代に効果を発揮することになる。[註15]

このように張作霖爆殺事件は、満州事変「前夜」にむけて、歴史の流れを大きく変えてしまったのである。

## 対支非干渉運動と治安維持法体制の強化

一九二八年の日本社会にはまだ、以上に述べたような戦争への道に反対する国民運動、社会運動があったのであるが、それが弾圧された結果、戦争「前夜」に向けての歴史の流れに大きく傾いていくことになってしまった。

第一次山東出兵にたいしては『大阪朝日』（一九二七年二九日）が「対支出兵、何故の急」と題して、政府が不祥事や居留民の安全を憂慮、不安であるというだけで重大決定をしたことを疑問視し、反対する社説を掲げた。民本主義者の吉野作造は、『中央公論』（一九二七年七月）に「支那出兵に就いて」と題する論説を掲載して、日本の身勝手な居留民保護による出兵の不条理を批判し、中国人の排日感情をできるだけ阻止すべきであると述べた。さらに雑誌『社会運動』（一九二七年一〇月）において、「田中内閣の満蒙政策に対する疑義」と題して、田中内閣の山東出兵は、日本の特殊権益の満蒙を分離して中国分割をもくろむもので「火事場泥棒的に利権を獲得する方法は、欧州戦争で終わりを告げた筈だ」と批判した。

田中内閣の山東出兵に厳しい批判を加え、満蒙放棄論を主張したのは『東洋経済新報』によった石橋湛山であった。石橋は、第二次・第三次山東出兵にたいして、「無用なる対支出兵」（『東洋経済新報』一九二八年五月五日）、「戦死者を思え　出兵は戯談事にあらず、国民は撤兵を要求せよ」（同前、五月一九日）と題する社説をかかげ、日本の政府当局が力説し、世論もそれを支持した「満蒙の特殊利益」を守り「満蒙分離」をはかるという山東出兵の目的を批判した。

論壇ではなく社会運動において、無産政党と労働組合・農民組合による「支那から手を引け」というスローガンをかかげた、山東出兵に反対する「対支非干渉」運動が一定の高揚をみせて展開されていたことは重要である。

THE MUSANSHA-SHIMBUN

無産者新聞

對支非干涉運動を起せ!!

南京事件を中心にめぐる帝國主義列強の策動

列強の對立

對支干涉から國際危機迫る

民衆の敵愾心を煽るブル新聞

帝國國際聯合戰線

南支を狙ふ日本

中國革命の史的發展

「対支非干渉運動」を呼びかける『無産者新聞』（1927年4月2日）

当時日本で合法的に活動していた無産政党には、社会民衆党と日本労農党・労働農民党（労農党）があった。非合法とされた共産党は、労農党をとおして活動していた。これらの無産政党は、国民党と共産党の合作により反帝国主義をかかげ、労働者・農民も参加して展開されていた中国国民革命に共鳴し、支持をしていた。一九二七年三月の南京事件（八八頁参照）を契機に帝国主義列強が国民革命に軍事干渉する動きが強まると、労農党は「対支非干渉同盟」の結成を呼びかけた。田中内閣が第一次山東出兵に向けて動きだすと、無産政党は共同して反対する運動を開始し、対支非干渉地方同盟が各地に組織され、運動は広がりをみせた。

田中内閣の第一次山東出兵が開始されると、労農党はただちに政府に抗議文を提出、社会民衆党・日本労農党も反対を表明、「対支非干渉」運動の輪は広がり、二七年五月三一日には、対支非干渉全国同盟が結成された。しかし、その一カ月前の蒋介石の四・一二反共クーデター（八八頁参照）は、日本の「対支非干渉」運動を分断する直接の影響を与え、蒋介石・南京政府を支持する社会民衆党と「民衆の敵蒋介石」「革命的労働者農民の絞殺者」と激しく批判する労農党・日本労農党とに分かれるようになってしまった。

一九二八年二月、日本で最初の男子普通選挙による衆議院選挙が実施された。これは大正デモクラシーといわれる議会制民主主義政治の実現をめざした大衆運動の成果として、一九二五年、それまで納税額によって選挙権を制限していた制度を改め、二五歳以上の男子に一律に選挙権を与える普通選挙法が公布された結果であった。この総選挙で、合法的無産政党から八人が当選し、無産政党運動の躍進した高揚が、「対支非干渉」運動の持続的な発展を支えることになった。

はげしい弾圧にもかかわらず、労農党が一九万票を獲得して二人を当選させたことは政府に大きな衝撃を与えた。田中内閣は、三月一五日、共産党と同調者一五六八人を一斉検挙し、共産党の指導者の徳田球一ら四八八人を治安維持法違反で起訴した（三・一五事件）。さらに四月一〇日、労農党、日本労働組合評議会、全日本無産青年同盟を共産党の外郭団体として、治安警察法〈註16〉により解散命令を出し、解散させた。これにより、労農党も非合法政党とされた。

一連のはげしい弾圧により、「対支非干渉」運動も大きな打撃をうけた。田中内閣は、そのうえに第二次山東出兵をおこない、済南事件を引き起こし、さらに第三次山東出兵へとつき進んでいったのであった。

治安維持法は、一九二五年四月、男子普通選挙法とセットにするかたちで制定された。「国体変革」(天皇制打倒)と「私有財産制度の否認」(共産主義)を目的とする結社を組織したり、これに参加することを禁止した法律である。これを制定したのが、憲政会・政友会・革新倶楽部のいわゆる護憲三派の連立内閣であった、加藤高明内閣である。加藤高明は前節で述べたように、二十一カ条要求を中国に強制した外相であった。護憲三派内閣によって政党政治が開始され、男子普通選挙の実施とあいまって、いわゆる大正デモクラシーの成果といわれる。しかし、その政党内閣が、天皇制を護持するために、治安維持法を制定し、「治安維持法体制」をスタートさせた歴史的過誤は、教訓として忘れてはならない。

政党内閣が治安維持法を制定したのは、ロシア革命の影響が、コミンテルンの支部としての日本共産党の結成(一九二二年七月)などを通じて、日本社会へ広まることへの脅威があった。大正デモクラシーを主導した政党は、日本の天皇制は護持する立場にあったので、一九一七年のロシア革命で蜂起した労働者・農民・民衆が皇帝権力を倒し、さらに皇帝を処刑するにいたったことへの恐怖心があった。さらに護憲三派の政党は中小もふくめた資本家階級の利益を代表する政党であったので、ロシア革命のように資本主義経済と資本主義社会を否定する共産主義思想が日本社会へ広まることへの恐怖と警戒があった。

共産党とそのシンパにたいして三・一五の大弾圧をおこなった田中内閣は、二八年六月、国会での反対を押し切って、天皇の緊急勅令として、治安維持法を改正、さらに即日施行という非常手段をとった。これにより、「国体変革」を目的とする結社行為の最高刑が死刑となった。さらに「目的遂行罪」「未遂罪」が加えられた。「目的遂行罪」によって、自分が共産主義や天皇制反対の思想をもっていなくても、共産党員の活動を手助けしたと見られただけで犯罪とされた。「未遂罪」では、天皇制反対や共産主義思想を考えただけでも犯罪とみなされることになり、戦時中に「治安維持法体制」が猛威をふるった時は、そうした本をもっているだけで逮捕された。

治安維持法改正にともない、内務省直轄の政治思想警察の特別高等警察（特高）を拡充強化、全県の警察部に特別高等課を設置した。特高は、中央集権制が強く、機構・人事・活動ともに内務省の直轄下におかれた。共産主義者・社会主義者・無政府主義者・在日朝鮮人などを「特別要視人」として、厳重な監視態勢をとるとともに、スパイを組織に潜入させて内情をさぐり、検挙・弾圧をおこなった。特高が治安維持法を武器にして、残虐な拷問によって自白を強制、時には死にいたらしめたことはよく知られる。

そもそも「国体の変革」という概念がきわめてあいまいで、いくらでも拡大解釈が可能であった。最初は共産主義運動・無政府主義運動など天皇制を批判する運動が取締りの対象であったが、次第に拡大解釈されて、日中戦争以後、国家総動員体制が強まるにつれ、日本の「国策」すなわち戦争政策に反対する者が治安維持法違反で検挙・弾圧されるようになった〈註17〉。

治安維持法を制定、さらに改正した時点では、政治家も国民も、その法律の有する危険性についての認識は欠如していたと思われる。しかし、悪法がいったん制定されると法そのものが一人歩きするように、弾圧法として猛威をふるい、本書で詳述する満州事変・日中戦争・アジア太平洋戦争への道を歯止めすることが不可能な国内体制にしていくのである。治安維持法は、当初は一部の共産党勢力にたいする弾圧法として、多くの政治家たちが支持、容認ないし黙認したものであったが、時代の経過とともに、「時限爆弾」のような法律であったことが明らかになったのである。この時限爆弾法を仕掛けた政友会の政治家たちにとっては、おそらく「想定外」であったと思われるが、後述するようにロンドン海軍軍縮条約を締結した民政党内閣を攻撃するために、政友会の鳩山一郎や森恪らがパンドラの箱を開けてしまった「天皇統帥権」とセットになって、共産党が弾圧により壊滅的な状態になった後は、弾圧する対象は自由主義者、宗教者などへと拡大され、ついには、政党政治・議会政治をも崩壊させ、天皇制ファシズム体制を構築する要《かなめ》の弾圧法となって猛威をふるったのである。

その意味で、一九二八年の治安維持法体制の強化は、日本が戦争「前史」から戦争「前夜」に向かう、決定的な歴史の転換をもたらしたのである。

## 「戦争違法化」の流れを理解できなかった日本人

一九二八年は、国際社会においては、日本と異なる一つの転換点があった。それは、同年八月、アメリカ国務長官ケロッグとフランス外相ブリアンの提唱で結ばれた「不戦条約」で、提唱者の名前をとって、「ブリアン＝ケロッグ条約」あるいは調印地にちなんで「パリ不戦条約」ともいわれる。アメリカ・イギリス・フランス・ドイツ・イタリア・日本など一五カ国の代表がパリに集まって署名し、後に六三カ国が調印した。日本は翌年批准、中国も条約加盟国となった。

「不戦条約（戦争放棄に関する条約）〈ブリアン＝ケロッグ条約〉」として現在の『国際条約集』（有斐閣）にも掲載されている条約は、「国家の政策の手段としての戦争を率直に放棄すべき時期の到来せることを確信し、其の相互関係に於ける一切の変更は、平和的手段に依りてのみ之を求むべく」という前文につづいて、「第一条【戦争放棄】締約国は、国際紛争解決の為、戦争に訴ふることを非とし、且《かつ》其の相互関係に於いて国家の政策の手段としての戦争を放棄することを其の各人民の名に於いて厳粛に宣言す」と定めた。そして「第二条【戦争の平和的解決】」において、締約国相互間の紛争・紛議は「平和的手段に依るの外之《ほかこれ》が処理又は解決を求めざることを約す」と規定していた。ただし、自衛権に基づく戦争と、制裁のための戦争は、合法として認めていた。

この不戦条約は、世界総人口の四分の三を戦争にまきこんで文字どおり人類史上の最初の世界戦争となった第一次世界大戦への反省と教訓から出たものであった。それは、戦闘機や戦車・潜水艦・毒ガスなど特別な破壊力をもつ大量殺人兵器がつぎつぎに発明・使用されて、戦死者約二〇〇〇万人という悲惨な結果をもたらしたこと、さらに国民国家という国民が国家の主体となる時代となったことにより、戦争は国民が総動員されて参加し、軍事力だけでなく経済力もふくめた国力が勝敗を決定する総力戦の時代となったことによる。現代戦争としての総力戦は、人命もふくめた相手国の生産力の破壊・殲滅という性格をもつようになった。第一次世界大戦では戦死者の約半数の一〇〇〇万人が非戦闘員であった。

前節でみたように、日本の第一次世界大戦への参戦とその体験はヨーロッパとはまったく異なっていた。そのため、ヨーロッパ戦線に軍隊を派遣して少なからぬ戦死者を出したアメリカもふくめ、欧米においては、国際紛争解決の手段としての戦争を違法化して、再発を禁止しようという歴史の動きが強まったのである。この不戦条約は、戦争が国際法に違反するという戦争違法化の先例となり、第二次世界大戦後の国連憲章にこの精神がうけつがれていった。日本国憲法の第九条は、さらにその理念を戦争放棄の段階に高めたものである。

しかし、当時の日本は、不戦条約の加盟国ではあったが、この世界史の流れを理解しようとしなかった。中国も加盟国であったから、日本が満州事変・日中戦争を発動したのは、いかなる口実をつけようとも、明確な不戦条約違反であった。

世界史の流れということでは、一九二九年七月に「捕虜の待遇に関する条約」ジュネーブ条約が締結されたことも知っておきたい。現行の国際条約「一九四九年ジュネーブ第三条約（捕虜待遇条約）」はそれをより詳細、厳密に改正したものである。捕虜の待遇については、日本も批准・加盟しているハーグ陸戦条約（一九〇七年、オランダのハーグにて署名）の「捕虜は人道をもって取り扱わるべし」（「陸戦の法規慣例に関する規則」第四条）と規定されていたが、右記の「捕虜の待遇に関する条約」は、捕虜の保護を国際法として確立したものである。調印国は八八カ国であったが、批准国は、アメリカ・イギリス・フランス・ドイツ・イタリア・中国などの五〇カ国で、日本は調印したものの、軍部の反対で批准しなかった。それでもアメリカとイギリスにたいしては「尊重する」と声明した。

日本の軍部が反対したのは、もしも「捕虜の待遇に関する条約」加盟国となれば、日本軍の兵士が「捕虜は保護される」ことを知って、進んで投降して捕虜になるのではないかと懸念したのである。つまり、日本軍の将兵が捕虜になることを禁ずるためであった。こうした日本の軍部指導層の考えは、「生きて虜囚《りょしゅう》の辱《はずかし》めを受けず、死して罪過《ざいか》の汚名を残す勿《なか》れ」(「戦陣訓」、一九四一年一月)として将兵に強制される。捕虜になることは「罪過」なので「汚名」を残さないように「死ね」ということである。このため、アジア太平洋戦争末期の絶望的な戦況のなかで、膨大な将兵が「玉砕」や自決による死を強制されたのである。

日本軍部指導層の日本軍将兵を「捕虜にさせない」つまり日本軍将兵へ「捕虜になるな」ということは、日中戦争の戦場において「捕虜をつくるな」という現地日本軍の作戦方針となり、捕虜の保護を定めた戦時国際法のハーグ陸戦条約に違反して、中国軍将兵の投降兵・捕虜を虐殺することになった。日本軍による中国兵の虐殺と日本兵の自決、「玉砕」は、「死は鴻毛《こうもう》より軽しと覚悟せよ」(「軍人勅諭」)とうたった天皇の軍隊(皇軍)の一枚のコインの両面である。

日本の軍部・政府はアメリカやイギリスにたいして「尊重する」と表明したこともあって、アジア太平洋戦争の戦場においては、中国戦場とは区別(差別)して、投降兵・捕虜を一方的に集団殺害することはしなかったが、それでも、敗戦直後の極東国際軍事裁判(東京裁判)や連合国軍の現地におけるBC級戦犯裁判では、多くの日本軍将兵が、捕虜虐待の罪で処刑された。

序章で述べたように歴史は因果関係にもとづいて展開していく。本章の戦争「前史」の話において、敗戦時まで先の話にまでおよんでしまったが、ここで歴史の教訓として強調しておきたいのは、日本の政府・軍部そして国民も、自国中心の狭い視野にとどまったまま、国際社会の動向を見ようとせず、世界史の流れに背を向けたまま、戦争「前史」から戦争「前夜」への段階へと日本の歴史を大きく転換させ、やがて国際社会からの孤立を深めながら、満州事変・日中戦争・アジア太平洋戦争へと侵略戦争の道へなだれ込んでしまったことである。

**【註】**

〈1〉最後通牒は、①ドイツ艦隊は日本と中国の海域から即時に退去するか、武装解除をすること、②膠州湾租借地を中国へ返還するために、一九一四年九月一五日までに無償無条件で日本に引き渡すこと、を要求し、八月二三日を期限として応答の回答がなければ宣戦布告する、というものだった。

〈2〉中国では、万里の長城を境界にして、以南を関内、以北を関外といった。万里の長城が渤海で終わるところを山海関と名付けた。中国では、山海関以東の一帯を奉天・吉林・黒竜江三省にたいして広く関東と呼んでいたが、ロシアが遼東半島を租借して関東州と名づけた。この租借地をロシアから獲得した日本もその呼称を受け継いだのである。

〈3〉現在でも、中国や中国人を差別、蔑視しようとする人やグループが、ことさらに「シナ」「支那人」という呼称を使用し、これらの語源は、ヨーロッパ人が中国を「チャイナ」「ヒーナ」などと称したことにあり、差別語ではないと強弁している。しかし、これは語源の問題ではなく、戦前の日本社会と日本人が差別・蔑視意識をこめて使用した事実を見なければならない。何よりも現在においても、中国の人たちが差別語と感じて、不快感を覚え、使用しないように要望していることを尊重しなければならない。

〈4〉本書で反日民族運動と抗日民族運動を使いわけているのは以下の理由による。前者は、日本の侵略行為や政策に反対、反発して、大衆規模で展開する抗議行動で、大衆運動の性格が強い。いっぽうでは、組織性・持続性に欠ける。これにたいして後者は、日本の侵略政策さらに侵略戦争にたいして抵抗し、大衆を平和的あるいは武力的に組織して、日本の侵略を実力で阻止することを目指した運動のことをいう。後者の運動は目的をもって持続的に指導する大衆団体が組織され、さらに強力な指導組織は革命政党である国民党と共産党であったが、共産党の指導力と組織力は国民党を凌駕していた。

いっぽう、戦前の日本において、反日民族運動・抗日民族運動にたいして「反日運動」「排日運動」さらには「侮日運動」と嫌悪感、憎悪感をかきたてるように日本国民を煽動し、「暴戻なる支那を膺懲する（乱暴狼藉な支那を懲らしめる）」というスローガンまで掲げて、侵略戦争を強行した歴史をきちんと知らなければならない。

〈5〉清国がアヘン戦争（一八四〇年）に敗北して、不平等条約の南京条約を結ばされて以降、中国は帝国主義列強による不平等条約体制下におかれた。不平等条約の一つは、中国が関税自主権を認められないことだった。関税自主権のない中国にとって、中国国民の日貨ボイコット運動は、保護関税の役割をはたした。もうひとつは、列強に治外法権を認めたことである。日本の租界・租借地において、日本人が犯罪を犯しても、領事裁判権といって、日本領事館警察が逮捕して裁くことになっており、中国側の司法で裁くことはできなかった。日本人居留民は、治外法権を笠に着て、不法まがいのことをおこない、中国人の反発を招くことが多かった。

〈6〉第一次世界大戦中に、ドイツ・オーストリア軍として東部戦線に動員されたチェコ人・スロバキア人の兵士たちは、ドイツ・オーストリア側にたって戦うことをきらい、各方面から大規模な脱走をおこない、ロシア軍側に投降した。ソビエト政府が戦争を終結させたとき、ロシア領内に五万人のチェコ・スロバキア軍団が残された。同軍団はソビエト政府の承認をえて、ウラジオストクから船でフランスの西部戦線に送られることになっていたが、その移動中にシベリア鉄道で反乱をおこしたのである。

〈7〉イタリアは第一次世界大戦前にドイツ・オーストリアと三国同盟を結んでいたが、第一次世界大戦勃発時は中立を宣言、一五年には三国同盟を破棄して、連合国側にたって参戦した。

〈8〉外務省編纂『日本外交年表竝主要文書』上、一九五五年、五〇八、五一一頁。

〈9〉防衛庁防衛研修所戦史室『戦史叢書　大本営陸軍部(1)』朝雲新聞社、一九六七年、二四四〜二四六頁。

〈10〉吉野作造「四国協商の成立」（『中央公論』一九二二年一月）（『吉野作造選集6』岩波書店、一九九六年）二三三〜二三四頁。

〈11〉中国共産党は、一九二一年七月、ソ連共産党とコミンテルンの指導と工作をうけて上海で結成され、陳独秀が最高指導者の書記となった。ロシアでは、一九一七年一一月七日、レーニンの指導下にボルシェビキが武装蜂起したロシア一〇月革命により、ソビエト政府が樹立された。ボルシェビキは一九一八年にロシア共産党と改称された。ロシア革命を世界革命に拡大しようとしたレーニンは、一九一九年三月にコミンテルン（共産主義インターナショナル）を創設した。中国共産党はコミンテルンの支部として結成された。

〈12〉南京国民政府、南京国民党政府、南京政府あるいは国民政府、国民党政府さらには蔣介石国民党政府、蔣介石政府などさまざまに呼称される。本書では主として国民政府と呼称する。

〈13〉河本大作は、張作霖爆殺後、第九師団付、第一六師団付となったが、張作霖爆殺事件が政府・軍部でも問題になったため、一九三〇年予備役となった。しかし、満州事変、「満州国」建国後、南満州鉄道会社（満鉄）理事、満州炭鉱株式会社理事長となり、一九四二年には山西産業社長となった。

　東宮鉄男は、「満州国」建国後、「満州国」軍政部顧問となり、満州武装移民計画を推進した。また、満蒙開拓青少年義勇軍の構想を計画したので「満蒙開拓青少年義勇軍の父」ともいわれた。日中戦争が開始されると、歩兵連隊大隊長として華中の戦場で作戦に従事、一九三七年一一月に戦死した。

〈14〉無産政党とは、無産階級（プロレタリアート）の政党という意味である。無産階級とは資本家階級（ブルジョアジー）にたいして、資産がなく、資本家に雇用される身分の労働者階級や土地をもたない小作農・貧農などの農民階級を意味した。無産政党は資本主義社会は労働者・農民を搾取・収奪する社会であると反対し、社会主義社会・共産主義社会を実現することを目指して革命運動を展開した。左翼政党といえばわかりやすい。共産党は無産政党であるが、戦前の日本社会では、治安警察法によって結社を禁止され、非合法とされて弾圧され、公然と活動することはできなかった。当時、公然と活動できた合法無産政党には、社会民衆党・日本労農党・労働農民党があった。共産党は労働農民党（労農党）

の陰に隠れて活動していた。

〈15〉満州鉄道付属地とは、最初はロシアが東支鉄道を敷設したときに清国から獲得した権益で、日露戦争以後、日本がそれを受け継いだ。鉄道付属地とは列強が鉄道を敷設、経営するにあたって必要な鉄道沿線の土地を特権的に使用できる土地で、駅舎と駅構内、鉄道関係者が居住する広大な地域、鉄道修理工場建設地、鉄道守備隊の駐屯地など、合わせると広大な土地になる。とくに駅を中心とする広大な付属地は鉄道関係者以外の多くの日本人が移住してきて日本人居留地となり、鉄道沿線地域への植民地的経済進出の拠点になった。

〈16〉治安警察法は、一九〇〇（明治三三）年に交布された治安立法で、集会・結社・言論を抑圧し、社会運動を取り締まることを目的とした。政治結社・集会の届出制を定めて、政党にたいして規制を加えた。警察は政党を政治警察の対象に定めて、政党にたいする監視と情報収集をおこなった。社会主義思想・政策をかかげた政党は結社禁止とされ、労働運動も取り締まられ、女性の政治結社加入も禁止された。敗戦後の一九四五（昭和二〇）年一〇月、ＧＨＱの命令によって廃止された。治安警察法は同じく敗戦後の一九四五年一〇月にＧＨＱの指令によって廃止された治安維持法と相互補完的な役割をはたした人権と民主主義の弾圧法であった。

〈17〉治安維持法が敗戦後の一九四五年一〇月にＧＨＱの指令によって廃止されるまで、治安維持法による送検者はおよそ七万五〇〇〇人、うち起訴された者は六二二七人にのぼった。取り調べ中の拷問などによる虐殺は六五人、拷問・虐待が原因とみられる獄死は一一四人、勾留・拘置中などの獄死は一五〇三人にのぼったとされている。一九四一年以降、在日朝鮮人の運動に対しても治安維持法による弾圧が強化されたが、上記の数に朝鮮人の犠牲者は含まれていない。

# II

# 日本軍は「満州」で何をおこなったのか

## 中国東北（旧満州）地方要図

# 1　関東軍の謀略により開始された満州事変

## 謀略を計画した石原莞爾

石原莞爾《かんじ》が関東軍参謀に赴任してきたのは、張作霖爆殺事件の四カ月後の一九二八年一〇月で、同事件の首謀者だった河本大作の推薦があったといわれている。前章でのべたように、張作霖爆殺事件が関東軍の謀略であることを隠ぺいしようとした田中義一首相は天皇から叱責されて総辞職したが（一九二九年七月二日）、河本大作も連座するかたちで、関東軍参謀を停職させられた（七月一日）。しかし、それまでの半年間、石原と河本は同じ関東軍参謀として大いに意見を交わし、関東軍による満蒙問題解決のために作戦の検討をおこなった。

石原は、河本が首謀した張作霖爆殺事件の失敗から得た教訓を生かして、もっと大がかりで確実性のある謀略を計画し、準備した。さらに、河本が事件の責任者として軍部や政府から訴追されなかったことは、謀略によって満州事変をおこし、政府の意向を無視して軍事行動をおこしても処分されないという確信を石原にあたえた。前章でのべたように、政府・政党・メディアなどが、張作霖爆殺が関東軍の謀略であることを察知しながら、事件の真相を広く国民に知らせることなく、名前まで明らかであった河本大作の責任を追及することなく、曖昧に処理したことが、満州事変をひきおこさせ、やがて日中戦争さらにアジア太平洋戦争までひきおこすことにつながっていく。

石原莞爾は、来たるべき世界は、東洋文明の代表選手である日本と、西洋文明の代表選手であるアメリカとの間で、「世界最終戦争」が争われるという軍事思想をもっていた。これに備えるため、日本は国力を速やかに増強する必要がある。そのため、国土が狭く、資源の乏しい日本は、満蒙を領有して、農産物で日本の食糧問題を解決し、資源を開発して産業を発展させ、航空機をふくめた近代的な軍備を拡充して、国防力を強化しておかなければならないと、石原は考えていた（NHK取材班・臼井勝美『張学良の昭和史最後の証言』角川書店）。

河本大作の後任の関東軍参謀となった板垣征四郎は、石原の満州領有計画に共鳴して、以後石原・板垣のコンビで満州事変の謀略を計画・準備していくことになる。石原はまず、関東軍参謀を集めて「対ソ作戦計画の研究」を名目にした参謀旅行をおこない、中国東北（満州）の各地を実地検分して、攻撃作戦を立案した。さらに満州事変決行に備えて、陸軍中央に要求して二四糎《センチ》榴弾砲二門を日本から運搬させ、事前に奉天城に照準を定めて設定させ、守備隊の歩兵に大砲の操作の訓練をさせていた。榴弾砲は野砲や山砲より一ランク上の砲で、師団より上の「軍」が持った。敵の野砲や山砲が届かない距離から味方の歩兵の頭上を飛び越えて強力なパンチを送ることができた。射程八〇〇〇メートル以上で、弾丸は三六キロ以上の重さがあった。

満州事変は柳条湖事件をきっかけに突然開始されたように一般に理解されているが、謀略によって戦争を発動する側は、事前に作戦開始のための戦場予定地の調査や作戦の研究と作成、兵器の準備と配備、軍隊の動員と訓練・演習などを事前におこなったうえで、謀略事件を起こすのである。本書で明らかにするように、柳条湖事件と満州事変、第二次上海事変と日中全面戦争、アメリカから騙し討ちと批判された真珠湾攻撃とアジア太平洋戦争も、すべて、突発的に開始されたのではなく、現地部隊による事前の攻撃予定地の査察や調査、地図や立体模型図にもとづいた攻撃作戦計画の作成、作戦を模した戦闘訓練、部隊の動員と兵器の装備など、事前の準備が整えられたうえで、謀略事件の実行と軍事行動の開始、となるのである。事件が謀略であることがわかるのは、事件発生後の軍事行動が迅速であることとである。しかし、こうした謀略の事前準備は、軍事機密として政府や国民に知らせないところで進められるので、その真相は現在にいたるも明らかでないことが少なくない。本書第Ⅳ章で述べる海軍の謀略事件であった大山事件はその典型である。

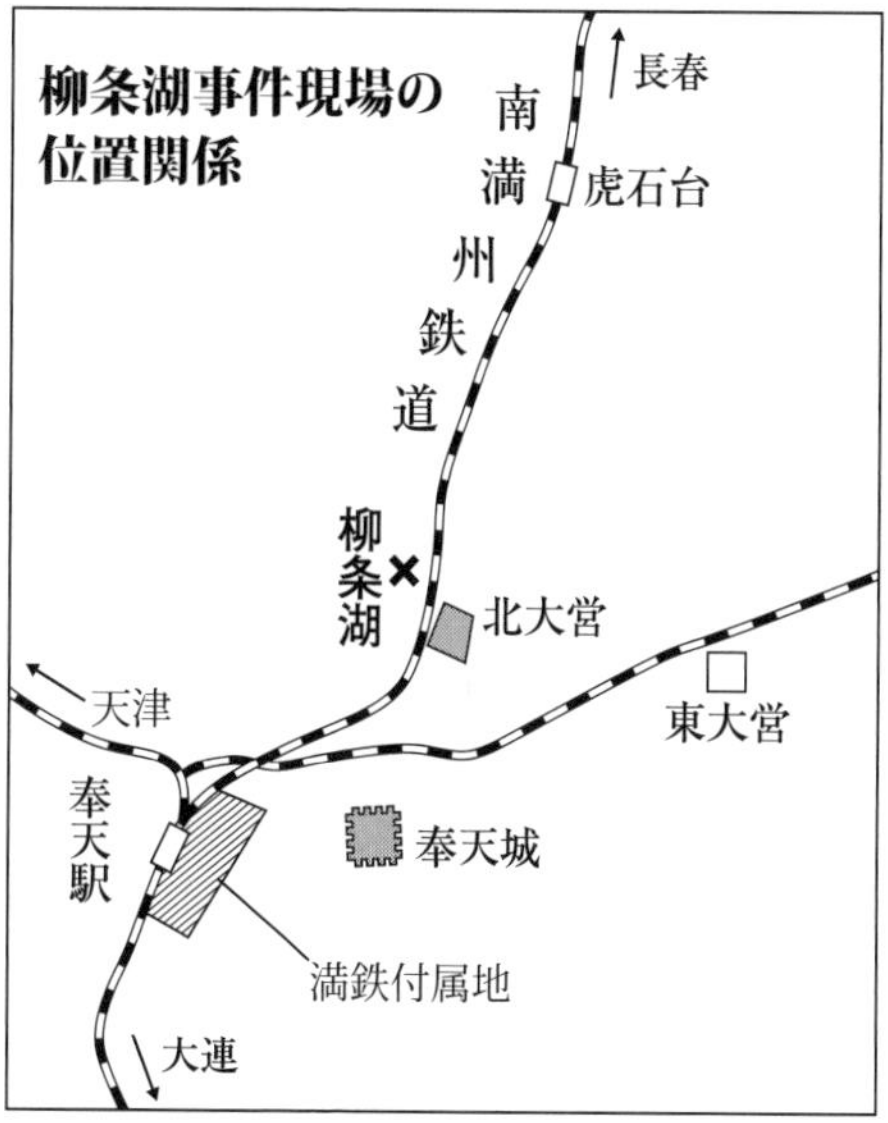


## 謀略の柳条湖事件

一九三一年九月一八日午後一〇時三〇分ごろ、石原・板垣らの関東軍は、奉天駅から東北へ約七・五キロの柳条湖で満鉄線を爆破させ、それを合図にそこから東南約五〇〇メートルにあった中国東北辺防軍（東北軍）の兵営の北大営を攻撃・占領した。そのころ、張学良の中国東北辺防軍は四四万人の規模であったが、張学良は蒋介石の命令によりその主力一一万を率いて、北京周辺に出動していたので、奉天にはその一部部隊の留守部隊が残っているにすぎなかった。石原・板垣らはこの間隙を利用して軍事行動に出たのである。

次頁の『朝日新聞』(一九三一年九月一九日、号外)は、「昭和六年九月十九日【午前七時発行】とある号外であるが、この号外記事をよく読めば、柳条湖事件(新聞では柳条溝と誤った地名になっている)が関東軍の謀略であることを証明するものになっている。

①「奉天軍の計画的行動」の見出しの記事に「十八日午後十時半奉天郊外北大営の西北側に暴戻《ぼうれい》なる支那兵が満鉄線を爆破し、我鉄道守備隊を襲撃したが我軍はこれに応戦した」とある。一八日の深夜一〇時半に発生した爆破事件を調査もせずに中国軍の爆破と即断して軍事行動を開始することは通常ではありえない。

②「軍司令部奉天に移る」という見出しで、旅順にあった関東軍司令部を一九日朝に奉天に移し、関東軍司令官本庄繁中将が幕僚を随《したが》えて奉天に急行、と伝えている。突発事件ならば、まず真相究明をしたうえで、対応策をかんがえるのが常套であるので、満鉄爆破と同時に司令部を奉天に移すという手際の良さは、謀略の手の内を自ら明かすものである。

③「我軍奉天城内に入る」という見出しで、関東軍が奉天城門を攻撃して一九日午前三時に城内に進入とあるのは、前述したように、関東軍は奉天城攻撃の大砲を設置していたからである。深夜に発生した満鉄爆破を合図に奉天城攻撃を開始したことを証明している。

④「在鮮二個師団に非常準備命令」と見出しにある。爆破事件発生とともに朝鮮に駐屯していた日

（第三種郵便物認可）

東京朝日新聞

昭和六年九月十九日【午前七時發行】

號外

東京朝日新聞社

# 日支兩軍激戰を繼續

## 我軍奉天城内に入る

### 既に支那人の片影なし

【奉天特派員十九日發】十九日午前三時半現在の狀況は左の通りである

聯隊本部は居留民會に移動、第二大隊は小西邊門、大西邊門を占領、小西邊門外の支那迫擊砲工廠を占領した

【大連十九日發聯合】我軍は奉天城大西門、小西門および黃廟府の三方より攻擊を加へ十九日午前三時城門を陷れ城内に進入した城内の支那人全部避難しほとんどその影を見せぬ、な公主嶺守備隊司令部は午前三時奉天へ出動し常地騎兵聯隊も出動の準備中

## 彈藥庫へ向け攻擊を集中

### 北大營を完全に占領

【奉天特派員十九日發】十九日午前一時二十五分北大營を攻擊した部隊の一部は頑強に抵抗中の彈藥庫守備中の支那軍に向ひ猛烈な攻擊を開始した

奉天城宮殿の遠望と日本總領事館【下】

## 北陵付近でも交戰

【奉天特派員十九日發至急報】十九日午前零時北大營西端を占領引續き攻擊をなして東端を占領北大營は午前一時二十五分完全に占領した

【奉天特派員十八日發至急報】十八日夜奉天郊外の北陵付近において日本兵が支那兵のために包圍され奉天守備隊は十一時特別列車を仕立て戰鬪準備を整へ現場に急行した

【奉天特派員十八日發至急報】我軍は奉天商ふ地の日本總領事館付近においても支那軍と戰鬪しつゝあり

## 支那側の金融機關を占領

【奉天特派員十九日發】日本軍は城内並に滿鐵付屬地の東三省官銀號、交通銀行等の支那側金融機關を全部占領した

## 奉天軍の計畫的行動

【奉天特派員十九日發至急報】十八日午後十時半奉天郊外北大營の西北側に暴戾なる支那軍が滿鐵線を爆破し我鐵道守備兵を襲擊したが我軍はこれに應戰した、我軍側は午後十一時直ちに奉天の全駐在軍に對して出動準備命令を下し十九日朝零時半日本軍は遂に北大營を全部占領した、この日北大營北側にて將校の指揮する三四百名の支那兵が滿鐵巡察兵と衝突した結果つひに日支開戰を見るに至つたもので明かに支那側の計畫的行動であることが明瞭となつた

## 急行列車危く爆破を免る

### 爆破は奉天鐵嶺間の柳條溝

【奉天特派員十九日發至急報】支那兵が爆破した滿鐵線は奉天鐵嶺間の柳條溝であるが支那軍に爆破されたのは十八日午後四時半長春發大連行の急行列車が奉天に午後十時に到着した直後に行はれたもので右列車は危うく難を免れた

## 軍司令部奉天に移る

【奉天特派員十九日發】十九日朝關東軍司令部は旅順より奉天に移されることに決し關東軍司令官本庄中將は十九日朝幕僚を隨へ奉天へ急行に決した

## 遼陽第二師團出動

### 臨時列車で奉天へ向ふ

【遼陽特派員十九日發】奉天の日支開戰のため遼陽第二師團は直ちに出動準備をなし午前六時特別列車にて奉天に出發した、又步兵〇〇聯隊、野砲兵旅團〇〇聯隊はいづれも三時を期し奉天に向つた

【奉天特派員十九日發】遼城の〇〇第〇聯隊は十九日朝奉天に到着することゝなつた

【奉天特派員十九日發】關東軍司令部憲兵本部長二宮少將は增援憲兵隊を率ゐて奉天に急行と決定した

## 支那側砲擊中止を歎願

【奉天十九日發聯合至急報】支那側交渉員は目下日本總領事館を訪ひ砲擊中止を歎願中

## 支那軍猛烈に砲擊す

【奉天特派員十九日發】北大營方面の支那軍隊は午前三時半に至るも尚猛烈に大砲を以て日本軍を砲擊し盛んなる抵抗を開始し猛烈なる戰鬪が開始された

## 在鮮二個師團に非常準備命令

### 軍司令部の全員緊張

## 長春も交戰狀態

### 駐屯軍南嶺へ

【長春特派員十九日發】長春駐屯の我四聯隊の兵は目下南嶺の支那兵營を占領すべく前進中、公主嶺の騎兵隊は長春に向けて出發した、警官隊および在鄕軍人は付屬地の水源地發電所ガスタンクを警戒しその他の保護に當ることになつた、警官の家族は旅順に資る、市中は車馬絡繹に殺せ交しいよ〳〵交戰狀態を呈してゐる

## 撫順公安局を包圍

## 忽ち武裝を解除

### 撫順駐在の我防備隊

【奉天特派員十九日發】十九日午前二時撫順駐屯の本軍〇〇〇〇の防備隊は公安局、縣政府を包圍し武裝を解除した

## 鐵嶺駐屯軍

## 安東守備隊動く

【奉天特派員十九日發】鐵嶺駐屯隊全員は午前二時十分特別軍用列車を仕立て鐵嶺發奉天に急行した

## 城内邦人全部

### 滿鐵公所へ引揚ぐ

【奉天特派員十九日發至急報】奉天城内在留邦人は總領事館の命令で午前二時十分より城内の滿鐵公所に引揚を開始した

## 滿鐵付屬地へ

### 支那人侵入防止

【奉天特派員十九日發至急報】奉天警察署は非常警戒についたが滿鐵付屬地境界線南よ區間の各道路に武裝憲兵〇名づつを配置し支那人の付屬地侵入を嚴重に防止し始めた

## 爆破を企てた

### 支那の旅長

青年氣鋭の王維哲

## 軍の行動は司令官の命令

關東軍司令部發表

## 關東州に非常警戒令

――この號外は本紙に再錄せず――【裏面へ續く】

『東京朝日新聞』（1931 年 9 月 19 日、号外）

本軍二個師団を増援として出動させる準備命令を下したというのである。事前に関東軍司令部と朝鮮軍司令部が謀略作戦を合意していなければできないことである。

## 満州事変――「十五年戦争」の泥沼へ

柳条湖事件の報をうけた民政党の若槻礼次郎内閣は、九月一九日の午前、緊急閣議をひらき、事態をこれ以上拡大しないという不拡大方針を決定し、本庄関東軍司令官に伝えた。この段階で軍中央も不拡大方針に一応同意した。

しかし、関東軍参謀の石原らはこれにしたがわず、吉林特務機関の謀略により、九月二〇日に吉林の日本人居留民（日本人一〇〇〇人）が危ないという不穏状態をつくり、居留民保護を理由に二一日、吉林に出兵した（前章でみたように、「居留民保護」が日本軍出兵の常套手段として以後も繰り返されていく）。これをみた朝鮮軍司令官林銑十郎中将は、すでに出動準備を命令していた朝鮮軍を天皇の勅命をえることなく独断で越境させ、奉天に向かわせた。当時関東軍は一万四〇〇〇人で、これだけで満州を占領することは不可能であった。この朝鮮軍の独断越境により、事変は政府の方針に反してさらに拡大することになった。

日本の植民地であった朝鮮から中国へ国境を越えて出動するのには天皇の統帥権にもとづく勅命がなければならなかったし、また出兵にともなう経費支出については閣議の承認が必要であった。しかし、林朝鮮軍司令官は天皇と政府に無断で、朝鮮軍を越境させてしまったのである。明らかに天皇の統帥権をないがしろにしたのである。林銑十郎はのちに「越境将軍」と称された。

けっきょく、若槻首相も「出たものは仕方なきにあらずや」とすでに出動した事実を認めて経費支出を承認し、昭和天皇も「此度は致方なきも将来充分注意せよ」と軍規違反を不問にして、この軍事行動を追認してしまった。出先の軍が独断でつくりだした謀略と軍事行動に引きずられて、日本政府は不拡大の方針を守れなかったのである。本書が明らかにするように、以後も現地軍の独断専行を天皇と政府が追認するというパターンが繰り返されて、日本は侵略戦争拡大の一途をたどり、満州事変は一九四五年八月一五日までつづく「十五年戦争」の発端となったのである。

関東軍の奉天占領、吉林占領などの軍事行動にたいして、中国東北辺防軍（東北軍）司令長官の張学良は、一九二八年の張作霖爆殺事件と同様に、関東軍の挑発行為であると警戒して、関東軍と戦争状態に入らないように不抵抗を命令した。

国民政府軍事委員会主席、国民革命軍総司令の蔣介石も、「安内攘外（国内を統一安定させてから抗日にあたる）」政策をかかげ、張学良にたいして不抵抗を指示した。蔣介石は、北伐の完成により、中国東北（満州）もふくめて国民政府による中国統一を達成したあと、政治・軍事・経済の中央化と統一化による中央政府の建設に最大の努力を払い、また国軍（国民革命軍）の統一編成による空軍や海軍も備えた近代的な中央軍（国防軍）の建設のために巨額な軍事費を投じようとしていた。いっぽうでは、国民革命軍による北伐戦争に合流してきた地方軍・雑軍を削減、整理したことから、それに反発する有力地方軍の首領たちが連合して「反蔣介石戦争」を展開したので、これらの内戦にも対応しなければならなかった。地方軍は一省や複数の省を支配する軍人政治家（軍閥）が省の軍隊として省税などを軍事費にあてて維持していた軍隊である。雑軍は雑多な軍隊という意味で匪賊といわれた私的軍事集団も含まれた。

さらに蒋介石は、中国の軍事指導者として合理的な戦略をもっていた。それは、自分が日本軍に敗けるとわかっている戦争をしては、中国軍が殲滅されて国が亡び、日本の植民地となってしまうので、陸・空・海軍を備えた中国国防軍を建設し、日本軍に対抗できる戦力を備える段階になるまでは、外交政策や和平交渉による戦争回避につとめ、その間に国際連盟に提訴したり、欧米列強の干渉圧力によって、日本の中国侵略戦争を抑止させる、というものであった。

したがって、柳条湖事件については、国際連盟にたよって事件を解決しようと、三一年九月二一日に国際連盟に提訴した。日本軍の錦州爆撃、「満州国」建国については、不法行為であると国際連盟に訴えつづけて、日本を国際社会から孤立させてゆき、ついには国際連盟から脱退（一九三三年三月）させるにいたる（一三二頁参照）。

蒋介石と張学良が不抵抗作戦で対応したために、関東軍は事前に調査・研究した作戦にそって容易に軍事行動を拡大した。一九三一年一〇月八日に奉天を奪われた張学良が臨時政府を設置した熱河省の錦州を爆撃した。錦州爆撃は、石原の作戦によりおこなわれ、陸軍の飛行隊一一機が二五キロ爆弾を四発ずつ真田紐《さなだひも》で吊るし、目測によって紐をゆるめて投下するという原始的な方法で、計七五発の爆弾を投下した。これは、第一次世界大戦いらい最初の都市爆撃であったので、国際社会に衝撃をあたえ、一〇月二四日の国際連盟理事会は、日本の満州侵略を非難、日本軍の満州からの撤退を勧告する決議案を一三対一（一は日本）で採決した。連盟の規約により全会一致でなかったので、法的には決議案として成立しなかったが、日本が国際的に孤立したことを明確にした。

若槻内閣は懸命になって事件不拡大を声明したが、石原らの錦州爆撃は、関東軍は張学良の東北政権を崩壊させ、満蒙を独立させるために軍事行動をおこしたのであり、本国政府の制止により作戦を自粛するものではない、と内外にアピールする狙いがあった。錦州爆撃が国際的な非難をうけたことにたいし、石原は「どうせ満州問題の根本的解決は世界を敵とする覚悟を要するのだから連盟案は恐るゝに足りません」と妻に語っていた（一〇月三一日）（伊勢弘志『石原莞爾の変節と満州事変の錯誤』芙蓉書房）。

若槻内閣の不拡大方針にまったく従う気配をみせず、関東軍が一一月一九日に満州北部のチチハルを占領すると、不拡大方針を破綻させられた若槻内閣は一二月一一日に総辞職し、代わって政友会の犬養毅内閣が成立した。

関東軍は、張学良の不抵抗主義により三二年一月三日に錦州を無血占領、二月五日にはハルビンを占領、柳条湖事件以後、ほぼ四カ月で満州の主要都市と鉄道を軍事占領した。

ところで、関東軍がこのように容易に満州占領に成功したのは、蒋介石と張学良が不抵抗主義をとったことが主要な原因であったが、日本軍部内には、なぜ蒋介石が不抵抗主義政策をとらざるを得なかったかという理由を冷静に分析することなく、中国軍はバラバラで弱い、日本軍が本気になって一撃を加えれば（戦争を仕掛ければ）、蒋介石政府は簡単に屈服するという、中国の政府・国民の抗戦力を軽視・蔑視した安易な「中国一撃論」が台頭することになった。本書の第Ⅲ章で詳述するように、盧溝橋事件を利用して軍部内に勢力を拡大、日中全面戦争化を推進した拡大派の軍事思想がそれである。

## 2 「満州国」の設立

### 陽動作戦としての第一次上海事変

関東軍は、一九三一年一〇月二日、「満蒙を独立国としこれを我保護の下に置く」という「満蒙問題解決案」を策定、傀儡国家としての「満州国」を設立するためにさらに謀略を重ねていく。そのひとつが、辛亥革命によって崩壊した清朝の最後の皇帝となった宣統帝溥儀《ふぎ》を担ぎ出して、皇帝にすえることであった。当時溥儀は、国民革命によって北京の故宮を追われ、天津で隠遁的な生活をしていた。

一一月二日、奉天特務機関長の土肥原《どいはら》賢二大佐は、天津の中国人地区で雇った中国人に武装暴動を起こさせ、それを口実に日本租界に戒厳令をしき、厳重な警戒態勢に乗じて溥儀を静園（居宅）から連れ出し、天津港から船に乗せて旅順へ到着、溥儀の満州入りに成功した。溥儀は、「満州国」の成立とともに執政、後に「満州国」皇帝に就くことになる。

もうひとつはもっと大がかりな謀略で、関東軍による「満州国」樹立の策動から、国際社会の批判の目をそらすための陽動作戦であった。

三一年一〇月はじめ、関東軍参謀板垣征四郎大佐は、上海駐在陸軍武官補として特務機関の活動をしていた田中隆吉少佐に、満州を独立させるために上海でことをおこして、列国の注意をそらしてほしいと依頼した。謀略の資金は、鐘紡上海出張所にはからって捻出させた。田中隆吉は、のちに「男装の麗人」「東洋のマタ・ハリ」などと呼ばれてマスコミの寵児になる川島芳子〈註1〉とコンビを組んで、謀略工作をすすめた。

三二年一月一八日、日本山妙法寺の僧侶ら五人が、団扇太鼓《うちわだいこ》をならして勤行《ごんぎょう》しながら、上海共同租界のはずれにある三友実業公司というタオル工場の前へさしかかったところ、数十人の中国人に襲われて重軽傷を負い、ひとりが死亡した。これにたいして二日後、日本人居留民三〇人が武装して三友実業社を襲撃し、中国官憲と衝突、双方に死傷者がでた。これは、田中隆吉と川島芳子らが仕組んだ謀略であった。

日本政府と軍部、とくに海軍はこの僧侶遭難事件にたいして、軍艦と海軍陸戦隊を増派して、陳謝と加害者処罰、慰謝料提供および排日運動取締り、抗日団体即時解散を強硬に要求して、二七日に最後通牒をつきつけた。海軍陸戦隊は後で改めて述べるが、陸上の戦闘ができるように、砲術科員を基幹として編成した海軍の部隊である。

呉鉄城上海市長が日本側の要求を全部承認したにもかかわらず、二八日の深夜日本海軍陸戦隊は、上海を防衛していた中国第十九路軍のバリケードを襲撃し、第一次上海事変が開始された。

ここで、中国支配をめぐり、日本の陸軍と海軍は、管轄区域、わかりやすくいえば縄張りを、華北と満蒙（満州と内蒙古）は陸軍、華中と華南は海軍と大きく棲み分けていたことについて、簡単にふれておきたい。それは北清事変（義和団戦争）以後、艦隊を擁する海軍が上海を拠点とする長江流域の警備、さらに福建や厦門《アモイ》地区の警備を担当したという歴史的経緯からである。陸軍は、朝鮮半島を経由して、鉄道を使った軍隊と軍需物資の輸送が可能な満州・内モンゴル・華北を管轄することになっていた。それは、戦前の日本にとって、兵士や物資を迅速に大量輸送できる最大・最速の輸送手段が鉄道であったからである。逆にいえば、日本の陸軍は鉄道のないところでは、大規模作戦を実施することが困難だったのである。

陸軍に対抗して上海を管轄区域としていた海軍は、中国における警備と戦闘を任務とした第三艦隊を編成し（一九〇九年）、蔣介石の北伐軍が長江流域に到達すると、日本人居留民保護を理由に海軍陸戦隊を上海に上陸させ（一九二七年）、三〇年からは上海海軍特別陸戦隊として常設部隊とした。海軍陸戦隊は名前のとおり、陸上で戦闘するために編成された海軍部隊である。アメリカ軍の海兵隊と戦闘任務は似ている。

上海に配備されていた中国軍は、国民政府の中央軍ではなく、地方軍の広東系の第十九路軍で、上海市民の熱烈な支持をうけて抗日意識もつよく、海軍陸戦隊は予想外の強力な抵抗にあって苦戦におちいった。海軍は第三艦隊の艦船五〇隻と第一航空戦隊の飛行機延べ二五六機を投入、中国機（米国、ソ連などの外国製）と初めて空中戦もおこなった。意外な戦況におどろいた軍中央は、上海派遣軍を編成して、合わせて三個師団の陸軍部隊を送りこんだ。第一次上海事変は、第十九路軍約三万、国民政府の中央軍約一万にたいし、日本軍の投入は約四万にたっした。

第一次上海事変において、蔣介石が満州事変と違って不抵抗主義を指示しなかったのは、蔣介石の対日戦略として、フランス租界や共同租界があり、欧米列強の権益が集中している上海を戦場にして日本が戦争をおこせば、列強が対日批判を強め、将来は対日制裁を引き出す可能性があると考えていたことがある。もうひとつ前述したように「反蒋介石戦争」を展開したのが地方軍であったので、広東系の十九路軍のような有力な地方軍を日本軍と戦闘させ、戦力・勢力を減退させるという狡猾な深謀があったからである。

第一次上海事変は、国際連盟からの勧告をうけ、三二年三月下旬から日中両国および英・米・仏・伊の関係四カ国による停戦会議が開始され、五月五日に停戦協定が成立した。日本軍は死傷者三〇九一人という犠牲を出して、上海から撤退した。

いっぽう、板垣征四郎らの関東軍参謀は、欧米列強の関心が上海での戦争に集中している間に、着々と準備を進めて、三二年三月一日に「満州国建国」を宣言、九日には溥儀の執政就任式を首都に定めた新京（長春を改称）でおこなった。第一次上海事変を「満州国」樹立工作の陽動作戦とした謀略には成功したのである。

「満州国」は建国宣言で「王道楽土」と満州・モンゴル・朝鮮・漢（中国）・日本の「五族協和」をうたい、国主を執政（後に皇帝とする）、国号を満州国、国旗を五族のシンボルカラーを合わせた五色旗とし、年号を大同とするなど、独立した国家であるかのような体裁を発表した。「満州国」は溥儀を執政とし、行政府の国務院に直属して民政・外交・軍政・財政・実業・交通・司法・文教の各部がおかれた。国務院総理をはじめ各部の総長は、建国に協力した旧軍閥系官僚や政治家が起用されたが、その地位は名ばかりで、各部の次長に日本人が就いて、実権をにぎった。国務院会議の議案はあらかじめ日本人の次長会議で決められた。

さらに組織や制度からは見えないが、「満州国」政府の政治行政すべてが、関東軍の内面指導をうけるようになっていた。また、「満州国」軍は関東軍司令部に直属する日本人軍事顧問団の統率下におかれた。こうして、「満州国」は形式上は「独立国」としての形態を仮装しながら、実際には日本の傀儡国家であり、中国東北の全域が、日本の実質的な植民地となったのである（鈴木隆史『日本帝国主義と満州　一九〇〇～一九四五〈下〉』塙書房）。

## 謀略が国策となる

一九三二年一月八日昭和天皇は、関東軍の「果断迅速」の行動を全面的に称賛し、「朕《ちん》深くその忠烈を嘉《よみ》す」という勅語を発した。関東軍の謀略と独断により、若槻内閣の不拡大方針を無視して展開した軍事行動は、天皇の追認をうけたのである。国策となった満州事変にたいして、政府により、一九三二年度予算として満州事変臨時軍事費二億七八二一万円（同年度予算の歳出の一四・三パーセント）が認められた。前年三一年度の一般会計の陸軍軍事費は一億六二〇二万円であったから、平年の予算の約二倍にあたる大増額であった。しかも、三一年から支出された満州事変臨時軍事費は、その戦争（満州事変）が終結するまで毎年支出されるものであった。これにより、陸軍は、この膨大な予算を利用して陸軍の軍備の拡張に成功した。陸軍が謀略により満州事変をおこして膨大な軍事予算を獲得したという実績を目の当たりにした海軍が、海軍の軍事予算拡大をもくろんで、謀略により第二次上海事変をおこすにいたるのは、本書第Ⅳ章で詳述する。

第一次上海事変で初めて空中戦を展開した海軍航空隊の設備費予算が最初についたのは、一九三一年度の一三三万八九八三円であり、以後海軍は、航空戦の実績をアピールしながら年々予算を増大させてゆく。

陸軍と海軍が、満州事変および第一次上海事変において膨大な臨時軍事費を獲得し、軍備拡張に成功したことは、第一次世界大戦以後、憲政会の加藤高明内閣、民政党の浜口雄幸内閣・若槻礼次郎内閣が推進してきた海軍・陸軍の軍備縮小政策の破綻をもたらした。このことは、陸海軍が臨時軍事費、軍事予算を獲得して、それぞれの軍備、組織、勢力拡大をはかることを自己目的にして、謀略あるいは現地軍の独断専行により戦争を発動する前例となった。

## 五・一五事件と軍部強権体制の始まり

満州事変にたいする不拡大方針を破綻させせられて総辞職した若槻礼次郎内閣（民政党）に代わった犬養毅《いぬかいつよし》内閣（政友会）は、前内閣よりは格段と軍部に協力的であったが、それでも日本の国際的孤立を憂慮して、国際連盟が非難している「満州国」の建国には反対し、満州事変の戦闘停止や第一次上海事変の停戦につとめた。いっぽう三二年三月一一日の国際連盟臨時総会では、満州国家不承認を決議し、同問題を詳細に調査、検討するための一九人委員会の設置を決めた。同委員会の報告と決議が日本の国際連盟脱退の引き金になる（一三〇頁参照）。

一九三二年五月一五日、犬養内閣の対応に反発した海軍青年将校グループが「国家改造」をとなえて決起、首相官邸を襲撃し、「話せばわかる」と言い聞かせようとした犬養首相を「問答無用」と叫んで射殺、別のグループは、内大臣邸・警視庁・日銀・変電所を襲撃した。これが、五・一五事件である。犬養首相暗殺により、政党内閣は終焉した。事件以後、右翼団体の活動はさらに活発となり、「統帥権干犯」を錦の御旗にした軍部の政治介入がいっそう強まり、大正デモクラシーによってようやく開始された議会政治、政党政治は終わりをつげ、軍部強権政治が開始されることになった。

ここで、歴史の教訓として考える必要があるのは、軍部強権政治の露払いをしたのが、「統帥権干犯」問題をもちだした犬養毅や鳩山一郎、森格《つとむ》らの政友会幹部らであったことである。

主力艦（戦艦・航空母艦）保有の制限を決めたワシントン海軍軍縮条約（一九二二年）につづいて、補助艦（巡洋艦・駆逐艦・潜水艦など）保有の制限を決めたロンドン海軍軍縮条約（一九三〇年）を調印・批准したのは、民政党の浜口雄幸内閣であり、同軍縮会議の首席全権をつとめたのが、文官出身の元首相若槻礼次郎（民政党）であった。日本の補助艦の保有率を日本が要求した対米英七割でなく、アメリカが主張した六割九分七厘と決めたことに軍令部長の加藤寛治ら海軍の強硬派が、「この比率ではアメリカ海軍と戦えない」と猛烈な反対運動を展開した。パーセントで表記すれば、七〇％と六九・七％であるから、わずか〇・三％の違いである。加藤寛治らの主張が統帥権干犯を批判するための言いがかりであったことがわかる。

この海軍の条約反対運動を、犬養・鳩山・森らは政敵である民政党の浜口内閣を打倒する政治運動に利用しようと、議会において、「浜口内閣は天皇の統帥権を干犯した」と民政党攻撃をおこなったのである。大日本帝国憲法一一条に「天皇ハ陸海軍ヲ統帥ス」および一二条に「天皇ハ陸海軍ノ編制及常備兵額ヲ定ム」とあるのを根拠にして、軍備などの国防計画に関する事項は、天皇の「統帥権」の範疇に属するので、陸軍参謀総長および海軍軍令部長が天皇を直接輔弼《ほひつ》しておこなうことであり、内閣がそれをおこなったのは天皇の「統帥権」を干犯した行為であると糾弾したのである。

軍部や右翼が主張するならともかく、政党である政友会が、立憲政治・議会政治を根本から否定する「統帥権干犯」問題を持ち出したのである。鳩山一郎らが主張した「統帥権干犯」問題は、軍縮条約に強い不満をもつ軍令部や右翼団体を活気づけ、以後、「統帥権」が軍部強権政治の〝錦の御旗〟となり、政党政治・議会政治を葬る強力な凶器となった。

国会においてようやくロンドン海軍軍縮条約を批准させることができた浜口雄幸首相は、一九三〇年一一月一四日東京駅ホームで右翼に狙撃され、それがもとで死亡した。右翼の佐郷屋留雄《さごうやとめお》は、浜口内閣が天皇の大権を干犯したことに憤慨して、凶行におよんだのである。政争のために「統帥権干犯」問題に火をつけた犬養毅みずからも、軍部の「統帥権」を呼号して決起した海軍青年将校グループによって暗殺される運命に見舞われたのである。

## 世界の無法国家となった日本――国際連盟脱退

中国からの提訴をうけた国際連盟理事会は、満州事変ならびに「満州国」建国に関する現地調査をおこなうために、委員長をイギリス人のリットン伯爵（卿）とし、アメリカの委員もふくめた五人の委員からなるリットン調査団の派遣を決めた。リットン調査団は三二年二月から七月まで、日本・中国を訪れ、両国の政治・軍事指導者や財界の要人とも会見して、政府の見解や政策をただした。ついで満州を訪れ、満鉄爆破の現場を調査、「満州国」執政の溥儀や「満州国」政府の要人、関東軍司令官本庄繁や関東軍幕僚など多方面の要人と会見した。日本には三月と七月の二回にわたって訪れたが、第一回目に会見した犬養毅首相は、五・一五事件で暗殺されたため、二回目に訪れた七月に会見したのは、政党内閣にかわった海軍大将の斎藤実《まこと》首相だった。

一〇月二日に公表されたリットン調査団の報告書は膨大なものであったが、その中で、満州事変は日本が主張するような関東軍の自衛的、合法的な軍事行動とは認められないと認定した。また「満州国」についても、日本側が主張する民族独立運動によって建国されたとは認められないと断定した。しかし、今後については、満州を日本を中心とする列強の共同管理下におくことを提案し、帝国主義としての利害の共通性から日本への理解と融和を示し、日本が妥協することを期待するものであった(国際聯盟協会編『リットン報告書』完全復刻版、角川書店)。

それでも、日本政府は、リットン報告書の提案する満州の国際管理は認めないと、連盟と対決する道を選んだ。リットン報告書を審議する連盟理事会(一一月)や臨時総会(一二月)において、日本代表の松岡洋右は、高姿勢で臨み、報告書を激しく非難した。最後に臨時総会は、日中両国を除く一二理事国および総会選出の六国と総会議長からなる一九人委員会に問題を付託した。これを受けて一九人委員会は、リットン報告書を採択し、「満州国」を不承認とする内容の勧告案を作成したが、日本はこれを根本的に否認する修正案を提議した。

年を改めて、三三年二月二四日、国際連盟総会は、リットン報告書にもとづく一九人委員会の報告・勧告案を票決に付した。その結果は、賛成四二、反対一（日本）、棄権一（シャム、のちのタイ）で、日本の完全な孤立を証明した。シャムが棄権したのは、本国からの指示が未着であったことによる。

これにたいして、日本代表松岡洋右は「日本はこの報告・勧告書を受け入れることはできない」と演説して、随員をしたがえて総会議場を退場した。

『東京朝日新聞』（三三年二月二五日）は、「聯盟よさらば！　遂に協力の方途尽く」「総会、勧告書を採択し　我が代表堂々退場す　四十二対一票、棄権一」という大見出しで、松岡洋右を英雄視する報道をおこなった。風刺漫画には「最後の獅子演」と題して、松岡洋右の「獅子のように吠えた演説」に圧倒されて、議場の各国代表が正視できないさまが描かれている。しかし、記録フィルムに見る実際の情景はまったく異なり、演説をおわった後、随員を促して虚勢をはって退場していく松岡にたいして、各国代表は、あきれ顔をして見送っていたのである。

それにしても、四二対一という表決は、満州事変と「満州国」に関する日本の行為と主張が、国際社会にはまったく受け入れられない、不法なものであったことを明示したものである。しかし、日本政府はあくまでも「満州国」に固執して、三月二七日に正式に国際連盟の脱退を通告、天皇も国際連盟脱退の詔書を下した。日本は国際的孤立をものともせずに暴走する、国際法上の〝無法国家〟になったのである。日本につづいて、ドイツのナチス政権が三三年一〇月に、イタリアのムッソリーニ政権は三七年一二月に国際連盟を脱退するが、日独伊のファシズム国家のなかで、日本が国際連盟否定の先駆けとなったのである。

当時の日本社会は、国連総会から帰国した松岡洋右を「国民的英雄」として凱旋将軍のごとく熱狂的に歓迎したが、そのつけは、松岡が外務大臣となって、日独伊三国軍事同盟の締結、日ソ不可侵条約の締結と奔放な松岡外交を展開し、ついには日米開戦に日本外交を導くことになってあらわれる。

## 3 中国東北軍民の抵抗

### 平頂山事件――虐殺で消された村

満州事変にたいして、蒋介石と張学良が不抵抗主義政策をとり、日本軍の満州侵略にたいする抗戦を回避したのにたいし、これに憤激した各地方の在地の軍隊や民衆が自発的に武装組織を結成して、反「満州国」抗日ゲリラ闘争（反満抗日闘争）に立ち上がった。学生や知識人が各地で広範な民衆を結集して抗日救国会を組織して、抗日意識の宣伝と義勇軍参加を呼びかけ、軍資金集めなどをおこない、これらの反満抗日闘争を支援した。

満州事変直後から、東北各省在地の軍人や地方軍閥、張学良の東北軍の残存兵力の諸部隊、さらには大刀会や紅槍会などの伝統的な民衆武装自衛団、中国共産党の指導下に組織されたゲリラ部隊などが、東北抗日義勇軍・東北国民救国軍・東北民衆救国軍・東北民衆自衛義勇軍・吉林国民救国軍・遼寧民衆自衛軍・遼南救国軍など、さまざまな名前を名乗って、関東軍にたいして遊撃活動をくり広げた。

柳条湖事件からほぼ一年になる三二年九月一五日、「日本国は、満州国が其の住民の意思に基づきて自由に成立し、独立の一国家を成すに至りたる事実を確認したるに因《よ》り」「満州国」を正式に国家として承認するという「日満議定書」を調印した。これを認めないさまざまな反満抗日の動きが強まるなかで、一五日深夜から翌一六日未明にかけて、大刀会を中心とする遼寧民衆自衛軍が撫順炭鉱事務所を襲撃した。撫順炭鉱は露天掘りでも知られた当時世界有数の埋蔵量を誇った炭鉱で、国策会社である南満州鉄道会社（満鉄）が経営していた。

撫順には、関東軍の独立守備隊第二大隊第二中隊（中隊長川上精一大尉）が駐屯、さらに憲兵隊や警察隊も駐在して、厳重警備態勢をとっていたが、襲撃を防げず、戦闘で日本側の死者五人、負傷者七人をだして、完全に面目を失う結果となった。

抗日義勇軍が撤退した後の一六日未明、独立守備隊と憲兵隊の首脳部は急きょ会議を招集して対応を検討、川上中隊長は、平頂山村の村民が「匪賊《ひぞく》」（日本側は抗日武装勢力をこう呼んだ）が村を通過したのを警察派出所に報告しなかったのは、村民が「匪賊」と通じていたからで、そのために日本側は大きな損失を蒙ったのだとして、報復と見せしめのため全村民の殺害と村の焼却を命じた。

その日の午前、独立守備隊の兵士と憲兵隊は、機関銃などの装備を整え、数台のトラックに分乗して、平頂山村へ向かった。村に到着すると「匪賊の攻撃から住民を守る」などと騙したり、あるいは

平頂山惨案遺跡紀念館（遺骨館）内に累々と横たわる白骨（写真提供／平頂山事件訴訟弁護団、2004 年 2 月撮影）

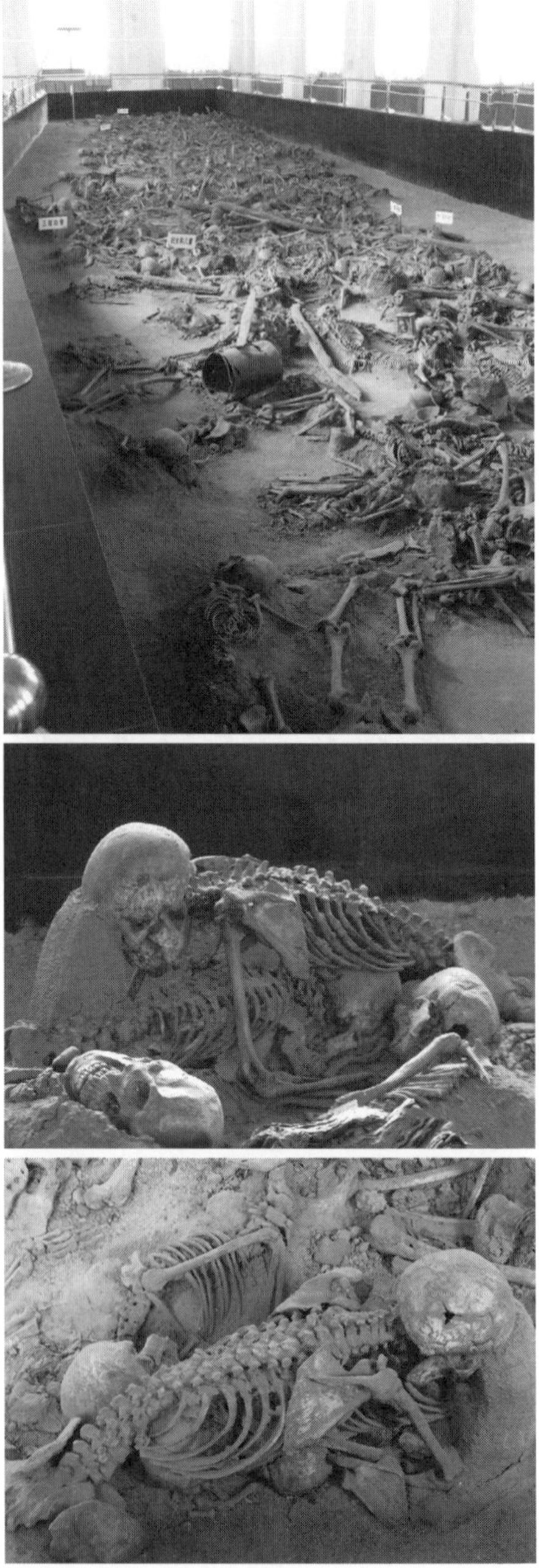

銃剣を突きつけて屋外に連れ出すなどして、平頂山の住民を村の南西の崖下に追い立てた。老若男女を問わずすべての村民三〇〇〇人余りが崖下に集められると、日本兵が用意した数丁の機関銃が一斉に火をふき、村民は折り重なって殺害された。機関銃掃射を終えると、日本兵は、累々と重なりあって倒れている住民の上を隊列を組んで歩きながら、息のあるものを見つけると容赦なく銃剣で突き刺してとどめを刺した。さらに平頂山の集落に火を放ち、集落そのものを消し去った。

翌九月一七日、日本兵は虐殺現場に残された死体の山にガソリンを撒き、これを焼却した。さらに数日後、ダイナマイトで崖を崩し、土砂で死体の山を覆い隠した。虐殺により一村が消された平頂山事件である[註2]（平頂山事件訴訟弁護団編著『平頂山事件とは何だったのか—裁判が紡いだ日本と中国の市民のきずな』高文研)。

それから四〇年近くをへて一九七〇年、中国政府の手によって地中に埋没したままだった遺骨が掘り起こされ、遺骨群をそのままの状態で保存した平頂山惨案遺跡紀念館が建てられた。館内に入り、累々と横たわる白骨を見ていると、明らかに家族とわかる大人と子どもの遺骨の集団や、母親か父親か、子どもの骨に覆いかぶさった遺骨もある。小さな子どもを守ろうとしたのである。膨大な遺骨の群れは、平頂山事件の虐殺の様相を今なお生々しく想起させるものになっている。

## 東北抗戦のシンボルとなった馬占山

馬占山は、若くして黒竜江省軍の兵隊となり、騎兵として頭角をあらわし、満州事変によって張学良政権が崩壊すると、三一年一〇月、国民政府から、黒竜江省主席代理兼東北辺防軍黒竜江省司令官に任命された。黒竜江省の軍事政治の統括者となった馬占山にたいして関東軍参謀の板垣征四郎が工作をすすめて、三二年二月に「帰順」(反逆の心を改めて服従すること)させることに「成功」、「満州国」下の黒竜江省長ならびに「満州国」軍政部総長に任命した。

ところが馬占山は、その立場を利用して日本の武器・弾薬を多量に手に入れてから、原有部隊と紅槍会・大刀会などの武装集団を集めて黒竜江省抗日救国軍を編成し、三二年四月、「満州国」から離脱した黒竜江省政府の樹立を宣言したのである。

板垣征四郎は、後に「満州国」執政顧問、「満州国」軍政部最高顧問となり、さらに関東軍参謀長になるなどして、「満州国」建国工作の第一人者であることを内外に示すことになるが、その板垣にとって、馬占山の離反と抗戦は彼の面目をつぶすものとなった。関東軍は、第一四師団と第八師団の大軍を投入して、馬占山の黒竜江省抗日救国軍の討伐作戦をおこなった。

三二年七月末、ハイラルを占領して救国軍部隊を追い詰めた関東軍は、馬占山部隊とおぼしき部隊を殲滅、馬占山を殺害したと大々的に報道、その証拠として馬占山の遺品まで展示した。ところが、三三年五月、ソ連領に逃亡していた馬占山がヨーロッパを経由して帰国、香港を経由して上海に到着、中国の朝野の大喝采をうけた。蒋介石は馬占山を国民政府の軍事委員会委員に任命した。さらに恥の上塗りをされた日本側は、帰国した馬占山は「ニセモノ」であると発表した。事実は、関東軍が、殺害した馬占山軍参議の韓家麟少将を、馬占山と間違えていたのである。

## 「討匪行」――抗日義勇軍の討伐

満州事変開始後、東北各地で急速な発展をしめした各地の各種抗日義勇軍の抗日武力闘争は、日本が「満州国」の統治機構を築いていくうえで、大きな障害となった。関東軍の発表によれば、三二年九月の「匪賊」数は、二一万人にたっした。

抗日ゲリラ勢力の増大に危機意識をいだいた関東軍は、三二年九月以降、中央に軍隊の増派を要求するいっぽうで、大規模な兵力を投入しての討伐作戦を実施した。作戦としては、重点地区に兵力を集中して抗日義勇軍を各個撃破していく作戦を採用した。

こうした討伐作戦をうたった軍歌「討匪行」（八木沼丈夫作詞、藤原義江作曲）が当時の日本で大ヒットした。日本を代表するテナー歌手として戦後も活躍した藤原義江が三二年秋、満州事変の前線へ慰問公演に行ったおり、関東軍参謀嘱託の八木沼少佐から歌詞を渡され、作曲を依頼された。八木沼少佐は、斉藤茂吉の流れをくむ短歌の素養があった。日本軍を悩ましつづけた抗日ゲリラを「匪賊」と呼んで、凶悪な印象を与えようと宣伝し、その「匪賊討伐」の苦労をうたったものである。ヒットを受け、この唄をテーマ曲として、藤原義江・千葉早智子共演の「叫ぶ亜細亜」という映画も作られた。

『広辞苑』によれば、「匪賊」とは、「(匪は悪者の意味）徒党を組んで出没し、殺人・略奪を事とする盗賊」のことをいう。満州には、「満州開拓移民」と称して多くの日本人が移住して居住するようになるが、それらの日本人は、侵略され、奪われた自分たちの土地を取り返そうと武装して抵抗に立ち上がった農民や住民の集団を「匪賊」と蔑称して恐れたのである。現地中国人からすれば、日本人こそ、自分たちの土地や財産を軍事力で強奪した侵略者・略奪者であったのだが、当時、そのような自覚をもった日本人はほとんどいなかった。

「討匪行」の歌詞は一五番まであった。

一、どこまで続く　泥濘《ぬかるみ》ぞ　三日二夜を　食もなく　雨降りしぶく　鉄兜
一〇、面《おも》かがやかし　つわものが　賊殲滅の　一念に　炎と燃えて　迫る見よ
一一、山こだまする　砲《つつ》の音　忽ち響く　鬨《とき》の声　野の辺《へ》の草を　紅《あけ》に染む
一二、賊馬もろとも　たおれ伏し　炎はあがる　山の家　さし照れる日の　麗《うら》らけさ

一四、敵にはあれど　亡骸《なきがら》に　花を手向《たむ》けて　懇《ねんご》ろに　興安嶺よ　いざさらば
一五、亜細亜に国す　吾が日本　王師一たび　ゆくところ　満蒙の闇　晴れ渡る

歌詞の一番では、泥濘の中を食糧もなく、抗日義勇軍の討伐のために行進をつづける日本兵士の苦労を歌い、一〇～一二番では、山中に隠れていた抗日ゲリラ部隊を発見し、早朝に急襲をかけて、ゲリラ兵を殺害し、隠れ家を焼却した光景を歌っている。一五番は「王師」（天皇の軍隊）が日本に反逆する「匪賊」（抗日義勇軍）を討伐することにより、「満州国」の「闇」が除去されていくと、抗日義勇軍の攻撃、殲滅を正義の作戦であるかのように歌った。

一四番については、日本がアジア太平洋戦争に突入して犠牲者が激増してくると、軍当局から「鬼畜のごとき敵であり、たとえ亡骸といえども花を手向けて手厚く葬る描写があるのはとんでもない怪しからん事だ、ふざけるな！」と歌うことを禁止された（長田暁二『戦争が遺した歌―歌が明かす戦争の背景』全音楽譜出版社）。

「討匪行」に歌われたような抗日ゲリラ部隊の討伐作戦が徹底しておこなわれた結果、関東軍の発表によれば「匪賊数」は、一九三三年八月には六万人まで減少した。

# 4　満州武装移民

関東軍は、抗日義勇軍の討伐作戦を進めるいっぽうで、占領した満州の地に日本から農業移民を送りこむ計画の実行に着手した。石原が満州事変をおこしたのは、国土が狭く農地の少ない日本は、広大な満蒙を領有して、農産物で日本の食糧問題を解決するという主要な構想があったことはすでに述べた（一一四頁参照）。

張作霖爆殺のスイッチを押した独立守備隊中隊長の東宮鉄男《とうみやかねお》が奉天にあって、満州農業のありかたに関心をもって調査・研究をしていたのを、石原莞爾が知るところとなり、石原は東宮に一目おくようになった。

「満州国」の成立後、最初に協力を表明した吉林軍の一部が「満州国」に反旗を翻し、反吉林軍を編成すると、その討伐のために編成された吉林剿匪《そうひ》軍（吉林軍からなる）の軍事教官に東宮大尉は任命された。石原莞爾は、吉林剿匪軍を率いて依蘭地方に反吉林軍の討伐に向かう東宮を奉天の関東軍司令部に呼び寄せ、農業に従事しながら地方の治安維持とソ連にたいする辺境防衛にあたる屯田兵制度を実施するための調査研究を命じた。屯田兵制度は、明治政府が北海道の警備と開拓のために実施した制度で、兵士は平時は農業に従事した。

東宮は石原に、在郷軍人を基幹とする屯墾軍制を実施し、抗日ゲリラ部隊を制圧しながら、「満州国」統治のための治安維持につとめ、いっぽうでは、農業開拓にあたり、対ソ連国防にもつかせる、という計画を具申した。屯墾軍は後に屯墾隊と称したが、「駐屯して開墾に従事する部隊」の意味である。この構想は、満州武装移民団の派遣として実施された。

「行け満蒙の新天地」「明け行く満蒙」「満州で一旗揚げよ」など、マスコミが「満州熱」を扇動するなかで、在郷軍人会が主体となって、「満州試験移民」の募集がおこなわれた。移民候補者の資格は、年齢三五歳以下の在郷軍人で農業に従事中のものとし、さらに出身者の地方をまとめて村落構成にするために、選出地域は東北六県と群馬・栃木・茨城の北関東三県、新潟・長野の信越二県に限定された。

在郷軍人とは、徴兵検査に合格して、軍事訓練をうけ、二年間現役に服役したあと、予備役・後備役、さらには退役軍人として、日常の生業についていたが、戦時・事変にさいして、必要に応じて召集され、戦場に送られた軍人のことである。陸軍省の指導下に、一九一〇年に全国組織として帝国在郷軍人会が創設されたが、これを天皇制の支配秩序を維持するための国民統合組織として発達させたのが、陸軍大臣と首相を歴任した田中義一だった。一九三〇年代に入って、天皇崇拝を国民道徳の根幹にすえ、満州事変以後の戦時体制を強化する運動を展開、個人主義・自由主義も天皇制の国体に反するとして、攻撃する運動を推進するにいたり、天皇制ファシズム体制形成の大きな推進力になっていた。

前述の各県において選抜された在郷軍人四九二人が、第一次武装移民団として、一九三二年一〇月、吉林省佳木斯《ジャムス》に送られた。到着するやすぐに、移民団は「匪賊」（抗日ゲリラ）の襲撃をうけ、戦闘を体験した。移民団の入植地は、佳木斯からやや奥地にはいった永豊鎮にさだめ、「満州国」軍政部の教官（後に顧問と改称）になっていた東宮大尉が、吉林剿匪軍を率いて、銃と軍刀の威圧のもとに強制的に中国人住民の家と土地の買収をおこなった。三三年二月先遣団一五〇人が永豊鎮に入植したが、抗日ゲリラの襲撃を受け、交戦のために少なからぬ犠牲者を出した。

武装移民団は永豊鎮に弥栄《いやさか》神社を建立（三三年一〇月）、三五年三月には村名を弥栄村と命名した（一一二頁地図参照）。「弥栄」とは天皇の国が「いよいよ栄える」という意味で、「弥栄！　弥栄！」とばんざいと同じ意味で叫んだりもした（彌榮村史刊行委員会『彌榮村史―満洲第一次開拓團の記録』）。つづいて第二次武装移民団四五五人が、三三年七月、永豊鎮の南隣の七虎力に入植、チーフーリという中国語音に日本式の当て字をして、千振《ちぶり》村と名乗った。「千振」は「千早振る（ちはやぶる）」という「神」にかかる枕詞をあてはめたのである。日本人の武装移民は以後も、第三次武装移民団が三四年一〇月、第四次武装移民団が三五年九月、それぞれの地区に入植した。

## 「わが家は東北、松花江のほとり」

「満蒙開拓移民」あるいは「満州開拓移民」という表現は、日本人があたかも未墾の原野を開拓したようなイメージを抱かせて、日本の満州侵略の実態をごまかすためのものである。第一次・第二次武装移民の実態が証明しているように、「満蒙開拓」といいながら、在郷軍人からなる日本軍農民部隊が入植し、中国農民が住んで耕している農地や村落を、関東軍の指揮下に「満州国」の官憲を動員して、強制的に買収、さらには強奪して、日本人の移民村落を建設したのである。「満州国」が「五族協和」であるというのも虚偽で、武装移民村はもちろん、その後の日本の村の名をそのまま使った分村移民の村も、原住の中国農民を追い出して、日本人だけの村落を築いたのである。そのため、中国農民は土地を収奪され、村落を追放され、未開墾地へ強制移住させられるか、あるいは他の地域へ難民同様に流れていかざるをえなかったのである。

満州の故郷を追われ、万里の長城を越えて流浪していった若者たちの悲しみを歌った「松花江上」(松花江のほとり)という歌がある。抗日戦争中、広く中国民衆に歌われ、とりわけ青年・学生たちが抗日闘争に立ち上がるよう鼓舞した歌で、張寒暉の作詞・作曲になる。〈註3〉哀調に怒りを秘めたメロディーは若者の心を動かし、多くの若者たちが涙を流しながら歌った。

わが家は東北　松花江のほとり
そこには森林と鉱山　さらに山野に満ちる大豆と高粱《こうりやん》がある
わが家は東北　松花江のほとり
そこにはわが同胞《はらから》　そして年老いた父と母がいる
九・一八　九・一八　あの悲惨な時から
九・一八　九・一八　あの悲惨な時から
わが故郷を離脱し　無尽の鉱産物の宝を捨て去って

流浪　また流浪　関内をさすらいつづけている　流浪
いつの年　いつの月　私の愛する故郷へ帰れるのだろうか
いつになったら　あの無尽の鉱産物の宝をとり戻せるのだろうか
父や　母よ
いつになったら楽しく一堂に会えるのだろうか

松花江は日本の武装移民団や分村移民団の多くが入植した佳木斯・依蘭・方正・樺川などの地を流れて黒竜江（アムール河）に合流する大河である。「九・一八」は中国語で「チューイーパー」と言って、中国人ならば誰もが知っている、関東軍が柳条湖事件を引き起こし、満州事変・満州侵略を開始した日である。歌は、満州事変につづいた日本の満州開拓移民によって、松花江のほとりにあった故郷を追われ、関内つまり長城の内側の中国本土の各地を日本の侵略戦争を逃れて流浪している若者たちの悲しみを切々と歌ったのである。

## 土竜山事件

「侵略」の漢字は、「各々の田、すなわち農地を侵す、掠め取る」という意味であるが、漢字の原義のように、満州武装移民は、侵略者の典型であり、それをもたらした満州事変は侵略戦争であり、「満州国」は侵略国家であったと規定できる。

一九三四年にはいると、関東軍は、第一次・第二次武装移民の入植地域をさらに周辺に拡大しようと、依蘭・樺川・勃利の三県の土地買収を強制的におこなった（一一二頁地図参照）。第一〇師団が出動し、その監督の下に東亜勧業株式会社（満鉄の傍系会社）が、買収実務にあたった。土地買収価格は非常に低く、地券を出ししぶる農民には、兵隊が銃床で民家の壁を破壊し、なかに隠された地券をさがすなどの強圧的な手段をとった。

土地強制買収と同時に、関東軍は民間の武器回収を実施した。既述のように中国農村には伝統的に自衛団組織があり、紅槍会や大刀会などは民間信仰を紐帯《ちゅうたい》にした強力な武装自衛組織があった。反満抗日ゲリラの闘争に手を焼いた関東軍は、農民や民間から武器を強制的に取り上げようとしたのである。

土地を奪われ、村を追われ、武器まで奪われようとした農民たちの怒りは頂点にたっし、依蘭県土竜山地域の地主で自衛団団長であった謝文東を指導者にして、三四年三月、農民たちは東北民衆自衛軍を組織して決起、日本人武装移民団の駆逐をはかった。「謝文東起つ！」の報が依蘭、樺川県下に伝わると、たちまち各地の農民はそれぞれの武器を手に続々と参集した。自衛軍は銃をもったもの約七〇〇人に、槍や刀、鎌などをもった農民を合わせると約六、七〇〇〇人の大軍となった。

第二次武装移民団の千振村は自衛団の襲撃を受け、一時村を放棄して、鉄道駅のある湖南営まで避難したこともあった。その湖南営も、日本軍の第一〇師団が内地帰還で引き揚げて、交代の第三師団が内地から到着するまでの空白をねらった、謝文東軍の襲撃にさらされ、第二次武装移民団は壊滅の危機にさらされたほどだった。謝文東軍の勝利は、樺川・勃利の各県にもたちまちにして伝わり、約一万人の農民が日本人移民団撃滅を叫んで起ちあがった（土竜山事件）。

あわてた関東軍は、重機関銃や山砲などの近代兵器を備えた部隊を送りこみ、飛行機まで投入して爆撃、機銃掃射をおこない、謝文東軍の討伐をはかったが撃滅することはできなかった。謝文東はその後、中国共産党の指導下に三六年に組織された東北抗日連軍（後述）の第六軍（のち第八軍）の軍長として反満抗日遊撃隊を率いて、長期にわたり関東軍・満州国軍と戦いつづけたが、三九年三月、関東軍の帰順工作に応じて帰順した。

## 東北抗日連軍の抵抗

満洲事変直後から軍隊と民衆が自発的に起ちあがって繰りひろげた、各種義勇軍の反満抗日闘争も、大規模な兵力を投入した関東軍の周到な討伐作戦によって個別に鎮圧され、三二年九月には関東軍の発表で二一万人といわれた「匪賊」すなわち抗日義勇軍の勢力も、三五年一月までにはほとんど掃討された。

これにかわって、反満抗日闘争の主力となったのが、中国共産党が指導・組織した抗日遊撃隊による抗日遊撃戦である。

三二年以降、中国共産党満州省委員会は、各県の党組織に、抗日遊撃隊の組織化を指示した。いずれも隊員は三〇人から一〇〇人前後の小規模のものだった。抗日遊撃隊の編成と同時に、農民協会・婦女会・児童団・反日会などの大衆運動団体も活発に組織された。満州東部地域の反日会の会員は、三三年九月には一万一〇〇人に達したといわれる。

三三年一月、中国共産党中央から満州省委員会へ、日本の満州侵略に反対するあらゆる階級の人々を下から結集して、抗日民族統一戦線を結集することを指示した「一月書簡」が送られた。この書簡が満州の党組織に伝えられたのを契機に、共産党の民衆、農民の組織化工作は飛躍的に進展し、満州の反満抗日ゲリラ闘争は、農山村を基盤に強固なものに発展していった。共産党の指導する人民革命軍は、後方の農村、山村に遊撃隊根拠地をつくり、食糧・物資の供給をはかるとともに、簡単な兵器工場や軍需倉庫さらには医院まで建設した。

三六年一月、東北人民革命軍は東北抗日連軍と改称され、第一軍から第一一軍までを有する大勢力に発展した。前述したように謝文東の抗日ゲリラ部隊も東北抗日連軍の傘下に入った。また、この抗日ゲリラ闘争には、満州の朝鮮人も参加し、満州北部に韓国独立軍、満州南部に朝鮮革命軍が組織され、朝鮮との国境を接する間島《かんとう》地方ではその活動が活発であった。朝鮮民主主義人民共和国（北朝鮮）の建国指導者となる金日成も、このころ、抗日パルチザン部隊を組織、満州における朝鮮人の抗日民族統一戦線組織であった祖国光復会（在満韓人祖国光復会）を指導、抗日連軍の朝鮮人武装部隊とともに満州、沿海州一帯で抗日闘争を展開した。金日成は四〇年代に入り、日本軍の追撃が激しさを増すとソ連領に難を避け、四二年から極東ソ連軍第八八独立狙撃旅団の第一隊長となり、四五年九月、ソ連軍とともに平壌に進駐することになる。

三六年から三七年にかけて東北抗日連軍の活動はもっとも発展し、南は長白山・鴨緑江岸、北は小興安嶺の山麓、東はウスリー江西岸、西は遼河にいたる広大な地域にゲリラ活動をくりひろげ、その総兵力は約三万人を数えた（鈴木前掲書）。

三三年夏から三六年はじめにかけて、各地の抗日遊撃隊を基礎に、第一軍から第六軍までの東北人民革命軍があいついで成立した。なかでも三三年九月一八日に編成された東北人民革命軍第一軍は、楊靖宇が軍長兼政治委員をつとめ、東北人民革命軍の中心となった。一九〇五年に河南省に生まれた楊靖宇は、一九二〇年代の国民革命には中共党員として農民運動を指導、二八年には中共の河南省委員会の活動中、前後三度、国民党の弾圧を受けて投獄された経歴をもつ。

## 5　満州における治安戦

共産党の指導による反満抗日闘争の新たな展開は、日本の「満州国」支配を根底から揺るがすものとして、関東軍と「満州国」政府の治安当局に深刻な脅威をあたえた。そのため、それまでの武力討伐に加えて、あらゆる治安政策を駆使して抗日勢力の一掃にのりだした。満州の日本人は抗日ゲリラを「匪賊《ひぞく》」と蔑称したが、共産党の抗日ゲリラを「共産匪《きょうさんひ》」「共匪《きょうひ》」と呼んで恐れた。

三五年九月、後にアジア太平洋戦争開戦時の首相となる東条英機が少将として関東憲兵隊司令官兼関東局警務部長に就任してきた。東条はすぐに満州の共産党勢力の一掃をめざし、満州共産党ならびに親ソ・通ソの人物の弾圧を各憲兵隊に厳命した。共産党の撲滅に執念を燃やした東条関東憲兵隊司令官の指令下に、全満州の各憲兵隊は、隷下の各分隊、分遣隊を総動員して、三六年六月、共産党員および重要シンパ、親ソ・通ソの容疑者の一斉検挙をおこない、合計約三〇〇〇人を逮捕した。この一斉検挙によって満州共産党は壊滅状態におちいり、東北抗日連軍の活動も重大な打撃をうけた。東条はこの功績を認められて中将に昇進、三七年三月には関東軍参謀長となって、関東軍の治安粛清作戦（以下、治安戦）を指揮した。治安戦とは日本軍側の言い方で、日本軍が確保した占領地の統治の安定確保を実現するための戦略・作戦・戦闘・施策などの総称である。

関東軍と「満州国」軍隊・警察が推進した治安戦は、武力討伐と並行して保甲制度の普及と徹底、「匪民分離」（民衆と抗日ゲリラの分離）のための集団部落の建設、民間人の銃器・弾薬の回収、宣撫工作など多岐にわたった周到なものだった。

保甲制度は、中央・地方の警察機構を整えながら、戸口調査をおこない、およそ一〇戸を一牌《ぱい》とし、一〇牌を一甲、一〇甲を一保と定めて住民を登録して、私生活まで監視・統制した。牌の住民には厳しい連座制を負わせて、住民が抗日運動へ参加、支援しないように相互監視をさせた。「匪民分離」として、抗日ゲリラの武器・食糧の供給源となった村落を焼き払い、破壊して無住地帯（無人区）を設定し、住民を強制的に集団部落に移住させ、ゲリラと民衆を分離・隔離した。集団部落の周囲は鉄条網・壕・土壁で囲み、四隅に見張り塔と砲台を築き、ゲリラ部隊の侵入にそなえた。抗日活動家の潜入や食糧や物資の搬出を防ぐため、門で厳しい検問をおこない、集団部落の住民には良民証や通行証などを交付し、それらを所持しないものは即決で処刑した。

反満抗日ゲリラが武装できないように、農民や民間人が自衛のために所持していた銃器・弾薬の有償回収を推進するいっぽう、隠匿武器の没収を強行した。また、民心を掌握するための思想宣伝工作、復興事業、医療班の派遣や収穫の援助などの宣撫工作にも力をいれた。さらに、抗日連軍の将兵を帰順させるための巧妙な反共宣伝と思想工作をおこない、前述のように謝文東らの帰順工作に成功した。

集団部落の建設によって抗日ゲリラと農民との連絡が遮断されたため、ゲリラ部隊への糧道が断たれたことは、抗日連軍の戦闘力を大きく減ずることになった。

一九三九年一〇月から関東軍約五〇〇〇人、「満州国」軍隊・警察約二万人を投入して、大規模かつ周到におこなわれた討伐作戦は、反満抗日勢力にたいして壊滅的な打撃をあたえた。最後まで闘争を堅持した楊靖宇率いる東北抗日連軍第一軍約三〇〇〇人も、徹底した「匪民分離」工作によって糧道を断たれ、最後には部隊単位で行動することが困難になり、分散して討伐作戦圏外への脱出をはかったが、四〇年二月、楊靖宇は討伐隊と銃撃戦の末、射殺された。そのとき、楊靖宇の胃袋には、食べ物代わりに食べた皮のバンドしか入っていなかったという。

## 「もうひとつの満洲」

関東軍が「満州国」軍隊・警察を利用、動員して容赦なく遂行した治安粛清作戦によって、反満抗日武装闘争がほぼ壊滅させられると、日本人の満州移民は武装移民にかわって、分村移民が主流となった。日本の村を母村として、母村から集団的に移民を組織して送りだし、満州の入植地に母村と同じ村名をつけて分村としたのである。これにより、母村の農家戸数・人口が減るので、母村の一戸あたりの耕地面積が増大することになり、母村の更生も図れるので、満州の分村と日本の母村も豊かになるので一石二鳥と考えられた。三六年には広田弘毅内閣は、二〇年間に一〇〇万戸を移民として送り出す計画を国策として決定し、以後、毎年多数の「満蒙開拓移民」が組織的に送りだされた。

四五年の日本の敗戦時には、満州開拓移民は一〇万六〇〇〇戸で三一万八〇〇〇人（約七万八五〇〇人）を数えた。（　）の数字は、日本が降伏した四五年八月一五日以降、日本に引き揚げてくるまでの間に、戦死・自決・病死・餓死・凍死などで死亡した日本人の数である。日中戦争の長期化とアジア太平洋戦争への突入にともない、成年男子が根こそぎ召集されて広大な戦地に送出されたのと、総力戦体制下に軍需産業を中心に多方面に労働力が必要となったため、もはや成人移民が困難となった結果、数え年一五〜一九歳の少年による満蒙開拓青少年義勇軍の送出がおこなわれ、戦争末期には満蒙開拓青少年義勇軍が移民の主力となった。「鍬の戦士」と喧伝された満蒙開拓青少年義勇軍制度は、日中戦争の長期化にともない、三八年に発足した。全国の学校から募集により集められた団員たちは、茨城県の内原訓練所で三カ月の兵士・農民移民としての集団生活訓練を経て満州へわたり、現地訓練所でさらに三カ年の農事訓練と軍事訓練を受けたのち、四一年に第一次団がソ連国境沿いに入植したのを皮切りに、毎年つづけられ、四五年には第五次が入植した。未墾地の「開拓」ではなく、中国人の耕地を取り上げて入植地としたのは、他の満州開拓移民と同じである。「満蒙開拓青少年義勇軍は、兵農植民部隊であり、日本軍国主義が仮想敵としてのソビエト軍に備えた第一線兵力の扶植工作であった」（上笙一郎『満蒙開拓青少年義勇軍』中公新書）。

内原訓練所の送出名簿によれば、満州へ送りだされた義勇軍の総数は八万六五三〇人（うち約二万四二〇〇人死亡）にたっした。

アジア太平洋戦争の最後の年である一九四五年に満州に居住していた日本人全体の数は約一五五万人（うち約一七万六〇〇〇人死亡）であった（上笙一郎前掲書）。


ルーズベルト・チャーチル・スターリンによるヤルタ会談（四五年二月）の際に結んだ対日参戦の密約にもとづいて、ソ連が四五年八月八日に日本にたいして宣戦布告をおこない、翌九日から国境を越えて、満州へ侵攻してくるソ連軍を前にして、関東軍幹部と「満州国」の日本人幹部らは、いち早く朝鮮、そして日本内地へと引き揚げていった。そのため、関東軍と「満州国」政府ならびに日本政府に見捨てられ、置き去りにされた、膨大な日本人が犠牲となって死亡した。また、引き揚げできない極限の状況のなかで、残留というより残置され、中国人の養父母に育てられた残留孤児、やむを得ず中国人と結婚して生き延びた残留婦人が約四五〇〇人もおり、戦後もさまざまに厳しい体験を強いられたことも忘れることはできない。

満州にいた日本人の敗戦直後の悲劇は、ソ連軍の捕虜となってシベリア抑留を強いられた日本軍将兵の悲惨な体験とともに、多くが繰りかえし、語られてきた。しかし、そうした悲惨な「被害体験」をした日本人が、「満州国」時代は、中国人にたいしては「加害者」であった側面は、多くの日本人には自覚的に認識されていない。

ノンフィクション作家の澤地久枝は、三〇年に東京で生まれ、大工職人であった父が、不況下の日本では生活できなかったため、当時の多くの日本人がそうしたように、生活難の解消を求めて満州へ渡った。澤地の父は、最初新京（現在の長春）に住み、郵便局員の仕事をしたのち、採用試験に合格して、南満州鉄道株式会社（満鉄）の吉林鉄路局員となった。そして、一家はささやかながら日本では見出せなかった安定した生活を得ることができたのである。四五年八月に吉林高等女学校三年生で敗戦をむかえた澤地は、一年間の難民生活を経て、四六年八月、葫蘆島から引き揚げ船で帰国した。

澤地久枝『もうひとつの満洲』（文藝春秋）は、ノンフィクション作家となった澤地が、一九八一年に旧満州の地を訪ねて、東北抗日連軍の指導者であった楊靖宇の反満抗日闘争の足跡をたどったルポルタージュである。「もうひとつの満州」とは、澤地もふくめて、「満州国」に生活していたほとんどの日本人が見ようとしなかった、中国人被害者の立場から見た「満州国」なのである。

「子供であった私自身をふくめて、わが家は『反満抗日』を生涯の事業とした中国人にとって、敵の側に位置していたことになる。歴史の容赦ない表現を用いるなら、侵略者、加害者なのである。その土地での身分の低さ、あるいは主観的な善意や無知などの情状酌量は通用しない」「楊靖宇に代表される生と死をぬきにして『満州』は語れない」という思いから、澤地は『もうひとつの満洲』を著わした。それは、本章で詳述した日本人として〝これだけは知っておきたい〟満州事変と「満州国」の歴史と重なるものである。

**【註】**

〈1〉川島芳子は、清朝の王族粛親王善耆の第一四王女として生まれ、愛新覚羅顕玗または金璧輝と名乗った。一九一三年満蒙独立運動家で清朝復辟《ふくへき》運動をおこなっていた右翼の川島浪速の養女となり、川島芳子を名乗る。長野県の松本高等女学校（現在、松本蟻ケ崎高等学校）を卒業、やがて清朝再興（復辟）をめざして、日本の軍部や右翼の満蒙独立工作に参加するようになった。一九三〇年に上海にわたり、軍服などの男装をして「女間諜X14号」として諜報活動に従事、田中隆吉らと活動をともにするようになった。日本の敗戦後、一九四五年一一月に「漢奸」（漢民族の裏切り者）として逮捕され、四八年三月に銃殺刑に処された。

〈2〉当時子どもで、凄惨な虐殺現場から辛うじて生き残った三人が原告となって、一九九六年八月、日本政府にたいして損害賠償請求訴訟を起こした。この訴訟を日本の弁護士たちが平頂山事件訴訟弁護団を結成して進め、日本の市民団体も支援した。しかし訴訟は、二〇〇二年六月に東京地裁で、二〇〇五年五月に東京高裁で、それぞれ敗訴判決を受け、最終的には二〇〇六年五月に最高裁で敗訴が確定した。判決では、平頂山事件の歴史事実を認定したが、日本の法律では、戦争における民間人の犠牲について国家は賠償責任がないという「国家無答責」と、すでに事件から半世紀以上経過しているのですでに時効であるという「除斥《じょせき》期間」を理由にして損害賠償請求を棄却した。

〈3〉張寒暉（一九〇二〜一九四六）は、北京の芸術専門学校を卒業、国民革命時代に共産党員となり、満州事変以後、抗日救国会運動を指導、抗日戦争が開始されると劇団を率いて農村に入り、抗日宣伝活動に従事した。抗日文芸活動のなかで、抗日歌曲の作詞・作曲をおこない、そのなかでもっとも広く愛唱されたのが「松花江上」であった。

# III

# 日中戦争はどのように準備されたか

## 1　二・二六事件と軍部強権政治体制の確立

### 天皇の軍隊の特質

ロンドン海軍軍縮条約をめぐり、政友会がパンドラの箱を開けてしまった天皇統帥権とそれを干犯《かんぱん》したとして民間右翼テロによる民政党浜口雄幸《おさち》首相の殺傷、さらに五・一五事件を引き起こした軍部右翼テロによる政友会犬養毅首相の暗殺により、政党政治の命脈はたたれ、統帥権を盾にした軍部強権政治が強められた。

日本の軍部は陸軍と海軍からなり、陸軍の中央機関は参謀本部と陸軍省、のちに教育総監部が天皇直属となって加えられ、それぞれ、軍令・軍政・教育を分掌する三元制となった。参謀本部は、天皇に直属して、主として国防および用兵事項を担当した陸軍の軍令統括機関であり、陸軍省は陸軍の軍事行政をつかさどり、陸軍大臣（陸相）は行政権を担当する最高機関である内閣の閣僚であった。

海軍の中央機関は軍令部と海軍省からなっていた。軍令部は、天皇に直属し、国防方針、作戦計画の作成、軍備拡充計画や出兵準備など、戦争指導の業務を担当した。海軍省は海軍軍政すなわち海軍全般の行政事務を掌る中央機関で、海軍大臣（海相）は内閣の閣僚であった。

陸軍中央の要職は、陸軍士官学校―陸軍大学校という軍人エリート教育を受けてきた将校たちによって独占された。同じく海軍中央の要職も、海軍兵学校―海軍大学校というエリート教育を受けてきた将校たちが独占した。陸軍は東京の市ヶ谷にあった陸軍士官学校（陸士）、海軍は広島の江田島にあった海軍兵学校（海兵）と、同一の学校を卒業したものによって上層幹部を独占し、天皇の統帥権に保証されて、軍国日本の特権階級を形成した。陸士、海兵とも中等学校を卒業して受験したが、陸軍には陸軍幼年学校から陸士へ進むエリートコースがあった。

参謀本部・陸軍省ならびに軍令部・海軍省にわたる軍中央の要職を独占したのは、陸軍大学校卒と海軍大学校卒にほぼ限られた。両大学校とも、陸士、海兵を出て、一定期間現場で士官経験をした者のなかから、優秀な者が選抜されて受験した。日中戦争の長期化による軍隊の大膨張にともない、陸軍将校と海軍士官養成の学校が増設されたが、基本的には、陸軍将校は士官学校卒、海軍将校は兵学校卒とされたので、日本の軍隊は、陸軍士官学校と海軍兵学校とそれぞれただ一つの学校の卒業生によって幹部、指導層を形成した。陸軍も海軍も上意下達、上官に絶対服従の厳格で細かい位階制度を定めたので、多くの軍人が出世して位階を昇りつめることを生涯の目的とした。昇進には陸士第〇期、海兵第〇期といわれた入学年度にもとづく年功序列制と卒業時の成績順位が基準となったことにおいて、官僚組織そのものであった。

ピラミッド型の陸海軍中央組織において、頂点にあって国策としての戦争を指導したのは、人数の限られた超特権幹部であり、かれらは陸士・大学校、海兵・大学校の同期か前後する成績優秀の同窓生仲間であり、大なり小なり知己の間柄だった。そのため、日本の戦争指導、作戦指導の中枢である参謀本部や軍令部では、作戦計画が失敗し、兵員の大被害が出ようとも、参謀本部内あるいは軍令部内の馴れ合いの構造によって責任を追及され、処罰されることはほとんどなかった。その結果として、本書で詳述するように、同様な過ちを繰り返すことになってしまったのである。

さらに恐ろしいのは、ピラミッド型軍官僚機構の中間部を構成した職責に忠実な中堅将校層の役割であった。これらの官僚化した中堅幹部層は、国家の命運よりも陸軍・海軍の組織的利益をはかるために、戦争を利用した軍備拡張を最優先に考え、特定の職務上の使命感から、戦備の促進、作戦の立案、戦争準備に没頭したのである。

陸軍・海軍とも、エリート意識・同窓意識で結ばれた中央集権的な官僚的組織であったが、一枚岩ではなく、大きくは陸軍と海軍が中央から末端まで対立し、陸軍中央においても参謀本部と陸軍省の対立があり、海軍中央でも軍令部と海軍省の対立があった。中央官庁が各省の省セクショナリズムにもとづいて対立・対抗し、省間の横の連携・協力に抵抗を示した日本の官僚組織構造と共通していた。

本書で述べてきた歴史的経緯をたどり、統帥権の保証によって、政界やマスコミさらに国民の批判に晒されない特権的官僚組織となった日本の軍中央では、つぎのような特徴を備えた強権政治体制が築かれるようになった。それは、軍中央幹部内における派閥の形成と派閥抗争の展開である。そして、熾烈な派閥抗争の結果、「勝ち組」と「負け組」が生じ、「勝ち組」が以後の戦争政策や戦争開戦を主導することになった。

軍中央における派閥の形成と抗争は、ロンドン海軍軍縮条約の調印と批准をめぐって海軍内に形成された「条約派」「軍政派」と反条約派の「統帥派」「艦隊派」との抗争があり、本書で詳述するように、後者が「勝ち組」となった結果、日本はアジア太平洋戦争への道を歩むことになった。海軍内には、仮想敵の対米決戦にそなえた海軍軍備拡張をめぐって形成された「巨艦主義者」の「艦隊派」と「航空兵力派」との対立があり、両派が競り合いながら海軍軍備大拡張をはかっていくことになる。

また、陸軍内では、次章で述べる盧溝橋事件への対応をめぐって形成された「拡大派」と「不拡大派」の抗争があり、前者が「勝ち組」となって日中全面戦争へ突入していった。

派閥抗争はだいたいにおいて、戦争政策、作戦立案、戦争指導などをめぐって、強硬派と慎重派が対立する構図が一般的であった。そうした場合、戦争をするのが本務の軍部の本質上、大言壮語的に強硬論を主張し、人格的にも攻撃的な人物が派閥の牽引者になり、多数の沈黙派を統御して「勝ち組」になっていった。もうひとつは天皇の軍隊の特質として、天皇や伏見宮軍令部長（後総長）などの寵臣となって、派閥抗争の「勝ち組」となるケースである。具体的な事例は本書で述べていくが、陸海軍中央における派閥の形成と抗争によって、合理的な戦争政策と戦争指導が妨げられたことはいうまでもない。

## 皇道派と統制派の抗争

満州事変・「満州国」樹立・五・一五事件・国際連盟脱退などの諸事件をとおして、軍部強権体制が強化されるなかで、陸軍部内に内外政策をめぐって皇道派と統制派の派閥が形成され、その抗争がしだいに激しくなった。

皇道派は、犬養内閣の陸軍大臣であった荒木貞夫大将ならびに参謀次長や教育総監をつとめた真崎甚三郎大将らが中心となって形成された派閥で、テロ・クーデターなどの非合法的手段を用いても政党政治を打倒し、天皇を中心に国家を改造することを主張、対外的には強い反ソ反共感情をいだき、対ソ連主敵論をとなえ、対ソ戦を第一義とする戦争準備を進めようとした。

これに対抗して統制派は、陸軍参謀本部第二部長や陸軍省軍務局長をつとめた永田鉄山少将が中心となって形成された派閥で、陸軍の統制をはかり、国家総動員体制の構築を足がかりに軍の権力を拡大することで国家の改造をはかることを主張、対外的にはソ連主敵に同意したが、対ソ戦のためにはまず「満州国」の完成につとめ、中国を屈服させなければならないと主張した。

満州事変のさい朝鮮軍司令官として朝鮮軍を独断で越境させた林銑十郎大将は、三四年一月に荒木陸軍大臣の病気退陣をうけて陸相に就任すると、永田鉄山を陸軍省軍務局長に起用して、皇道派を陸軍中央から一掃しようとした。三五年七月には皇道派の頭目であった真崎甚三郎を教育総監から更迭し、林の盟友であった渡辺錠太郎大将を後任に任命した。教育総監は、参謀総長・陸軍大臣とともに陸軍の三長官と呼ばれた重要なポストであった。皇道派は永田鉄山をこれらの皇道派追放の元凶とみなして怒りをつのらせるなか、三五年八月一二日、歩兵第四一連隊（福山）の相沢三郎中佐が上京して陸軍省におもむき、軍務局長室で執務中の永田鉄山をいきなり軍刀で殺害した（永田事件とも相沢事件ともいわれる）。

皇道派青年将校らの不穏な動きにたいして陸軍当局は、荒木陸相のもとで陸軍次官をつとめた皇道派の柳川平助第一師団長を三五年一二月二日付けで台湾軍司令官に転出させ、皇道派青年将校の最大の牙城であった第一師団（東京）の満州派遣を決定して三六年二月二〇日に公表した。皇道派の妄動を押さえようとしたこの措置は、青年将校らに「昭和維新」の決行をさせることになった。

## 二・二六事件

三六年二月二六日早暁、大雪に見舞われた東京で、皇道派青年将校は、東京の陸軍部隊約一四〇〇人の兵力で、「尊皇討奸《そんのうとうかん》」「昭和維新」を合言葉にクーデターを決行した。決起部隊は首相官邸などを一斉に襲撃し、斎藤実内大臣・高橋是清蔵相・渡辺錠太郎教育総監らを殺害、鈴木貫太郎侍従長に重傷をおわせ、首相官邸・陸軍省・参謀本部・警視庁など永田町一帯を占領した。岡田啓介首相は、当初殺害されたとみられたが、私設秘書をしていた義弟が顔つきがよく似ていたので岡田と人違いされて殺され、岡田首相は女中部屋の押し入れに隠れて難を逃れた。

青年将校たちのいう「昭和維新」とは、英米協調派政治勢力と統制派軍事官僚などを打倒し、天皇親政のもとに対ソ戦を決行できる軍事国家を建設することであった。かれらは、天皇が自分たちの決起を理解・共感してくれるにちがいないと思い込み、「決起趣意書」の上奏→天皇の「昭和維新大《たい》詔《しょう》」の渙発→真崎甚三郎大将への大命降下と暫定内閣の組閣という事態の展開を期待した。真崎大将らもこの線で行動し、陸相官邸に呼ばれた真崎は「とうとうやったか、お前達の心はヨヲッわかっとる、ヨヲーッわかっとる」などといった（江口圭一『十五年戦争の開幕』小学館）。このとき、古荘《ふるしょう》幹郎《もとお》陸軍次官、山下奉文《ともゆき》軍事調査部長も呼ばれており、陸軍中央には反乱同調者がいた。荒木貞夫大将や真崎らはクーデター部隊を「維新部隊」と呼んだ。

しかし、昭和天皇は重臣らを殺害され、自らの統帥権を犯されたことに激怒して、武力鎮圧を命じた。青年将校らが絶対の存在として崇める天皇から反乱軍とみなす奉勅命令が出されるにおよんで、決起部隊内に混乱と動揺がはしり、クーデターは無血で鎮圧され、首謀者の青年将校らは検束された。さらに皇道派青年将校の理論的指導者だった北一輝《きたいっき》・西田税《みつぎ》らも逮捕された。

二・二六事件の裁判は緊急勅令により一審制・非公開・弁護人なしの東京陸軍軍法会議が特設され、法廷は代々木練兵場内に急造された。裁判は、事件発生直後に陸軍中央がとった反乱容認の対応をかくすため、事件を北一輝や西田税らの外部勢力に扇動された少数の矯激な青年将校らの妄動であるとし、かれらに厳罰主義で臨んだ。このため、北や西田らが反乱軍の主導者にしたてあげられた。被告に発言の機会すら満足にあたえない暗黒裁判の結果、三六年七月五日、青年将校ら一七人に死刑の判決が言い渡され、七月一二日に一五人が銃殺刑に処された。北・西田は翌三七年八月一四日に死刑判決をうけ、前年に死刑判決をうけていた二人の将校とともに銃殺された。

真崎甚三郎大将は「反乱者を利す」罪の容疑で起訴されたが、軍法会議は証拠不十分で無罪の判決を下した。前述した、陸軍士官学校、陸軍大学校の同窓意識で結ばれた軍部トップのエリートたちは、大なり小なり先輩・同期・後輩などの知己の関係にあり、特権的馴れ合いの構造により、軍部上層の権威を失墜させないため、またかれら相互の自己保身のため、指導者の過誤の責任を追及し、厳罰に処するということはしなかった。

二・二六事件の鎮圧によって「勝ち組」となった統制派は〝粛軍〟と称して、荒木貞夫大将、真崎甚三郎大将ほか皇道派の大将・中将・少将らを予備役に編入し、皇道派勢力を一掃した。また、二・二六事件において襲撃の標的にされた「ワシントン体制」維持派である英米協調派も大きな打撃をうけて減退した。こうして軍部主流となった統制派は、事態をカウンター・クーデターとして利用し、その軍部威圧効果を最大限に利用して、日本国内の英米協調的ないし自由主義的勢力を屈服させ、軍部強権体制を確立した。

いっぽう、海軍は、二・二六事件で殺害された斎藤実内大臣、重傷を負った鈴木貫太郎侍従長さらに殺害されたと伝えられた岡田啓介首相がともに海軍軍人であったので、はげしく憤慨し、軍令部総長伏見宮博恭王《ふしみのみやひろやす》のもとに断固鎮圧の方針をとり、横須賀から陸戦隊を呼び寄せ、連合艦隊を東京へ急行させるなどした。その海軍は、事件が国内政治にたいしてもった軍部威圧効果を利用して、海軍軍備の大拡張を推進した。

事件によって倒れた岡田啓介内閣に代わった広田弘毅内閣は、組閣のときから軍部の圧力のもとにおかれ、ほとんど軍部のロボット内閣のようであった。加えてこのとき、陸海軍大臣・次官は現役の軍人が就任するという現役制が復活させられたので、首相や内閣が軍部の意向に反した場合は、陸相、海相を引き上げたり、任命しなかったりすることで、軍部が内閣の死命を制することになった。軍部強権政治体制の確立である。

## 2 陸軍の華北分離工作の推進

### 華北の「第二の満州国」化構想

二・二六事件より一年前の一九三五年、関東軍と支那駐屯軍は、当時「北支自治工作」と称したが、華北を国民政府から分離して日本の支配下におくために、傀儡政権を樹立する工作を開始した。いわゆる華北分離工作である。支那駐屯軍は、義和団戦争に勝利した連合八カ国が、清朝を脅迫して、一九〇一年の北京議定書において、北京公使館所在区域内および北京と海港のある天津をつなぐ交通線および特定地域内に、居留民保護の名目で、列国の軍隊の駐留を認めさせた。駐屯権をえた各国は、兵数と守備担任区域について協定し、日本軍一五七一人、アメリカ軍一二二七人、フランス軍一八二三人、イタリア軍三二八人がそれぞれ割り当てられた。日本はその軍隊を、清国駐屯軍として発足させたが、辛亥革命後の一三年に支那駐屯軍と改称し、司令部を天津においた。三五年五月には、北京と天津にあわせて一七七一人の守備隊が駐屯していた。

華北分離工作の目的は、関東軍司令部の「北支問題について」（一九三五年一二月）という文書に「北

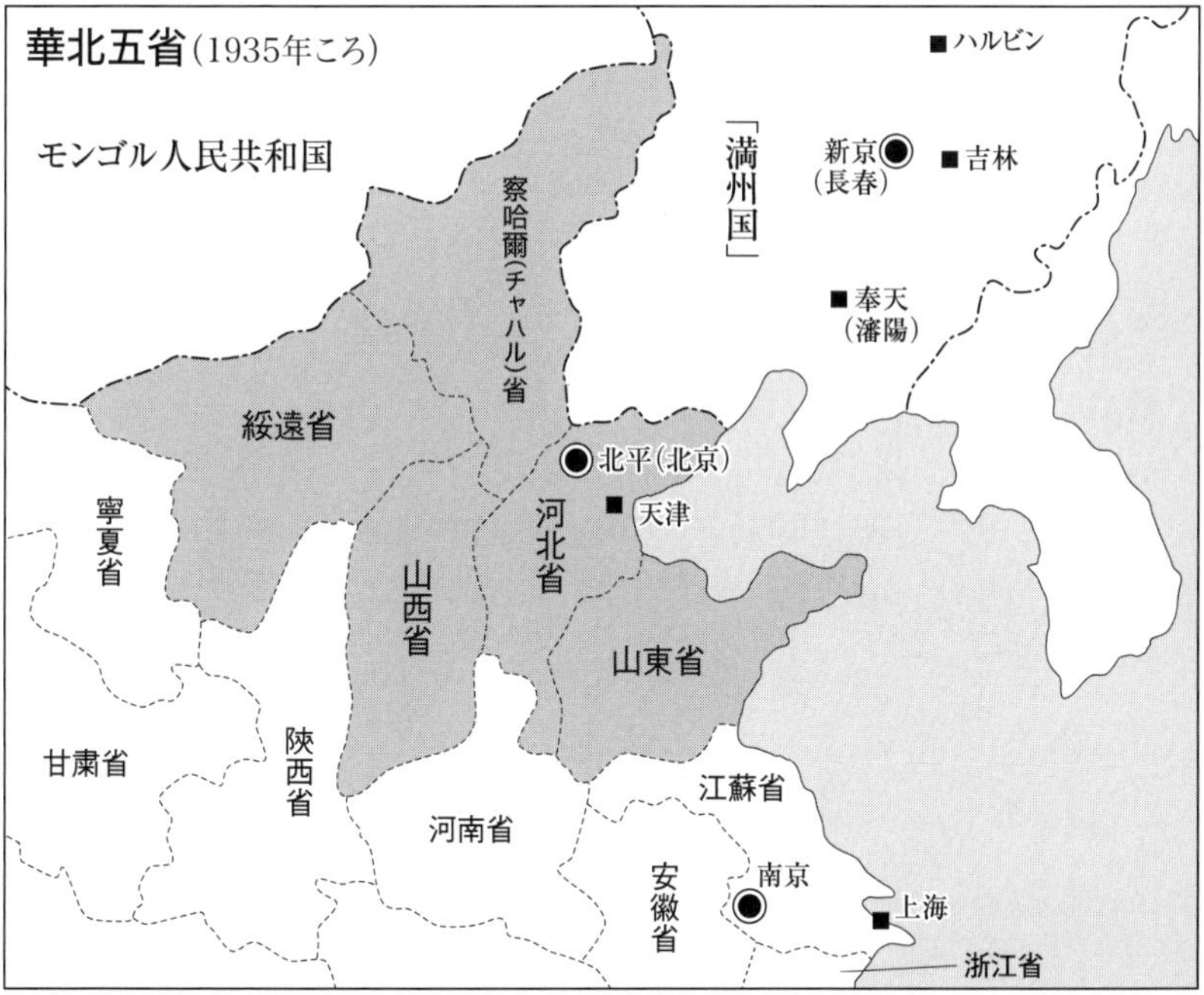

華北五省（1935年ころ）

支に存する鉄、石炭、棉花、塩等の資源開発に依りて日満北支の自給自足を強化せしむる」と書かれていたように、華北の豊富な資源を獲得し、日本と満州の経済圏をさらに華北をふくめて拡大することであった。当時、日本軍当局が考えた「北支那」「北支」つまり華北とは、河北省を中心に察哈爾《チャハル》・山東・山西・綏遠《すいえん》省の五省をさした。日本は華北を「第二の満州国」化する構想を考えたのである。

満州事変、「満州国」建国、国際連盟脱退によって、英米との対立をふかめた日本は、いずれ可能性のある英米との戦争に備えて、国家総力戦の準備をすすめる必要を考えた。また、満州の資源も、経済開発がすすむにつれ、期待したほど十分ではないことが明らかになったので、華北の資源と市場にたいする日本の欲望は切実となった。いっぽう、ソ連が第一次五カ年計画を達成、農業集団化も達成して、社会主義国家としての経済力を強化し、ソ連を仮想敵にして北進論を唱える関東軍の満州支配強化に対抗するために、極東ソ連軍の兵力として、飛行機や戦車を主力とする機械化部隊を増強していたこともあった。これに対抗するためにも日本は、華北を支配して膨大な戦略物資を確保することを考えたのである。

日本は、対中国謀略者として知られる土肥原《どいはら》賢二奉天特務機関長が中心となって、北支自治政権樹立工作を進め、三五年一一月二五日、通州に殷汝耕を委員長とする冀東《きとう》防共自治委員会（後に冀東防共自治政府と改称、冀は河北省の別称）を設立した。殷汝耕は浙江省出身で日本に留学、早稲田大学政経学科を卒業、日本人の妻をもつ親日政治家であったが、戦後、国民政府により〝国賊〟として処刑された（土肥原賢二も東京裁判において、A級戦争犯罪人として死刑に処せられた）。「現地に於ける北支処理の主宰者は実質的にも支那駐屯軍とす」と陸軍次官からの指示（一九三五年一一月二六日）（註1）にあるように、冀東防共自治委員会は日本の傀儡政権であった。

ここで、日本が満州・華北、さらに全中国の軍事侵略を正当化するために使用した〝防共〟〝赤化防止〟という表現についてふれておきたい。日本は張学良政権を「ソ連の走狗、英米の傀儡」とレッテルをはって、満州事変を日本国民に正当化しようとした。また前述したように、共産党が組織した東北抗日連軍のゲリラも「共匪《きょうひ》」と蔑称した。今回の「冀東防共自治政府」は、ソ連がモンゴル人民共和国を衛星国家にして日本の〝生命線〟である満蒙を包囲、「満州国」では東北抗日連軍をはじめとして満州共産党の活動が浸透、さらに中国国内でも共産党が抗日運動を組織して影響力を拡大しているので、そうした共産党勢力の浸透を防ぐという意味である。後に日中戦争がはじまると、ソ連の蔣介石政府援助を「ソ連の中国赤化政策」と称し、蔣介石政府を「赤魔ソ連の手先」とまで、声高に叫ぶようになる。

本書第Ⅰ章で述べたように、戦前の日本は厳格な治安維持法体制下にあり、国体＝天皇制に反対する共産主義思想を徹底的に弾圧するとともに、国民にたいして、ロシア革命は皇帝家族を処刑した暴力革命であり、ソ連は階級思想によって反革命とみなした者は容赦なく粛清して恐怖政治をおこなっている、共産主義は悪であり、危険思想であるという思想教育を徹底しておこなった。またソ連はコミンテルン（共産主義インターナショナル）を通じて、世界に暴力革命＝赤色革命を広めようとしているなどと恐怖心を煽る報道、教育をおこなった。赤色（アカ）は共産党や社会主義国家がシンボルとして赤旗を用いたことなどに由来する。このため、天皇制の日本においては、反共・反ソ意識が国民の骨の髄まで浸透するほどに根強いものになった。それがエスカレートして、一般国民は、天皇制や日本の政治体制に同調しないで、懐疑的・批判的な人たちにたいして「アカ」というレッテルをはって忌避し、さまざまな社会的差別を平然とおこなうまでになった。

話をもとにもどすと、国民政府は冀東防共自治委員会に対抗して、三五年一二月一八日、北京（国民政府時代は首都が南京であったので北平といった。しかし、本書では引用文中以外では北京という呼称を使う）に宋哲元を委員長とする冀察《きさつ》政務委員会（察は察哈爾《チャハル》省を指す）を設立させた。宋哲元は国民革命軍中央の直系ではなく、傍系の国民革命軍第二九軍長として、河北省とチャハル（察哈爾）省に勢力基盤をもっていた軍人である。冀察政務委員会は、蒋介石の巧妙な対日妥協策によるもので、国民政府からは自立して河北省・チャハル省・北京・天津を支配下においた地方政権であった。蒋介石は当時、「安内攘外」政策をとっていたので、傍系の地方軍閥を日本軍の矢面にたたせたのである。「安内攘外」政策とは、まず「安内」すなわち、中国国内の敵対する革命政権である中国共産党のソビエト政権（一九六頁参照）の撲滅を優先して全力を投入し、それが成功したあとに「攘外」すなわち、日本の侵略軍と戦って追い出すことに傾注する、という戦略であった。

そのため、日本の支那駐屯軍当局が華北分離工作のために、交渉あるいは対抗する相手は国民政府ではなく、宋哲元の冀察政務委員会となった。宋哲元は日本側の要求にたいし、経済権益などで小さな譲歩をしながら、「華北自治」「共同防共」などの重要要求には交渉回避や引き延ばし政策をとった。

冀東防共自治政府は名前のとおり「満州国」と隣接する河北省の東部を支配領域とし、冀察政務委員会は名前のとおり、河北省から内蒙古のチャハル省を支配領域としたので、河北省に二つの政権が並存するかたちになった。この二つの政権を利用して、日本の資本・企業の華北進出が促進され、三五年一二月には、華北・華中の経済開発機関として、満鉄の全額出資による興中公司（社長十河《そごう》信二、戦後第四代国鉄総裁）が設立された。

三六年一月一三日、日本政府は、「自治の区域を北支五省（河北・チャハル・山東・山西・綏遠）を目途とするも……先ず冀察二省（河北・チャハル）および平津（北平・天津）二市の自治の完成を期す」という「北支処理要綱」を決定した。(註2) それは、華北五省を国民政府から分離させる方針を決定し、まずは冀察政務委員会の支配領域から実行するために、宋哲元をとおして「指導」するというものであった。

日本政府の決定をうけて、東洋紡・鐘紡などが華北に工場を新設したのをはじめ、日本企業がなだれをうって華北に進出した。日本は冀東防共自治政府に、国民政府の定める関税率の七分の一から四分の一の低率の輸入税を設定させ、冀東特殊貿易と称した。実態は密貿易である。密貿易で持ち込まれた安価な日本商品が大量に、華北だけでなく上海など華中にまで進出するようになり、中国の民族産業に大きな打撃を与えた。さらに冀東は日本人によるヘロインを中心とする麻薬の密造・密輸・密売の舞台となった。

## 日本側がつくった盧溝橋事件の構図

二・二六事件を利用した軍部強権体制の強化にともない、三六年四月一七日、広田弘毅内閣は陸軍の要請どおりに、支那駐屯軍をそれまでの一七七一人から五七七四人と三倍以上に増強することを決定した。陸軍はその理由を、華北分離工作の進展にともなって増大した在留日本人を、華北における共産党の脅威の増大から保護するためであると発表した。

日本が列国の了解もえずに、支那駐屯軍を一挙に増強したことは、日本が華北の「第二の満州国」化をもくろんでいるという危機意識を中国国民に抱かせ、学生運動を先鋒にして、抗日救国運動をいっそう激化させ、本章４節で述べる西安事件の要因になっていく。

支那駐屯軍の増強の結果、北京には新たに歩兵旅団司令部と歩兵第一連隊がおかれることになった。

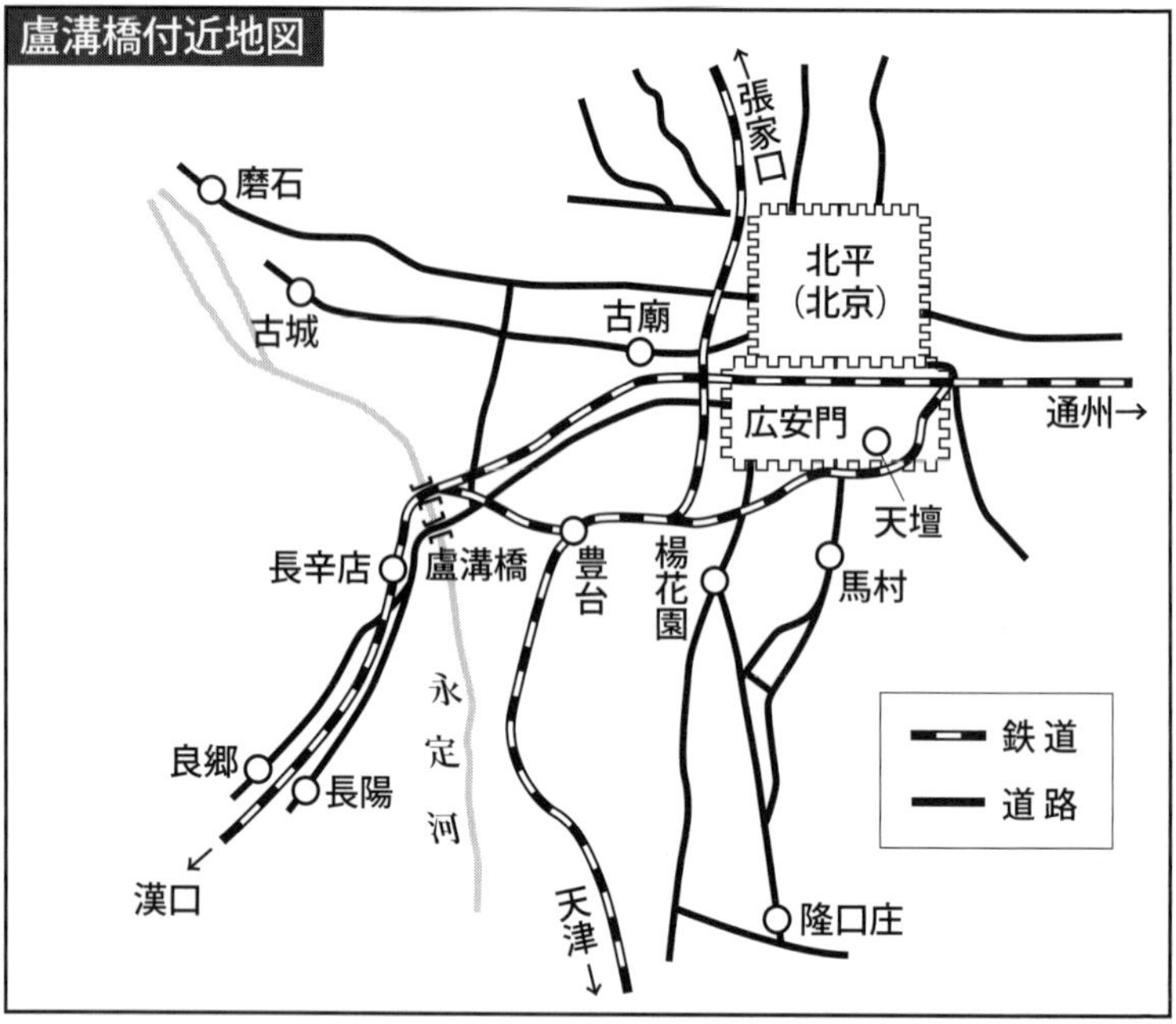


しかし、それまでの北京城内の公使館区域にある兵営では手ぜまになったので、第一大隊は北京城内におき、第二大隊は天津に、第三大隊は北京西南部の豊台に駐屯させた。豊台駅は、上の地図にあるように、天津・張家口・漢口へと延びる幹線鉄道の分岐点になっている要所である。ここに新たに日本軍を駐屯させたのは、北京を戦略的に遮断包囲する意図によるものと中国側にうけとられたのは当然である。

しかも、豊台には宋哲元の第二九軍の部隊の兵営もあったので、日本軍との間に一触即発の険悪な空気がただよい、事実、三六年の九月一八日、満州事変勃発記念日にあたる日に、日本軍のひとつの中隊と中国軍のひとつの連（中隊にあたる）が対峙して小競り合いをおこした豊台事件が発生した。この事件は、中国側の陳謝、関係者の処分、豊台の中国軍営の撤去を条件にして解決したが、北京を支配する宋哲元軍の警備領域に日本軍が侵入してきて駐屯し、華北分離工作を推進するための軍事演習を挑発的におこなったのであるから、盧溝橋事件のような衝突事件が発生するのは時間の問題といえた。次章で述べるように、盧溝橋事件も豊台事件と同じように支那駐屯軍の中隊と第二九軍の連との間の発砲事件が最初のきっかけになったのである。

# 3　一九三六年に海軍が準備した日中戦争

## ⑴ 帝国国防方針の改定と軍備大拡張

二・二六事件の衝撃に日本が揺れていた一九三六年三月、海軍中央は海軍次官の長谷川清中将を中心に日本の南方進出をはかる方針の検討を開始し、四月ごろ「国策要綱」を作成した。それは、海軍は南方諸邦すなわち東南アジアへの進出、とりわけ石油資源を獲得するために蘭領東インド（インドネシアを中心とする東南アジア島嶼）への進出をめざし、その背後にある英米との軍事的衝突にも備えて軍備拡充をおこなうことを国策とするものであった。

つづいて六月、海軍のイニシアチブで「帝国国防方針」の改定がおこなわれ、ソ連との戦争を第一目標にかかげて対ソ戦軍備を要求する陸軍にたいして、海軍は対米戦を第一目標にして対米戦軍備の優先を主張して対立した。結局は妥協して海軍と陸軍の競合的な主張を併記した「南北併進論」が決定された。それは、「帝国の国防は……我と衝突の可能性大にして且強大なる国力殊に武備を有する米国、露国を目標とし、併せて支那、英国に備う。之が為、帝国が国防に要する兵力は、東亜大陸並《ならびに》西太平洋を制し、帝国国防の方針に基づく要求を充足し得るものなるを要す」というものであった。これにそって「用兵綱領」では、陸軍は陸軍兵力五〇師団および飛行隊一四二中隊の軍備増強を計画した。海軍は、主力艦一二、航空母艦一二、巡洋艦二八、水雷戦隊六（駆逐艦九六隻）、潜水戦隊若干（潜水艦七〇隻）、航空兵力六五隊の軍備拡張を計画した（拙著『海軍の日中戦争』平凡社）。

八月七日、広田内閣の首相・外・蔵・陸・海の五相会議は、陸海軍の「帝国国防方針」の改定をそのままうけて、南北併進の戦略とそのための軍備拡充を定めた「国策の基準」を決定した。そして海軍は、「国策の基準」の「海軍軍備は米国海軍に対し西太平洋の制海権を確保するにたる兵力を整備充実す」という基準を実現するために、戦艦大和・武蔵以下六六隻の戦艦等の艦艇ならびに航空隊一四隊増設を一九四一年度までに完成するという第三次補充計画を作成した。歴史の先取りをすれば、海軍は「㊂計画」といわれたこの計画の達成により、対米決戦に勝利可能と判断して、アジア太平洋戦争へ突入していったのである。

南進の国策は、海軍の組織的利益にもとづいて、軍事予算を獲得するために、逆算的に導かれたものである。海軍首脳にとっては、仮想敵としたアメリカとの戦争が日本に壊滅的危機をもたらすであろうという国家の命運よりも、陸軍に対抗して海軍軍備の強大化をはかることの方が重要だったのである。このときの海軍首脳は、軍令部総長が伏見宮博恭《ふしみのみやひろやす》元帥、軍令部次長嶋田繁太郎中将、海軍大臣永野修身《おさみ》大将、海軍次官長谷川清中将であった。かれらが皇族の伏見宮の人脈で固めた対米強硬派の派閥を形成し、派閥抗争の「勝ち組」であったことについては後述するので、ここでは指摘にとどめる。

広田内閣は一一月二七日に予算閣議をひらいたが、わずか一時間二〇分という記録的な短時間で、軍部の要求をほとんど丸のみにした大軍備拡張予算案を承認した。三七年度予算案の軍事費は、陸軍省が七億二八〇〇万円、海軍省が六億八二〇〇万円を認められ、前年度にくらべて陸海で合計三億五〇〇〇万円増となり、全予算の歳出の実に四六・四パーセントが軍事費で占められた。さらにさきの軍拡計画の継続費として、陸軍約一三億九〇〇〇万円、海軍約一一億七〇〇〇万円が計上された。広田内閣の馬場鍈一《えいいち》蔵相は、「準戦時経済体制の採用」が必要であると、これらの大膨張した軍事予算を公債の大増発と大増税によってまかなう方針をとり「馬場財政」といわれた。

二・二六事件を利用した軍部強権体制の確立により、陸軍と海軍のセクショナリズムにもとづいた「南北併進論」が決定された結果、陸軍は北進論に沿い、対ソ連戦に備えた軍備拡充と作戦計画を進め、海軍は南進論に沿って、対米英戦に備えた軍備拡充と作戦計画をそれぞれ勝手に進めることになった。本書で詳述するように、海軍航空隊は日中戦争を利用して、対米航空戦を想定した実戦演習を重ねていくことになる。

## (2) 大海軍主義の道を歩むようになった海軍

海軍が一九三六年に南進論を「帝国国防方針」として北進論と並列させ、南方進出の「国策の基準」を決定させたことは、アジア太平洋戦争へと突き進んだ後の歴史からみて、決定的なターニング・ポイントとなった。

一九三四年一二月、日本政府は海軍の主張にもとづきワシントン海軍軍縮条約の破棄を通告して脱退、前年の国際連盟の脱退につづいて、「ワシントン体制」からの「脱却」を宣言した。同じく海軍の主張にもとづき、日本政府は一九三六年一月に第二次ロンドン海軍軍縮条約を脱退した。こうして国際条約による海軍軍備縮小の足かせを取り払った海軍は、南進論を国策とさせて、海軍軍備大拡張のための予算を認めさせたのである。

かつては、ワシントン海軍軍縮条約とロンドン海軍軍縮条約を認めた海軍が、いつから対米戦を目標に軍備を強化し、南進態勢を固めるという大海軍主義の道を歩むようになったのか、ここで、その経緯を簡単に述べておきたい。

### 「条約派」と「艦隊派」の抗争

ロンドン海軍軍縮条約（一九三〇年）は、海軍史上「悲劇のロンドン会議」といわれる。それは、ワシントンおよびロンドン軍縮条約の成立に尽力した「条約派」と、条約に反対し、米英を仮想敵とした海軍軍備の拡張を主張した「艦隊派」の派閥とに海軍部内が大きく分かれて対立するようになったからである。伝統的に形成された海軍派閥のなかで、海軍省の枢要ポストを歴任した行政・事務手腕にたけた秀才型のエリート士官たちは「軍政派」と称され、「海軍良識派」ともいわれたが、それは「条約派」と重なっていた。いっぽう、軍令部参謀の経歴を経て、作戦部長・課長などの軍令部の要職に就く、純軍人タイプの士官たちは「統帥派」と称され、強硬派が多く、「艦隊派」と重なった。海軍は、陸軍と異なり、伝統的に部内統一が比較的円滑におこなわれてきたが、ロンドン会議の統帥権干犯問題を契機に、大きく変容した。軍備と外交・財政を総合的に考察し、合理的な立場から条約を受け入れた「条約派」と、軍備と外交・財政を二元的に並列し、軍縮条約を否定した「艦隊派」との対立抗争が本格化したのである。

ロンドン海軍軍縮条約にたいして軍縮問題の主管省である海軍省の海軍次官山梨勝之進中将が条約成立のために省内をまとめ、軍務局長の堀悌吉《ていきち》少将、海軍省副官の古賀峯一《みねいち》大佐がそれを有能に補佐した。かれらは、日本全権としてワシントン海軍軍縮条約に調印し、首相兼海相として海軍軍備縮小を断行した加藤友三郎《ともさぶろう》の意志を継いだ条約派・軍縮派であり、海軍良識派であった。

これに真っ向から反対したのが海軍軍令部長加藤寛治大将、同次長の末次信正中将で、加藤は三〇年六月、天皇に直属する統帥機関である軍令部の反対を無視してロンドン軍縮条約を調印し、その批准を進めていることに抗議して軍令部長を辞任した。

加藤は対米強硬論を主張した強硬派で、アメリカ海軍との戦争に勝つためには、最低対米七割の主力艦・補助艦を備えなければならないと主張し、艦隊派の中心となって大海軍主義をとなえた海軍至上主義者であった。このとき、犬養毅《いぬかいつよし》・鳩山一郎・森恪《つとむ》ら政友会の幹部が、条約に反対する海軍の強硬派と組んで、統帥権干犯問題を持ち出して、政敵の民政党を攻撃したことはすでに述べた。

加藤や末次らは日本海軍の大長老でなかば神様扱いされていた東郷平八郎元帥を反対運動の看板にかつぎあげ、さらに雲の上の存在であった皇族の海軍大将で、やはり対米強硬論者で大海軍主義者であった伏見宮博恭王をかつぎだして、強硬な条約反対運動を展開、軍令部を中心に、かれらの派閥勢力を拡大していった。

それでも、山梨・堀・古賀らの条約派・軍縮派の奔走により海軍軍事参議官会議で条約承認がとおり、さらに民政党の浜口雄幸内閣が、協調外交を推進した幣原喜重郎《しではらきじゅうろう》外相を擁して、条約批准の方針を貫いたので、日本政府はどうにかロンドン海軍軍縮条約に加盟することができた。

しかし、その後、加藤寛治を中心とする艦隊派のすさまじい巻き返し、今の言葉でいうリベンジがおこなわれた。加藤寛治が条約調印は統帥権干犯であると抗議して軍令部長を辞任した後には、谷口尚真大将が軍令部長に就いたが、彼は条約派であり、浜口内閣の海相をつとめた財部彪《たからべたけし》大将や後に海相となり二・二六事件では首相として命を狙われた岡田啓介大将らの支持を受けていた。これにたいし、加藤らは谷口尚真を軍令部長から引きずり降ろし、替わって皇族の伏見宮海軍大将を軍令部長につけようと画策、そのために、ロンドン条約反対のシンボルにまつりあげた東郷元帥をかつぎだして利用した。

谷口尚真は満州事変にたいして、満州事変は結局対英米戦争となるおそれがあるが、日本にはそのような国力がない、と反対を表明した。東郷元帥はこれを批判、海軍が仮想敵である米国と戦えないとは「谷口は何でも弱い」と批判、「谷口軍令部長に辞職勧告をせよ」とまで公言した。いっぽうで、加藤は、東郷元帥に皇族の伏見宮海軍大将こそ軍令部長にふさわしいと言わせ、誰も反対できないようにした。

加藤寛治の谷口降ろしの執拗な裏工作が効を奏し、四面楚歌的状況に追い込まれた谷口軍令部長は、ストレスのために持病の糖尿病を悪化させて辞表を提出した。そして三二年二月二日、皇族である伏見宮が軍令部長に就いた。伏見宮は軍令部長就任当初から「不可避となったら対米戦争をやるべし」と意気込みを見せた対米強硬論者であった。

伏見宮の軍令部長就任と同時に、加藤寛治の懐刀である高橋三吉中将が軍令部次長に就任、皇族伏見宮の権威を「統帥権」として利用しながら、軍令部内の実権を握った。軍令部を掌握した艦隊派は、加藤寛治が影の軍師となって、海軍省からも条約派の追放をおこなった。高橋軍令部次長は、「軍令部の案が通らなければ伏見宮殿下は部長をやめると言っておられる」などと、皇族の伏見宮の権威を利用して、大角岑生《おおすみみねお》海相に圧力をかけ、三三年から三四年にかけて、いわゆる「大角人事」を断行した。これにより、条約派と目された人材のほとんどが海軍中枢から一掃され、予備役に編入された。

前軍令部長の谷口尚真大将、前海軍次官の山梨勝之進大将、前海軍省軍務局長堀悌吉中将、ロンドン海軍軍縮会議の海軍首席陪審員をつとめた左近司政三《さこんじせいぞう》中将、前海軍省軍務局長寺島健中将、前海軍省軍事普及部委員長坂野常善《さかのつねよし》中将ら、ワシントン・ロンドン両軍縮条約の締結、批准に努力した海軍良識派が現役からパージされた。

これらは、ワシントン軍縮条約、ロンドン軍縮条約に強硬に反対しながら条約派に敗れた加藤寛治が黒幕となって強行させた、報復的人事であった。こうして、条約派と艦隊派の派閥抗争は、艦隊派が「勝ち組」、条約派が「負け組」となって決着がついたのである。この結果、海軍は国際的な視野をもった逸材を失い、大海軍主義を唱え、対米強硬を主張する艦隊派が主導して、南進政策を推進するようになったのである。

## 伏見宮軍令部総長の海軍

条約派と艦隊派の派閥抗争は、軍令部を中心とした艦隊派が「勝ち組」となった結果、海軍省にたいする軍令部の権限を増大させた。三三年一〇月、軍令部条例を改正して、軍令部長を「軍令部総長」という権威のある名称に変更した。これは、陸軍の参謀総長は天皇を輔翼する帝国全軍の参謀総長と位置づけられ、戦時に設定される大本営において、陸海軍の大作戦を計画するとされてきたことに対抗しての名称変更であった。

海軍はまたその直後に海軍省と軍令部の関係も改正した。それは、軍令部が天皇に直属する機関であるので、「統帥権独立」により、軍政機関として海軍省がもっていた艦隊・軍隊の編制大権も軍令機関たる軍令部の統帥大権にふくまれるという拡大解釈をして、軍令部が海軍省にたいして圧倒的優位をもつようにしたのである。具体的にいえば、海軍大臣が平時に保有していた軍隊指揮権が削られ、もっぱら軍令部総長の下におかれるようになり、軍令部総長は、各艦隊や鎮守府司令長官、各要港部の司令官にたいして年度作戦計画を直接指示できるようになった〈註3〉。また、海軍の年度作戦計画も、もっぱら軍令部の第一部（作戦）だけで立案し、天皇に奉呈する前に海軍大臣に商議するという従来の慣行も捨てられ、海相がもつ部内統制力は大幅に縮小されることになった。さらに、軍令部は「統帥権」を輔弼して、政府・議会の統制を受けることなく、独自に軍政・軍令の活動をできるようにした。

伏見宮を軍令部総長にまつりあげた軍令部の権限拡大は、建軍以来海軍省主導であった日本海軍を、軍令部主導の日本海軍に変えるものであった。従来、海軍大臣は前任者が天皇に推薦し、天皇の裁可によって就任していたが、以後は、伏見宮の同意がなければ天皇に推薦できないという不文律が確定された。そのうえ将官級の高級人事も、伏見宮の同意がなければ実行できなくなり、伏見宮に嫌われた将官たちは、さきの「大角人事」による条約派のパージのように、現役から追放されるまでになった。こうして伏見宮は海軍の死命を制する超法規の特権をにぎり、日本海軍は、伏見宮軍令部総長の海軍のようになった。

軍令部総長伏見宮博恭王

伏見宮大将は三二年七月に元帥となり、東郷元帥とともに海軍の元老となった。元帥には終身現役の特権があたえられた。前述のように三三年一〇月には軍令部長を軍令部総長とより権威のある名称に変更、四一年四月すなわちアジア太平洋戦争開始の年まで、海軍史上異例の九年間もその座に君臨し、皇族の特権を盾にワンマンぶりを発揮しつづけた。日本の軍隊が天皇の軍隊であったがゆえにもった特質である。

伏見宮が長期にわたり軍令部総長として権勢をふるったため、海軍のトップには、実績や能力に関係なく、伏見宮に受けがよい人物（いわゆる寵臣）、別な言い方をすれば、伏見宮に逆らわずに取り入ろうとする人物が、抜擢されることになった。

歴史を先取りして述べれば、伏見宮の第一の寵臣が嶋田繁太郎で、アジア太平洋戦争に突入した東条英機内閣の海軍大臣であり、東条首相兼陸相が参謀総長になると軍令部総長となり、「東条の副官」といわれた。嶋田は、伏見宮の思想・性格・好みを知り、伏見宮の気に入るように動いたので、伏見宮の第一の寵臣となり、格別の恩恵をうけて海軍トップの地位に昇りつめることに成功した。

伏見宮の第二の寵臣が永野修身《おさみ》である。永野は対米英強硬論者だったので、伏見宮に気に入られた。前述のように、日本は、三六年一月に第二次ロンドン海軍軍縮会議から脱退するが、その時の日本全権に選ばれたのが永野であった。永野は広田内閣の海相となって、前述のように日本の国策に南進政策を併記させることに成功した。四一年四月に伏見宮の後任の軍令部総長に就任、対米英開戦を決定づけた南部仏印進駐をおこなわせ、真珠湾攻撃の決行を最終的に決断した。そして四四年二月まで軍令部総長としてアジア太平洋戦争の最高指導者になった。

第三の寵臣が及川古志郎《おいかわこしろう》で、温厚で文人肌であったことから伏見宮に気に入られた。四〇年九月から四一年一〇月まで、第二次・第三次近衛内閣の海相をつとめたが、対米開戦をめぐる重要な論議にたいして、責任逃れの優柔不断の態度をとり、結果的には対米開戦への動きに追随した。四一年一〇月に対米開戦の東条内閣が成立すると嶋田繁太郎が及川に替わって海相となった。及川は、アジア太平洋戦争の敗戦が明らかになっていた四四年八月、嶋田繁太郎が軍令部総長を辞任するとその後任となり、四五年五月までつとめた。

このように、伏見宮の三人の寵臣が、日本海軍の最高権力者となって、日本をアジア太平洋戦争開戦へと導いていったのである。

一九三六年に話をもどして、これまで述べてきたことをまとめると、二・二六事件が発生したときの海軍首脳は、軍令部総長が伏見宮元帥、軍令部次長が嶋田繁太郎中将、海軍大臣が永野修身大将、海軍次官が長谷川清中将という顔ぶれであった。長谷川清が第三艦隊司令長官となって、謀略により大山事件（三七年八月九日）を仕掛けるのは、次章で詳述する。大海軍主義を唱え、対米強硬論者であった伏見宮軍令部総長の息のかかった海軍首脳がそろった海軍中央は、二・二六事件以降の軍部の専横をチェックする機能を喪失した日本の政治、社会状況を利用して、アジア太平洋戦争への道を決定づけた「南進政策」を「帝国国防方針」に加えさせ、「国策」とした。それは、対米英戦争準備を「国策」に定めることによって、海軍軍備大拡張に必要な軍事予算を獲得するためであった。

## (3)「盧溝橋事件」に先行して日中戦争を準備した海軍

### 九六式陸上攻撃機(中攻)の完成

海軍部内には、これまで述べてきた条約派と艦隊派の派閥抗争とは性質が異なるが、海軍の戦略と軍備をめぐる艦隊派と航空主兵派との間の派閥抗争があった。それは、軍備の強大化をめざす大海軍主義に立つことでは共通していたが、仮想敵であるアメリカの海軍との戦争を考えた場合、日露戦争のときの日本海海戦のように、戦艦を主力とする艦隊どうしの砲撃戦が勝敗を決するという戦略思想に立っていたのが艦隊派で、海軍では伝統的に主流であった。軍備計画では、戦艦・巡洋艦・駆逐艦など軍艦類の増設を第一に考えた。そして、戦艦は大きいほどいい、大砲は大きな砲弾を遠くへ飛ばせるほどよいという大艦巨砲主義に立っていた。その結果、巨費と年月を投じて当時世界最大といわれた超弩《ど》級艦の戦艦大和や戦艦武蔵の建造を進めたのであるが、実際のアジア太平洋戦争では艦隊決戦をすることなく、米艦上機の攻撃によって撃沈されたことは周知のとおりである。

これにたいして、第一次世界大戦において飛行機が航空兵器として使用されるようになって以降、航空兵力どうしの戦闘による制空権・制海権の争奪戦が艦隊間の勝敗をも決するという戦略思想をもったのが航空主兵派である。軍備計画では、航空戦力を主力とする爆撃機・戦闘機・航空母艦などの航空兵力の軍備拡張を第一に考えた。「航空主兵、戦艦無用論」を唱えて、海軍の主流をしめた艦隊派と対立することもあったが、それは敵対的なものではなく、大海軍主義に立って、軍備拡大をめざすことにおいては、共通していた。

航空主兵派の先導者は山本五十六であり、大西瀧治郎や源田實らが中心となった。山本五十六はロンドン海軍軍縮会議に次席随員として参加したが、強硬な条約反対論者であった。山本は随員の意見をまとめたうえで、若槻礼次郎首席全権にたいして、「日本の主張が認められない場合は、全海軍に大なる衝撃を与え、士気の上にも悪影響を及ぼし、不祥事を惹起する」と警告したという。〈註4〉さらに山本は、大蔵省からの随員で、アジア太平洋戦争開戦時の蔵相となる賀屋興宣《かやおきのり》が、財政面から海軍軍縮の妥協が必要である旨の意見を述べると、「賀屋黙れ、なお言うと鉄拳が飛ぶぞ」とどなる有様だった。〈註5〉

山本は、帰国後すぐの三〇年五月に海軍航空本部技術部長、三五年には航空本部長となり、海軍軍縮条約の対象とならなかった航空兵力の開発をめざし、対米戦に備えた航空戦力の拡充に邁進した。ワシントン・ロンドン軍縮条約によって、主力艦・補助艦の保有を制限された海軍は、第一次世界大戦以後に日本が国際連盟委任統治下においた南洋群島を陸上基地として開発、そこから爆撃機を発進させ、太平洋を西進してくるアメリカ艦隊を攻撃することを考えた。山本は海軍航空本部技術部長の時にその戦略にそって、陸上基地発進の長距離攻撃機の開発を構想し、三菱重工にその製作を急がせたのである。

その長距離爆撃機が一九三六年になって完成した。その年が、日本の紀元を神話上の第一代神武天皇の即位の年と定めた天皇制の暦年では紀元二五九六年だったので、下二桁をとって九六式陸上攻撃機（中型攻撃機、中攻と略称される）と名付けた。同機は、搭乗員七人、最高時速三七七キロ、航続距離四三八〇キロで、当時にあっては格段に航続力がすぐれていた。三菱重工は同年、世界水準に達する単座戦闘機の九六式艦上戦闘機も完成させた。同機は零式艦上戦闘機いわゆる零《ゼロ》戦の主任設計者である堀越二郎が開発したものである。

中攻の完成によって、海軍部内にあって「航空主兵、戦艦無用論」の急先鋒で、山本五十六の「第一の腹心」であった大西瀧治郎がその実戦化を説いた以下のような戦略爆撃が可能となった。世界の戦争形態は第一次世界大戦における飛行機や潜水艦など近代兵器の開発、登場によって大きく変わった。戦争の勝敗は軍事生産力、経済力、軍隊さらには国民の戦闘意欲もふくめた総合的な国力で決するようになった。そのため、いったん戦争になれば、相手国の国力を徹底的に破壊、消滅させるまで戦う長期戦となった。総力戦では、前線と後方の区別がつかなくなり、兵士と一般国民の区別がなくなり、非戦闘員まで殺戮の対象とされるにいたった。総力戦においては、新たに開発された航空兵力によって、相手国の都市・産業・鉄道・駅・港・橋などを爆撃・破壊する戦略爆撃がもっとも効果的な作戦とみなされるようになった。なかでも、都市爆撃が、非戦闘員への無差別爆撃もふくめて、有効な破壊手段と考えられるようになったのである。

一九三四年ころ、海軍の青年士官の間に高まった「航空主兵、戦艦無用論」にたいして、海軍主流の艦隊派の幹部から抑圧する動きがあった。このとき、第一航空戦隊司令官であった山本五十六は、青年士官たちに「頭の固い鉄砲屋（海軍の俗語で砲術関係者のこと）の考えを変えるのには、航空が実績をあげてみせるほか方法はない」と語ったという。〈註6〉山本ら航空主兵派が、完成された九六式陸上攻撃機を一日も早く、実戦に投入、「航空が実績をあげてみせる」機会の到来を待っていたことは想像に難くない。

いっぽう、海軍の艦隊派も、陸軍が縄張りである満州で戦争を起こして満州事変臨時軍事費を獲得して軍備拡張に成功したのに対抗して、前述した海軍の縄張りである華中や華南で戦争を発動し、海軍を主体とする膨大な臨時軍事費を獲得したいという強い衝動をもっていたことは確認しておきたい。つまり、海軍の航空主兵派も艦隊派も華中や華南で中国との戦争をおこすチャンスを狙っていたのである。

## 日中戦争発動を陸軍に要請した海軍

一九三六年九月三日、海軍の管轄分担領域である華南の広西省北海（現在、北海市）在住の日本人が中国人数人に殺害される北海事件が発生した。第三艦隊司令長官及川古志郎中将は、ただちに広東にあった砲艦「嵯峨」を海南島北部の海口へ進出、待機させるとともに、巡洋艦夕張・球磨と駆逐艦五隻などを海口に集結させ、大規模な武力行使を計画した。及川は、前述したように伏見宮軍令部総長の第三の寵臣である。

及川第三艦隊司令長官は、九月一五日、北海および対岸の海南島の海口に特派した艦船でもって「第三艦隊南派遣隊」を編成した。同日、軍令部は北海事件処理方針を策定し、国民政府に排日の全面的禁絶を要求し、それが実現されないときは、抵抗排除を目的に北海・海南島を占領することに決め、増援兵力の第八戦隊・第一航空戦隊・特別陸戦隊一個大隊・九六式陸上攻撃機（中攻）六機、九五式大型陸上攻撃機（大攻）四機の派遣を準備した。

北海事件にたいし、九月二一日、伏見宮軍令部総長は佐世保鎮守府の海軍特別陸戦隊一大隊（四〇〇人標準）の派遣を決定し、さらに事件拡大の場合の艦船増派、中攻機六機・大攻機四機の航空部隊の急派などの処理方針について嶋田繁太郎軍令部次長、永野修身海相の了解を得て、軍令部第一課長が参謀本部と連絡した。しかし翌日、参謀本部石原莞爾戦争指導課長からは、陸軍は反対であり、「全支作戦」の意志がないという否定の回答がなされた。

結局、北海事件は、陸軍参謀本部の同意が得られなかったことと、北海方面に駐屯して抗日排日を煽っていたとされる広西派の軍隊（西南軍閥ともいわれたが、広西省を基盤にした軍事政治集団）が撤退したことにより、日本側の排日禁絶の要求が入れられたかたちになって九月末には解決したので、軍令部の作戦は発動されることなく、台北に移駐して出撃待機をしていた航空部隊には中国大陸への出撃の機会はなかった。ただし、新鋭機の九六式陸上攻撃機（中攻）を早急に実戦に使う態勢をとったことは重要である。

戦後生き残った中攻機のパイロットたちの回想をまとめた『海軍中攻史話集』のいくつかの回想のなかに次のようなことが記されている。

北海事件により、木更津航空隊から中攻六機、九五式大型陸上攻撃機（大攻）四機が台湾の屏東《へいとう》の陸軍飛行場へ移動し、大陸への渡洋爆撃のために待機することになった。しかし、大攻機の一機が伊豆半島沖で空中火災を起こして墜落、搭乗員全員が殉職する事故が発生した。他機は屏東へ到着し、二カ月ほど待機した。木更津航空隊を基幹にして第一一航空隊が編成され、台湾の台北の松山飛行場、ついで屏東飛行場へ進出し、渡洋爆撃に備えながら訓練をおこなった。

横須賀航空隊から隊長の新田慎一少佐に率いられた七分隊は、台湾の屏東飛行場へ進出し、渡洋爆撃のために待機した。その新田隊長は、次章で詳述する翌三七年の八月一六日に台北から出撃した南京近郊の句容への渡洋爆撃で、中国機に撃墜され、死亡した。新田隊長の事例は、海軍がすでに三六年において渡洋爆撃をおこなおうとしたが、陸軍の反対で実行できなかったことを証明している。

北海事件が海軍の出動をみないで収束しつつあった九月二三日夜、今度は上海において水兵射殺事件が発生した。第三艦隊の軍艦「出雲」の乗組水兵三人が上海租界の日本人街を歩行中、中国人から撃たれ、一人即死、二人負傷し、犯人は一人逮捕のほか逃亡した。「出雲」水兵射殺事件である。軍令部は、これを契機に断固とした国家的決意を固め、強硬方針で対処することを決定し、海軍省と協議のうえ、つぎのような出動を指令した。

第八戦隊、第三・第二二駆逐隊および特別陸戦隊一個大隊の上海方面への出動を指令し、前述の第一一航空隊（大攻四機・中攻六機・戦闘機一二機）を台北に集中させる。また上海に、公大飛行場開設を準備する。〈註7〉

このとき、軍令部次長は嶋田繁太郎、海軍大臣が永野修身、第三艦隊司令長官が及川古志郎と、伏見宮軍令部総長の第一から第三の寵臣でかためられていたので、強硬策が容易に決定できたといえる。

ついで、軍令部と海軍省は九月二六日に首脳会議を開き、次のような「対支時局処理方針」を策定

した。〈註8〉

一、速やかに対支膺懲の国家的決意を確立し、特に陸軍に対し速やかに海軍と同一歩調を執らしむるごとく努む
二、対支作戦準備を整えるとともに、すでに発令の増派兵力の威圧により、外交交渉を促進せしむ（蒋介石にたいして排日禁絶の保障と責任を取らせ、華北分離工作や関税低下を承認させる）
三、要求に応ぜざる場合　(1)上海の固守（海陸協同）、(2)青島の保障占領（海陸協同）、(3)中南支の要点の封鎖（海軍兵力）、(4)中南支航空基地並びに主要軍事施設等の爆撃（海軍兵力）、(5)北支に陸軍の出兵

永野修身海相は、この方針を実行するために、一〇月一三日の広田内閣の閣議において、「国家的決意」を確立するために閣議決定とすることを要求した。しかし、陸軍側は、陸軍軍備の現状から兵力行使は極力避けたいという慎重論を主張、海軍の主張はとおらなかった。それでも、海軍中央は年が明けた三七年一月八日、「対支時局処理方針」を決定し、つぎのような臨戦態勢を実施した。〈註9〉

一、特別陸戦隊　基本兵力は上海二〇〇〇、漢口二〇〇とし、当分の間、上海に二〇〇、漢口に一〇〇増強す
二、内地待機兵力は左記の外これを解く　(1)一一、一二、一三航空隊および各鎮守府特別陸戦隊各

一個大隊の準備は当分そのままとする　(2)第一、第二航空戦隊は爆弾および所要兵器を搭載のままとし、急速派遣に応じ得しむ、(3)第八戦隊、第一水雷戦隊は対支応急派遣に応じ得るごとく必要なる準備をなし置かしむ
三、飛行基地の整備　(1)台北、済州飛行基地はこれを整備し、応急使用可能の状態にたもつ、(2)上海公大飛行基地の急速整地準備を完成しおき、応急使用可能ならしむ

右の二の(2)の第一・第二航空戦隊の中攻機は、爆弾と所要兵器を搭載したまま、いつでも出撃できるように待機せよ、というのは、臨戦態勢をとらせたことを意味する。

以上のように、海軍中央は、すでに一九三六年秋の段階で日中戦争の発動を計画・準備し、渡洋爆撃決行の大義名分となる事件の発生を待って、協同行動のために陸軍出兵の同意を取りつけ、内閣に対支膺懲の国家的決意を声明させたうえで、全面作戦を発動する方針を決定していたのである。さきに紹介した『海軍中攻史話集』の回想から、三七年八月一四日、一五日の渡洋爆撃に出撃した中攻隊の搭乗員の多くが、一年前の北海事件に際して、渡洋爆撃の出撃待機をしていたことがわかる。さらに、鹿児島県の鹿屋《かのや》航空隊では、先の「対支時局処理方針」にもとづいて、三七年二月から日夜をわかたず渡洋爆撃に備えての長距離飛行の猛訓練をおこなった。鹿屋基地から台湾の屏東飛行場へ、さらに大連基地へと中攻機による長距離飛行をしながら、燃料消費測定、無線電波の到達距離の調査研究、長距離飛行にともなう搭乗員の疲労度の医学的検査、その他あらゆる分野の試験・実験・研究を重ねたことがわかる。

次章に述べるように、国民の眼には、三七年八月一四、一五日の長崎の大村基地や台北からの杭州・南京・上海などへの渡洋爆撃が突然に決行されたように映るが、実際は長期にわたり、事前に周到に調査・準備・訓練したうえで決行されたのである。これは四一年一二月八日の真珠湾攻撃も同じで、国民はその日の臨時ニュースで知らされて驚くが、本書で詳述するように、すでに一年前から計画され、準備・訓練されていたのである。国民には軍事機密として知らされなかっただけだった。

海軍中央が、完成したばかりの九六式陸上攻撃機の実戦使用、さらに臨時軍事費を獲得するために、三六年段階で日中戦争を準備したこと、しかし、内閣に対支膺懲の国家的決意を声明させることができず、したがって陸軍出兵の同意が得られずに日中戦争の発動が不成功に終わったことをここで確認しておきたい。それは、三七年七月七日に陸軍が起こした盧溝橋事件にたいして、海陸協同で日中戦争をおこなう千載一遇の好機到来とした海軍中央が、和平工作を破綻させるため謀略による大山事件を起こし（八月九日）、第二次上海事変を発動させ（八月一三日）、近衛内閣に「南京政府断固膺懲」を声明させ（八月一五日）、その日に南京渡洋爆撃を決行した海軍側の動機を理解するためである。

## 4　西安事件と抗日民族統一戦線の形成

これまで見てきたように、一九三六年の日本は、二・二六事件以降、軍部の強権体制が確立され、陸海軍ともに、三七年から開始される万里の長城以南の中国本土への侵略戦争への動きを加速させた。いっぽう、中国では、日本の中国本土侵略戦争発動の動きに危機感をいだいた学生たちが抗日救国運動に立ち上がり、それが多くの中国民衆の支持を獲得して広範な抗日運動が展開され、国民党政府が共産党政権への撲滅作戦を停止して、抗日のために合作して抗日民族統一戦線の結成を求める動きが強まっていた。満州事変にたいして蒋介石国民政府と張学良東北政権も不抵抗主義をとった。それにたいして、日本軍部のなかに、日本軍が本格的に戦争を仕掛ければ、中国は簡単に屈服するという安易な「中国一撃論」が広まり、陸軍中央に拡大派の派閥が形成された（次章で詳述）。

しかし、中国政府も民衆も、満州事変のときとは、大きく異なっていた。本節では、日本の軍部ならびに政府もさらには多くの国民も認識しようとしなかった、中国の抗日民族統一戦線形成に向けた動きを簡単にまとめておきたい。

## ⑴ 華北分離に反対する一二・九運動

一九三五年になって、関東軍と支那駐屯軍が華北分離工作を急速に進め、華北が「第二の満州国」にされる可能性が強まると、中国国民のなかに民族的危機感が高まった。三五年五月、映画「風雲児女」の主題歌の「義勇軍行進曲」（田漢作詞・聶耳作曲）が大ヒットし、急速に民衆のあいだで歌われるようになったのはそのためである。「義勇軍行進曲」は中国民衆の心をつよくゆさぶり、抗日戦争

（日中戦争）中に広く歌われ、中華人民共和国の成立とともに国歌になった。現在、オリンピックや国際スポーツ大会で歌われる中国の国歌がこのとき生まれたことを日本人としてぜひ「知っておきたい」。歌詞は以下のとおり。

立ち上がれ！　奴隷となることを願わぬ人々よ
われわれの血と肉で新しい長城を築き上げよう
中華民族は存亡の危機に迫られている
一人一人が最後の力をふりしぼって怒りの声をあげよう
立ち上がれ！　立ち上がれ！　立ち上がれ！
われわれが一団となって、敵の砲火に向かって進め！
敵の砲火に向かって進め！　進め！　進め！

「敵の砲火」とはいうまでもなく「日本軍の砲火」である。

広範な中国民衆が抗日救国運動に立ち上がる機運が高まるなかで、中国共産党は三五年八月一日、「抗日救国のために全同胞に告げる書」（八・一宣言）を発表、中国は未曾有の民族的危機に直面しており、中国国民党と共産党の内戦を停止して、一致抗日のための抗日民族統一戦線を結成するよう呼びかけた。

しかし、当時の蒋介石国民政府は、すでに述べたように「安内攘外」政策をとり、日本の華北分離工作に正面から対抗せずに、宋哲元に冀察《きさつ》政務委員会を設置させ、日本にたいして宥和的政策をとっていた。そのいっぽうで、蒋介石は日本が排日運動の激化を口実に中国へ軍隊を増派、軍事作戦を展開するのを回避するため、学生や民衆の抗日運動を抑圧・弾圧した。

これにたいして、三五年一一月一日、燕京大学・精華大学など北京・天津の一〇校の学生自治会は「抗日救国のために自由を求める宣言」を発表、一八日には北平大中学生連合会（北平学連）を結成した。一二月九日、北京の学生たちは、冀察政務委員会の設置の動きにたいして反発、いっさいの内戦を停止し、言論・結社・出版の自由などを求めて、デモ行進をおこなった。これにたいして警官隊は警棒とポンプ水で学生の隊伍をけちらした。これに抗議した北平学連加盟の大学・中学（日本の高等学校にあたる）はいっせいにストに突入、冀察政務委員会の設置が予定された一二月一六日、北平学連は一万人余のデモを組織した。この二回の学生デモへの弾圧で、約五〇〇人が負傷、五、六〇人の学生が逮捕された（一二・九運動）。

国民政府の一二・九運動への弾圧は、国民の怒りを呼び起こし、全国に抗日救国運動を広めることになった。年を越して三六年一月、北平学連の学生たちは、天津学連の学生とともに南下拡大宣伝団を組織し、冬休みを利用して京漢線（北京―漢口）を南下、沿線の民衆にたいして抗日救国の宣伝啓蒙活動をおこなった。

一二・九運動をとおして、中国共産党も学生のあいだに勢力を拡大し、その指導下に二月一日に北京の学生たちは中華民族解放先鋒隊を組織した。学生たちは隊列を組んで「義勇軍行進曲」を歌いながら戦闘的な救国運動を繰りひろげた。成立当時は三〇〇人前後の組織だったが、一年後には全国にひろがって、六、七〇〇〇人の隊員を擁するまでに発展した。

学生の一二・九運動に呼応して、上海では文化人・知識人二八三人の連名で「上海文化界救国運動宣言」が発表されたのをきっかけに、抗日救国運動は上海の各界へひろがり、三六年一月二八日（この日は第一次上海事変〈一九三二年、一二三頁参照〉の開始された日）には、大学教員・学生・実業界などの各界に組織された救国会を結集した上海各界救国連合会が結成された。上海の救国会運動は、北京・天津・武漢など全国の省や都市にひろまり、六月一日には、全国の一八の省市・六〇余の救国団体の代表が集まって全国各界救国連合会が成立した。同会は、全国の各党派を団結させ、統一した抗日民族運動を展開することを目標にした。こうした抗日救国運動は翌年、日本軍が「一撃で中国を屈服させる」として発動した日中戦争にたいして、あくまでも屈服しないという中国国民全体の「堅固な抗日意志」を形成するうえで重要な役割をはたした。

## (2) 蒋介石の「囲剿《いそう》戦」と紅軍の長征

日本の華北分離工作の急進展により、北京・天津のある華北が「第二の満州国」にされることを中華民族存亡の危機と自覚した学生・知識人・ジャーナリストらが先頭にたった抗日救国運動は高まり、国民党と共産党が「内戦停止、一致抗日」して、抗日民族統一戦線を実現するよう求める声が日ごとに強まっていった。しかし、蒋介石は相変わらず、「安内攘外」政策に固執して、共産党のソビエト政権の撲滅戦（剿共戦《そうきょう》）に全力を傾注した。それどころか、抗日救国運動の高まりにより、国民党政府批判が強まるいっぽうで共産党の影響力が増大していること、さらには抗日運動の激化は、日本が居留民保護を口実に軍隊増派をはかり、軍事侵略を強めることになる、ことなどを懸念して、三六年一一月二三日には、全国各界救国連合会の七人の指導者（沈鈞儒・章乃器・鄒韜奮・李公樸・王造時・沙千里・史良）を逮捕し、救国運動を弾圧するまでにいたった（抗日七君子事件）。

ところで、蔣介石政府はなぜ共産党のソビエト政権への撲滅戦を優先しようとするのか、ここで、歴史を少し前にもどしてまとめておきたい。

本書第Ⅰ章の中国国民革命の展開のところで、一九二七年蔣介石が「四・一二反共クーデター」を決行、共産党を大弾圧し、第一次国共合作が完全に崩壊したと述べた（八八頁参照）。国民革命軍内部の中国共産党あるいはシンパの指導者たちは二七年八月一日に軍隊を率いて江西省の南昌において武装蜂起をおこない、革命を継続するために国民党軍と戦うことを宣言した。現在中国では、この八月一日を人民解放軍の建軍記念日としている。また、同軍の徽章にも「八・一」の文字が記されている。

いっぽう、湖南省では毛沢東らが農民運動を組織、二七年秋に武装蜂起して地主から収穫物を獲得する秋収暴動をおこなったが失敗し、残った部隊を率いて、湖南・江西省境の井崗山《せいこうざん》に入り、革命根拠地を建設していた。これに南昌蜂起をした共産党軍が合流して、共産党の革命軍としての中国労農紅軍を成立させた。中国では「赤色」を「紅色」と表記する。日本語の赤軍が中国語では紅軍となる。共産主義革命をおこなうために労働者と農民が組織した革命軍という意味で労農紅軍（中国語では工農紅軍）、略して「紅軍」と称した。

この革命根拠地では、共産党の権力がうちたてられ、紅軍がゲリラ戦を展開して周辺農村で地主の土地を没収し、農民に土地を分配する土地革命を実行した。この政権は当時ソビエトと呼ばれた。ロシア語で、ロシア革命のとき革命権力樹立の基礎になった労農兵ソビエト（評議会・会議の意味）に由来する。これ以後、ソビエト政権を樹立するためのソビエト革命が華中・華南の各地で展開され、革命根拠地が形成された。紅軍は、農民の立場に立った思想と、それまでの軍隊にみられない厳正な規律をもっていたので、農民とくに貧農に支持された。

各地で樹立したソビエト政権を統合するために三一年一一月、江西省の瑞金を首都とする中華ソビエト共和国臨時中央政府（主席毛沢東）が成立した。各地のソビエト政権は、ソ連をモデルとする政府機構・法制度など革命国家としての実体化と、域内民衆の支持の獲得に努力した。

いっぽう、蔣介石国民政府の統一にとって、中華ソビエト共和国の領域拡大は、最大の政治的障害となった。蔣介石は一九三〇年代に入ってから「安内攘外」政策をかかげ、ソビエト政権の撲滅戦（剿共戦《そうきょう》）を五次にわたっておこなった。ソビエト地域を包囲して攻撃、その撲滅をはかったので、「囲剿《いそう》」と呼ばれた。一九三三年一〇月から開始された第五次「囲剿」では、一〇〇万の大軍をもって、ソビエト地区に総攻撃をかけ、さらにトーチカ（コンクリート製の防御陣地）を築き、その間を軍用道路でむすんでソビエト地区を封鎖し、この包囲網をせばめてゆくという周到な作戦が実施された。

圧倒的な軍事力により紅軍のゲリラ戦術が封じ込められ、追いつめられた共産党中央委員会とソビエト政府関係者は、三四年一〇月、首都瑞金を放棄、江西省ソビエト地域を脱出して、紅軍主力一〇万をともなって、新たな革命根拠地をもとめて大移動を開始した。これは中国革命史では「大長征」あるいは単に「長征」と呼ぶ。中国共産党と紅軍は、国民党軍の空と陸からの執拗な追撃をふりきりながら、険しい山河を越え、一万二〇〇〇キロの行程を踏破して、三五年一〇月陝西省北部のすでに築かれていた革命根拠地にたどり着いた。出発時に一〇万あった部隊が一万に激減するという大きな犠牲をはらったが、紅軍の中心部隊は維持された。その後、他のソビエト区から移動してきた部隊も合流し、後に「革命の聖地」といわれる延安を中心にした陝北（陝西省北部）ソビエト政権が築かれた。

## ⑶張学良の西安事件

一九三〇年代前半に華中・華南の各地に建設された共産党と紅軍によるソビエト政権にたいして、その撲滅をはかった「囲剿戦」「剿共戦」に大きな成果をえた蒋介石は、陝西省北部に追い詰めた共産党政権の撲滅に執念を燃やした。そのために、「安内攘外」政策をかかげて、日本の華北分離工作に譲歩する政策をとり、それに抗議する抗日救国運動を弾圧したことは、すでに述べたとおりである。

その蒋介石が、張学良を「西北剿匪総司令部副総司令」に任命し、東北軍を率いて、陝西省北部に「長征」してきた紅軍と革命根拠地への包囲攻撃（囲剿）を命じたのである。蒋介石は、策略家で冷徹な軍人であったので、非直系の地方軍を「囲剿戦」に投入して消耗させ、紅軍の撲滅と非直系の軍隊の削減との「一石二鳥」を狙ったのである。

これより先、張学良は関東軍による満州事変と「満州国」建国の策謀にたいして正面切って戦わなかったことから「不抵抗将軍」の汚名をうけ、張学良の責任を追及する声があがり、窮地に追い込まれた。そのため張学良は国民政府の陸海空副総司令を辞任して下野を表明、蔣介石の勧めによって中国を離れることにし、三三年四月、家族とともにヨーロッパへ旅立った。ヨーロッパの国々を歴訪し、中国に戻ったのは三四年一月であった。

帰国した張学良に、蔣介石は共産党軍への攻撃を命じたのである。張学良は、東北軍約一三万を率いて、西安に司令部を置き（司令部の張学良公館跡は、現在、「西安事変記念館」になっている）、陝西省主席であった楊虎城の西北軍とともに、陝北ソビエトの共産党軍にたいする「囲剿戦」を展開した。しかし、三五年一〇月から一一月にかけて、三回にわたる紅軍との戦闘で東北軍は大敗北を喫した。共産党は捕虜になった東北軍の数千人の将兵にたいして、内戦を停止して、一致して日本と戦うことの必要を説いたうえで、旅費を渡して送り返したため、東北軍の将兵の間に、共産党との内戦にたいする厭戦ムードが広まった。

東北軍の将兵たちにとって、満州事変によって故郷を追われ、移駐した華北も日本に奪われようとしているときに、侵略者の日本軍との戦いではなく、同じ中国人である共産党軍との戦いで兵力を失っていくことは耐え難いことであった。東北軍将兵たちの間には、日本と戦わず、蔣介石の命ずるままに共産党と戦っている張学良にたいする不満と反発がしだいに高まった。いっぽう、上述した北京の学生の一二・九運動に端を発した抗日救国運動は、上海・南京・武漢と長江沿いの都市をさかのぼり、西安に達し、「内戦不参加、連共抗日」の声は張学良周辺にまで影響をおよぼすようになった。

本音では、蒋介石の「安内攘外」政策に批判的で、共産党との一致抗日を考えていた張学良は、三六年四月八日、自ら飛行機を操縦して密かに延安に飛び、翌九日に延安のカトリック教会で、周恩来と会談した。五月上旬には二回目の会談がおこなわれ、張学良は東北軍による共産党軍への「囲剿戦」の停止を密かに約束するとともに、周恩来との間で、国民党と共産党が内戦を停止し、一致して抗日にあたるように努力することで合意した。周恩来との会談の後の六月二二日の講演で、張学良は「抗戦こそ中華民族の唯一の活路であり、抗日は東北軍最大の使命である」と断言した。満州事変にたいして自分が不抵抗主義をとったことへの痛恨の思いが背景にあった。

しかし、蒋介石は徹底した「剿共」第一主義政策を堅持した。そして、張学良の東北軍と楊虎城の西北軍による「囲剿戦」がいっこうに進展しないことに業を煮やし、三六年一二月四日、側近の国民党政府高官を率いて自ら西安に乗りこんできて、共産党軍への攻撃を迫った。これにたいし、張学良は蒋介石が宿舎をとった西安郊外の華清池（唐の時代、玄宗皇帝と楊貴妃が愛の生活を過ごした温泉地）に赴き、蒋介石に内戦停止と一致抗日を涙を浮かべて訴えたが、蒋介石は頑として受け付けず、張学良と蒋介石の対立は決定的なものとなった。

一二月九日、前年の北京でおこった一二・九運動の一周年を記念して、西安の学生約一万人が、内戦の停止と一致抗日を求めて請願デモをおこなった。学生運動の中核になったのは、満州事変で故郷を追われた東北大学の学生たちであった。学生デモは、華清池まで行って蒋介石に直接請願しようということになり、西安市内を出発、灞《は》橋という橋にくると、国民党の憲兵隊が機関銃を据え付けて、デモ隊を阻止した。蒋介石は憲兵隊にたいして発砲許可を与えていた。憲兵隊と学生との間に衝突がおころうとしたところへ張学良が車で駆けつけ、学生たちにたいして、蔣介石に学生の要求を伝えること、一週間以内に事実をもって学生の要求に答えるからと約束し、学生たちを説得して西安に戻した。

一二月一二日、張学良は東北軍の精鋭部隊に華清池の蔣介石の宿舎を急襲させ、蔣介石を拘束して西安市内に連行させ、新城大楼に監禁した。その日のうちに、張学良と楊虎城の連名で以下の八項目の主張を全国に通電した。

①南京政府の改組、②内戦の停止、③救国会指導者（抗日七君子）の即時釈放、④全国のすべての政治犯の釈放、⑤民衆の愛国運動の解放、⑥人民の集会、結社、すべての政治的自由の保証、⑦孫文総理の遺嘱の切実なる遵守、⑧救国会議の即時召集

これが、全世界を驚かせた「西安事件」である。日本では『読売新聞』（一九三六年一二月一三日号外）が「全支大動乱の危機に直面」「蔣介石氏の生死に拘わらず　張学良を即時討伐　総司令何応欽洛陽に飛ばん」「抗日は戦略　張の野心爆発」などと報じたように、西安事件は張学良の個人的野心によっておこされ、中国は大動乱となるであろうと、センセーショナルに書きたてた。

しかし、西安事件は、日本側が期待したような、大動乱とはならなかった。

事件の翌朝、張学良から共産党へ周恩来の招聘を求める電報が届き、共産党はこの要請を受け、調停のために周恩来を西安に派遣した。一二月二二日には蔣介石夫人の宋美齢と兄であり、財政部長、行政院院長代理をつとめたことのある宋子文が西安に到着した。張学良と周恩来と宋美齢・宋子文の四者の会談がもたれ、二四日には張学良の仲介のもと、蔣介石と周恩来が直接会談をして、内戦停止

と一致抗日について、基本的合意ができた。これによって、蒋介石も監禁を解かれ、二六日に飛行機で南京に到着し、宋美齢とともに南京政府の要人に迎えられた。

西安事件により、蒋介石国民政府が共産党と紅軍の革命政権への撲滅作戦を放棄し、国民党と共産党が一致して抗日戦争を戦うことに合意したことは、翌三七年の日中戦争に際して、決定的に重要な意味をもった。それは日中戦争（抗日戦争）の開始とともに、ただちに第二次国共合作が成立し、これに大衆も加わって、抗日民族統一戦線が形成されたからである。次章で詳述するように、陸軍中央の拡大派が豪語した「中国一撃論」はもはや通用しなくなったのであるが、日本の軍部・政府そしてほとんどの国民も、西安事件の歴史的意味を理解しなかった。

いっぽう、西安事件を起こした張学良は、東北軍の反乱や不測の事態を回避するため、飛行機で蒋介石らの二時間後に南京に到着、国民党軍事委員会高等軍法会議の裁きを受けることにした。軍法会議では張学良に「上官暴行強迫罪」で「懲役一〇年、公民権剥奪五年」の判決が下された。ところが蒋介石は、三七年一月四日付で張学良を特赦し、替わって軍事委員会のもとで軟禁する措置をとった。以後、張学良は半世紀にわたり各地を転々としながら、軟禁生活を強いられ、歴史の表舞台から姿を消した。

張学良は、日中戦後の国共内戦で敗れた国民党政府とともに台北へ移され、九〇歳になった一九九〇年にようやく政治的名誉回復がなされた。同年八月、ＮＨＫの独占インタビューに答えた張学良は、自分が満州事変・「満州国」にたいして不抵抗主義をとったことに関連してこう述べた。

私は後になって日本軍の行動を理解したのです。当時の日本軍がいかに狂っていたかということを理解したのです。日本軍は中国に対してひどいことをしただけでなく、日本国内でも同様なことをしていたのですから。言うことを聞かなければ殺してしまう。後でやっと、これが日本という国の現実だと分かったのです。このまま続けていけば、日本という国家は滅んでしまうと思いました。私の判断ではこのような国が、このような狂った軍人のいる国がとても生き残れるとは思えませんでした。（NHK取材班・臼井勝美『張学良の昭和史最後の証言』角川書店）

張学良はインタビューの最後に「日本の若者に言いたいこと」としてつぎのように述べた。

私は、一生を日本によって台なしにされました。私は日本に父親を殺され、家庭を破壊され、財産も奪われたのです。このうえなく不合理なことです。（中略）私は日本の若者にぜひとも言いたいことがあります。日本の過去の過ちをまずよく知ってください。そして過去のように武力に訴えることを考えてはいけません。（前掲書）

張学良はその後、ハワイへ移住して一〇〇歳で亡くなった。右の言葉は、日本によって生涯を犠牲にされた張学良の日本人にたいする「遺言」ともいえるものである。

**【註】**

〈1〉防衛庁防衛研修所戦史室『戦史叢書　支那事変陸軍作戦(1)』朝雲新聞社、一九七五年、五五頁。

〈2〉防衛庁防衛研修所戦史室『戦史叢書　支那事変陸軍作戦(1)』朝雲新聞社、一九七五年、六七頁。

〈3〉司令長官は海軍だけの軍職で、天皇に直属して、艦隊・鎮守府・警備府の最高の統率者のことである。司令官は、海軍では、やはり天皇に直属して、独立艦隊や戦艦・航空母艦などの軍艦や作戦上重要な港に設置された要港部の統率者の軍職である。司令長官と司令官の相違は、規模の相違で、複数からなる機関の場合が司令長官で、それよりも規模の小さい、司令長官の指揮下にある機関の長を司令官とした。いっぽう陸軍は、方面軍・駐屯軍・派遣軍・軍などの長の軍職はすべて司令官とした。

〈4〉麻田貞雄『両大戦間の日米関係─海軍と政策決定過程』東京大学出版会、一九九三年、一八九頁。

〈5〉野村實『天皇・伏見宮と日本海軍』文藝春秋、一九八八年、一五〇頁。

〈6〉防衛庁防衛研修所戦史室『戦史叢書　海軍航空概史』朝雲新聞社、一九七六年、四八頁。

〈7〉公大飛行場は上海の共同租界東区のはずれの黄浦江近くにあった。実際に建設整備され、海軍航空隊が使用するようになるのは第二次上海事変後の一九三七年九月からである。この地は、日本資本の紡績工場がいくつか建設され、事実上日本の権益下にあった。公大飛行場はゴルフ場を改造して建設された。

〈8〉防衛庁防衛研修所戦史室『戦史叢書　中国方面海軍作戦(1)』朝雲新聞社、一九七四年、二〇五頁。

〈9〉防衛庁防衛研修所戦史室『戦史叢書　中国方面海軍作戦(1)』朝雲新聞社、一九七四年、二一三頁。

# Ⅳ 日中戦争はどのように始まったか

# 1　盧溝橋事件から「北支事変」へ

## 起こるべくして起こった盧溝橋事件

盧溝橋は、北平（北京）から南西一五キロの地点にある、永定河にかかった全長二六〇メートル、幅約八メートルの美しい橋である。英語ではMarco.Po.lo Bridgeといわれる。かつてここを訪れたイタリア人の旅行家マルコ・ポーロが『東方見聞録』のなかで、この石橋は「全く世界中どこを捜しても匹敵するものがないほどのみごと」なものと紹介したことに由来する〈註1〉。

一九三七年七月七日、地図にあるように、盧溝橋の北西、京漢線（北京—漢口）の線路北側に広がる永定河東岸の荒蕪《こうぶ》地を演習地にして、支那駐屯軍（一六四頁参照）の歩兵第一連隊（連隊長牟《む》田口《たぐち》廉《れん》也《や》大佐）麾下で豊台に駐屯する第三大隊（大隊長一木《いちき》清直《きよなお》少佐）に属する第八中隊（中隊長清水節郎大尉）の総勢約一五〇人が夜間軍事演習をおこなった。演習地の南には京漢線を挟んで宛平県城がある。盧溝橋の東二〇〇メートルにある県城は、東西六四〇メートル、南北三二〇メートルの城壁に囲まれた小さな街で第二九軍の部隊が駐屯、日本軍は入城できなかった。永定河の土手には、龍王廟から

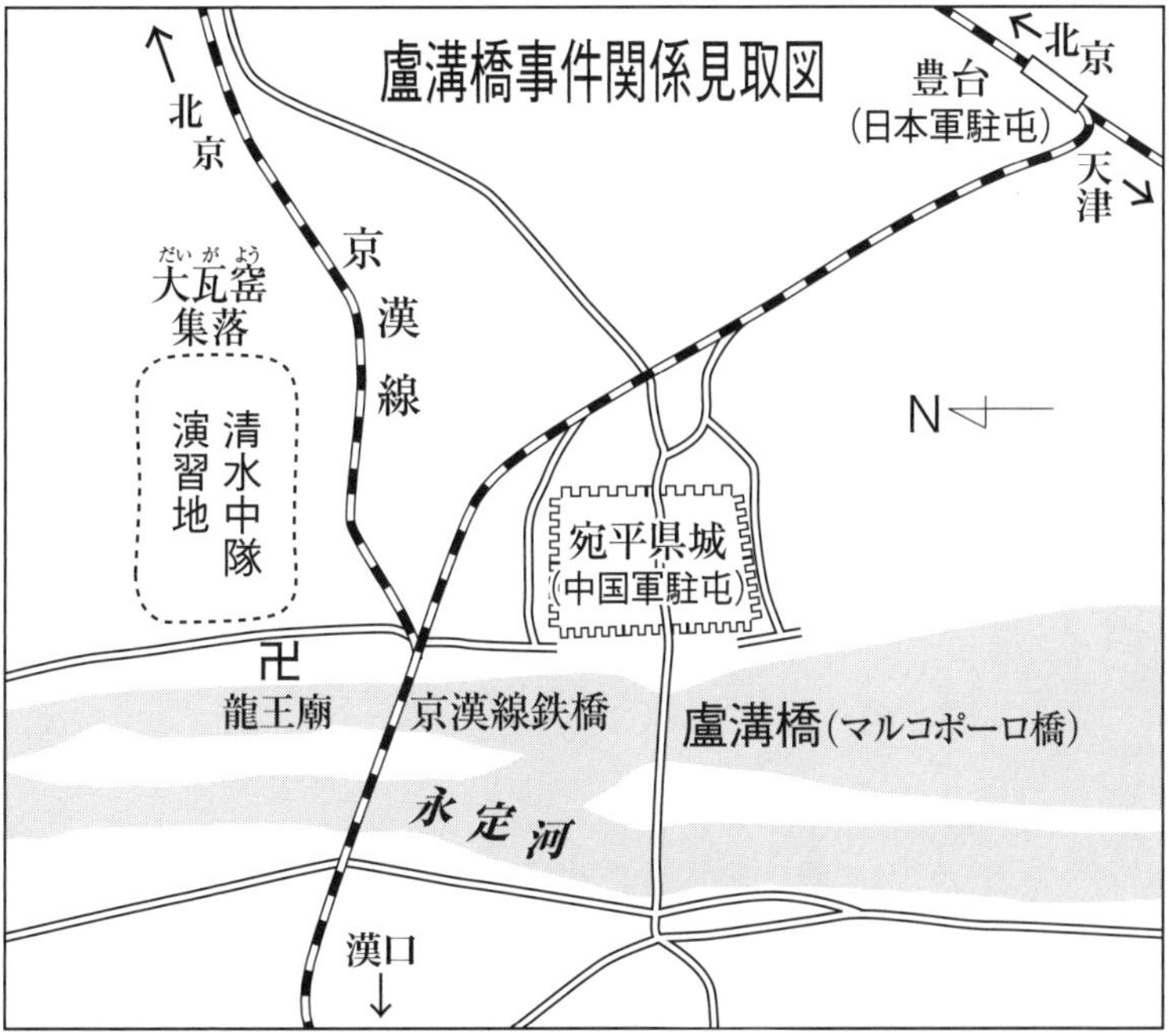

宛平県城の門（撮影／齋藤一晴）

**盧溝橋で衝突した日中両軍の指揮系統**

支那駐屯軍（天津）――支那駐屯歩兵旅団（北京）――歩兵第一連隊（北京）――第三大隊（豊台）――第八中隊
司令官 田代皖一郎中将／旅団長 河辺正三少将／連隊長 牟田口廉也大佐／大隊長 一木清直少佐／中隊長 清水節郎大尉

第二九軍（北京）――第三七師（西苑）――第一一〇旅（西苑）――第二一九団（長辛店）――第三営（盧溝橋）――第一一連
司令 宋哲元／師長 馮治安／旅長 何基澧／団長 古墨文／営長 金振中／連長 耿錫訓

南へ約四〇〇メートルにわたり第二九軍の散兵壕が掘られ、三つのトーチカが築かれていた。散兵壕は日本では蛸壺という言い方をしたが、兵士一人が直径一、二メートル、深さ一メートルほどの穴を掘って入り、掘土を盛った上に銃を乗せて射撃する。トーチカはコンクリートで作られた堅固な銃撃陣地である。清水中隊はそのわずか数百メートル前で演習をおこなったのである。堤防の上や散兵壕の中国兵からは、明るければ見下ろせる場所である。

演習は午後七時三〇分に開始された。演習は黎明攻撃に備えて、大瓦窑《だいがよう》前に設定された仮想敵陣地の手前の黎明攻撃地点まで、鉄条網などの障害物を排除しながら匍匐《ほふく》前進して到達する訓練であった。その日は晴れていたが月のない闇夜だった。黎明攻撃とは、夜間に密かに攻撃地点に接近して、夜の白むのを待って敵陣を襲撃する戦術である。

演習も終了に近づいた午後一〇時四〇分頃、中国軍の陣地のある永定河の堤防の龍王廟の方向から日本軍部隊へ向かって数発の実弾が飛んで来た。いわゆる盧溝橋事件の「第一発」である。清水中隊長が集合ラッパを吹かせて部隊を集合させたところ、大瓦窑前の仮想敵陣地に演習終了を告げる伝令

盧溝橋（撮影／笠原十九司）

に行かせた志村菊次郎二等兵の行方が不明であった。

清水中隊長は「第一発」と「兵一名行方不明」の事実を伝令で豊台の一木第三大隊長に報告した。一木は「兵一名行方不明」を重大視し、ただちに部隊を警急呼集して盧溝橋に出動させるとともに、北京の牟田口第一連隊長に電話で連絡した。警急呼集とは、警戒すべき突発的な事件が発生したときに緊急に部隊を呼び集めることである。牟田口は一木に戦闘隊形をとって中国側と強硬に交渉するように命じた。一木大隊は八日午前二時すぎに盧溝橋付近に到着したが、行方不明であった志村二等兵は、集合二〇分後には無事帰隊していた。

一木大隊出動の最大の理由であった「兵一名行方不明」の問題は解消したのであるが、一木は、「第一発」を、中国軍の威嚇射撃、すなわち「不法射撃」とみなして、明け方を待って現地の二九軍当局に厳重に交渉する方針に転換して現場にとどまっていた。すると、午前三時二五分頃、また龍王廟の方面で再び銃声がおこった。これを日本軍にたいする「不遜」な「不法射撃」とみな

THE TOKYO ASAHI SHIMBUN　昭和十二年七月九日（金曜日）　第一萬八千四百六號

東京朝日新聞　夕刊

# 北平郊外で日支兩軍衝突

## 不法射撃に我軍反撃
## 廿九軍を武装解除
### 疾風の如く龍王廟占據

## 支那の要請で一時停戰

## 鹿内准尉戰死す
野地少尉負傷

## 硝煙の戰線を行く
## 突如銃を擬し脅迫
凄絶・砲火耳朶を打つ

## 已むを得ぬ自衛
今井北平駐在武官談

## 南京政府强硬
宋哲元氏に

## 軍當局强硬
陸軍省へ公電

## 不法を徹
武装解

## 我電線
行動

事件の發端となつた蘆溝橋

「北平郊外で日支両軍衝突　不法射撃に我軍反撃　疾風の如く龍王廟占據」
（『東京朝日新聞』1937年7月9日夕刊）

した一木大隊長は、牟田口連隊長に「膺懲のため断固攻撃をしたい」と電話で申し出たところ、「やって宜《よろ》しい」と戦闘許可命令が出た。そこで一木部隊は、夜明けを待って、午前五時三〇分、龍王廟や永定河堤防の散兵壕の中国軍への攻撃を開始した。前年の豊台事件（一七〇頁参照）の後、牟田口連隊長が「若《もし》今後支那軍にして不法行為あらば決して仮借すること無く、直に起て之に膺懲を加えて……」と訓示したことの実行であった。これにたいして中国軍の散兵壕からも応戦、盧溝橋付近で日中両軍の戦闘がくり広げられた（盧溝橋事件）。

なお、NHK総合テレビ「歴史への招待—盧溝橋謎の銃声」（一九八一年四月一八日）によれば、「第一発」は、伝令の志村二等兵が方向を誤って、中国人陣地に近づいたために発砲されたのが真相であるという。また、午前三時二五分頃の銃声は、豊台へ伝令に出された第八中隊の二人が盧溝橋に戻ったところ、中隊が移動して見当たらず、龍王廟付近を右往左往していたのを中国軍に射撃されたものであるという。〈註2〉

月のない闇夜に、永定河堤防に沿った中国軍陣地の数百メートル手前で、黎明の奇襲攻撃のための夜間軍事演習を展開したこと事態が無謀で挑発的な行動といえた。危機意識と敵対意識を抱いて、トーチカあるいは散兵壕で警戒にあたっていた中国兵が、暗闇のなかを陣地に接近してくる日本兵の影を認めれば、警告の意味もふくめて発砲するのは当然なことであった。牟田口連隊長と一木大隊長は、これを「不法射撃」とみなして中国軍を「膺懲」しようとして、攻撃を命令したのである。盧溝橋事件は起こるべくして起こったといえよう。牟田口はアジア太平洋戦争末期、インパール作戦を強行して、日本兵に大量の餓死、病死者を出すことになるが（下巻二九二頁参照）、血気にはやる牟田口や一木らの浅慮が、日中戦争を発火させたのである。

## 拡大派の「下剋上」と華北派兵決定

盧溝橋付近では、九日も一〇日も日中両軍の戦闘がくりかえされたが、現地軍は、陸軍参謀本部の「対支時局対策」に基づいた牟田口連隊長の「膺懲」を加えて「侮日抗日観念」に一撃を加えたのちは、「事件を小範囲に極限し、共に解決を神速《しんそく》ならしむ」という訓示のとおりに、一一日に現地中国軍当局との間に停戦協定を結んだのである。それは、中国の第二九軍代表の日本軍にたいする遺憾の表明と責任者の処分、宛平県城と龍王廟陣地からの中国軍の撤退、抗日各種団体の取り締まりなど、中国側に一方的に譲歩を強いたものであったが、ともかく現地で停戦協定が成立したのである。

ところが、盧溝橋事件にたいする陸軍中央と日本政府は、現地の停戦協定を無にする対応をおこなったのである。

当時の陸軍中央は折悪しく、ガバナンスが欠けた状態にあった。参謀総長の閑院宮載仁親王《かんいんのみやことひとしんのう》は、天皇の軍隊の象徴としてのお飾り的存在であり、さらに七三歳の高齢でもあったので、ほとんど実権はなかった。代わって参謀本部を統括すべき立場にあった参謀次長の今井清中将は病臥中で、その任務を遂行することはできなかった（一九三八年一月に死去）。参謀本部第二（情報）部長渡久雄中将も病臥中であった（一九三九年一月死去）。支那駐屯軍の最高指揮官であった支那駐屯軍司令官田代皖一郎《たしろかんいちろう》中将も、重態で、盧溝橋事件発生直後の七月一六日に死去した。健康であった陸軍大臣杉山元《はじめ》大将は、「厠《かわや》のドア」といわれたように、強く押す方へ開く「ロボット型将軍」と言われ、周囲の強い勢力になびく軍人であった。

このようなガバナンスの欠如した陸軍中央において、盧溝橋事件を機に強大な兵力で一撃を加えれば中国は屈服し、華北分離の長年の懸案が一挙に解決するという「中国一撃論」を主張する拡大派が急速に勢力を強めた。その中心は、参謀本部作戦課長の武藤章大佐で、盧溝橋事件にたいして、不拡大派の柴山兼四郎陸軍省軍務局軍務課長が「厄介なことが起こったね」と言ったのにたいして、「ゆかいなことが起こったね」と言ったという有名なエピソードがある。武藤は斬殺された永田鉄山軍務局長（一六〇頁参照）の子分と目され、統制派のホープとして、二・二六事件をカウンター・クーデターとして利用して「勝ち組」となった統制派のリーダー格になっていた。彼は同じ「一撃論者」の陸軍省軍務局軍事課長田中新一大佐らと組んで、中堅幹部を中心とする拡大派の多数派工作に成功した。参謀本部第三（運輸）部長塚田攻少将と第四（戦史）部長下村定少将も拡大派になった。

ガバナンスの欠如した陸軍中央で、日本軍の作戦指導の事実上の最高責任は、参謀本部第一（作戦）部長石原莞爾少将が負うことになった。石原は対ソ戦を第一義とし、中国の民族意識の成長と国共合作による抗日勢力の成長をそれなりに認識していたので、不拡大・現地解決の方針をかためるために努力し、閑院宮総長の同意を得て、七月八日午後六時四〇分、支那駐屯軍司令官宛に、参謀総長の指示として、「事件の拡大を防止する為、更に進んで兵力を行使することを避くべし」と発令した。

しかし、同じこの八日に武藤作戦課長と田中軍事課長との間で、内地から三個師団と航空隊一八個中隊を急派する案について意見が一致。武藤・田中らの策動が功を奏して、九日に参謀本部と陸軍省の関係部課の間で作成された「北支時局処理要領」は、内地軍と関東軍・朝鮮軍を華北に派兵して「平津（北京・天津）地方」に限定して同地方を安定確保するというもので、石原部長の不拡大方針に対抗するものであった。そして、陸軍中央において華北への兵力増派論が大勢を制し、七月一〇日には陸軍省と参謀本部の間で、関東軍二個旅団・朝鮮軍一個師団・内地軍三個師団と航空隊の華北への派兵案がまとめられ、石原も同意させられたのである。この派兵案は、盧溝橋事件に乗じて、強大な兵力で中国軍に一撃を与え、前章で述べた華北分離工作を達成し、河北・チャハル両省を「第二の満州国」としようとするものであった。

石原作戦部長が自分の不拡大方針に対抗した部下の武藤作戦課長を批判したのにたいして、武藤が

「何をおっしゃるのですか、私はあなたが満州事変でやったのと同じことをやっているだけですよ」と反論すると、石原は何も言えなかったというエピソードがある。本書第Ⅱ章で述べたように、関東軍参謀の石原莞爾や板垣征四郎らは、謀略で柳条湖事件をおこし、陸軍中央の不拡大方針を無視して満州事変を拡大、ついには「満州国」を樹立、その「功績」を認められて出世に成功、石原は参謀本部作戦部長、板垣は後に陸軍大臣にまで昇進したのである。石原は、野心的な指揮官が上級の統制に従わずに謀略や強引な作戦を強行し、成功すれば出世するという「下剋上」の風潮の先駆けをつくったのだった。

陸軍中央の華北派兵案がまとまった七月一〇日、杉山陸相はその日のうちに近衛文麿に翌日の閣議開催を申し入れた。七月一一日に開催された近衛内閣の閣議では、陸軍の提案を承認し、事態を「北支事変」と命名し、近衛内閣は以下の「重大決意」を発表した。

今次事件は、全く支那側の計画的武力抗日なること最早疑の余地なし。思うに北支治安の維持が帝国及満州国にとり緊急の事たるはここに贅言《ぜいげん》を要せざる処にして、支那側が不法行為はもちろん、支那側の排日侮日行為に対する謝罪を為し、今後斯《か》かる行為なからしむ為の適当なる保障等をなすことは、東亜の平和維持上極めて緊要なり。よって政府は本日の閣議において重大決意を為し、北支出兵に関し、政府として執るべき所要の措置をなす事に決せり。〈註3〉

現地で停戦協定が成立しているさなか、近衛内閣は、中国側の計画的な武力抗日に対しては、日本は「満州国」および華北の治安維持のため、そして中国に反省を促すため「重大決意」をもって華北に派兵する、という強硬な政府声明を発表したのである。「北支事変」と命名した近衛内閣の「重大決意」の声明によって、盧溝橋事件は、局地の軍事衝突事件から本格的な日中間の戦争へと拡大することになった。

## 「北支事変」の開始

中国にたいする宣戦布告に等しい日本政府の華北派兵と「重大決意」の声明をうけて、中国国民党と中国共産党の国共合作による抗日民族統一戦線（二〇一頁参照）の結成と発動の気運が急速に進展した。中国共産党中央は七月一五日、「国共合作を公布するの宣言」を国民党へ送り、国民党政府打倒の革命運動のとりやめ、ソビエト政権（一九六頁参照）の取り消し、紅軍の呼称の取り消しを約束した。一七日には、盧山で開かれた国民政府の国防会議に周恩来を代表とする中国共産党代表団が招かれ、国共合作について協議した。蔣介石はこの日、盧山に招集された全国の学者や各界の指導者一五八人を前にして、「盧溝橋事件により、日本にたいして和平か戦争か最後の関頭（分かれ目）にいたった。これは中国の存亡だけでなく、世界人類の禍福にかかわる問題である。戦争にいたれば、徹底的な犠牲を払っても徹底的に抗戦するという決意によってのみ、最後の勝利を得ることができるのだ」という有名な「最後の関頭」演説をおこなった。〈註4〉

そして、蔣介石は、日本軍の華北増派を恐れた第二九軍が支那駐屯軍と勝手に協定を結んで北京を明け渡してしまうことを懸念して、国民政府の中央軍を北京に向けて北上させた。満州事変に際しては、蒋介石は国民政府軍の戦力の実状からやむをえず不抵抗主義政策をとったが、このことが日本の陸軍内に安易な「中国一撃論」を台頭させたことは第Ⅱ章で述べたとおりである。

しかし、一九三七年の国民政府軍は満州事変時とは比べものにならないほど、近代的な軍備・編制、装備をもち、訓練された国防軍に成長していた。もはや、日本軍部の拡大派・強硬派が見くびったような「一撃」で屈服する軍隊ではなかった。蒋介石は、いずれ日本との全面戦争を展開することに備えて、満州事変以後の六年間、国力を傾注して、近代的な国防軍の建設に努めた。そのことは、蒋介石は「空軍が国を救う」をスローガンに掲げて、空軍の兵力と防空力の強化につとめ、日中戦争直前の段階で、中国空軍の部隊は、合計三三の中隊・大隊を有し、所有飛行機は大小六〇〇余機、発着可能な飛行場は全国で二六二カ所もあったことにあらわれていた（註5）。国民政府の中央軍が、ドイツ式の軍備・装備をもち、ドイツの軍事顧問団によってドイツ陸軍式に訓練された近代的な軍隊であったことは、後述する第二次上海事変において証明される。

日本軍の増援部隊の到着と国民政府中央軍の北上がおこなわれた緊迫した状況のなかで、七月二五日夜、北京と天津の間にある廊坊で、中国軍守備区域を通過する軍用電線の修理へ出動した日本軍部隊が中国軍に攻撃され、これに日本軍が反撃、飛行隊が中国軍兵営を爆撃し、中国兵を撤退させるという廊坊事件が発生した。ついで二六日午後、北平市内の警備兵力を増加するために広安門（一七〇頁地図参照）から北平城内へ入ろうとした日本軍部隊が警備の中国軍から射撃されるという広安門事件が発生した。両事件は日本軍が武力行使をする絶好の口実となり、二七日、参謀本部は、「支那駐屯軍司令官は、現在任務の外、平津（北京—天津）地方の支那軍を膺懲して同地方主要各地の安定に任ずべし」との命令を下した。〈註6〉「北支事変」の開始である。

七月二八日早朝から、支那駐屯軍は、中国の第二九軍にたいする総攻撃を開始、従来の駐屯軍の兵力のほかに、満州・朝鮮から増援された兵力、航空兵団の主力をあわせた圧倒的な兵力で、二九日までに北京・天津と永定河西岸地区をすべて占領した。国民政府の中央軍が同地区へ進駐してくる前であった。

ここで、七月二九日に発生した通州事件について記しておきたい。

通州は北京城から一〇キロ近く東部にある都市で（地図②参照）、日本軍が華北分離工作のために設立した冀東《きとう》防共自治政府（主席殷汝耕、一六六頁参照）の所在地であった。戦後の一九五八年に河北省から北京市に編入されて通化県となった。七月二八日、通州付近で日本軍と中国軍第二九軍との戦闘が展開されたさい、中国軍兵営を爆撃していた日本軍機が、通州の冀東防共自治政府保安隊の兵舎を第二九軍の兵舎と誤認して爆撃し、死傷者を出した。通州の保安隊は日本の傀儡軍であったが、日本軍機に爆撃されたため、日本軍にたいする怒りが爆発した。保安隊の将兵の間に、日本軍は日本に協力した軍人でも平気で殺害した張作霖爆殺事件の記憶が甦ったとしても不思議ではない。また、日本軍の傲慢で差別的な態度に、ふだんから反感を抱いていたことも容易に想像できる。

二九日未明、通州保安隊約三〇〇〇人が反乱を起こし、先ず冀東防共自治政府主席殷汝耕を捕縛してから、つづいて日本軍特務機関と守備隊を襲撃した。反乱軍はさらに日本人の料亭や屋敷などを襲撃し、特務機関長以下の軍人、職員ならびに居留民二二三人（日本人一一七人、朝鮮人一〇六人）を殺害した。朝鮮人が多かったのは、慰安所があったからである。三〇日、日本軍が出動して反乱を鎮圧、

THE TOKYO ASAHI SHIMBUN

東京朝日新聞 夕刊

# 恨み深し！通州暴虐の全貌

【天津にて田中特派員二日發】

## 第二次事件費追加豫算 五億圓突破は必至

一兩日中に査定終了

## 保安隊變じて鬼畜 罪なき同胞を虐殺

銃聲杜絶え忽ち掠奪

廿九日午前三時

まだ激戰が續き

## 宛ら地獄繪巻！

鬼畜の殘虐言語に絶す

男女の區別さへ

## 敵の亂射亂撃に我銃砲彈燒失

通州事件 陸相說明

貴族院本會議

## 一般會計 追加豫算二千萬圓

けふ衆議院を通過

豫算總會可決

「恨み深し！通州暴虐の全貌」『東京朝日新聞』1937年8月4日夕刊

殷汝耕を救出した。

『東京朝日新聞』の記事のように、日本国内では「通州の大虐殺」として日本国民の敵愾心・憎悪心を煽動し、「支那膺懲」熱を高めるために最大限利用された。現在でも南京大虐殺を否定しようとする人たちが、「日本人を大虐殺したのは中国軍の方だ、日本軍は南京大虐殺をやっていない」と繰り返している。本書第Ⅰ章で記した、シベリア出兵時に発生した尼港事件（七六頁参照）と同様、もともとの責任は日本軍側にあることを隠蔽して、憎悪心・敵愾心を煽動するのに利用されたのである。

日本軍の華北総攻撃にたいして蔣介石は、七月三一日「全軍の将兵に告げる書」を発表、「最後の関頭」は対日抗戦にいたったことを宣言、全軍の将兵は、日本の侵略者を駆逐して民族を復興させるため、軍民一致団結して、犠牲を恐れず、最後の勝利を信じて、奮闘努力するよう呼びかけた。〈註7〉

こうして、盧溝橋事件そのものは偶発的に発生したものであったが、満州事変から華北分離工作へと膨張しつづけた日本の軍部・政府の中国侵略政策の必然的な結果として、長期にわたる日中戦争が本格的に開始されたのである。ただし、この段階において、陸軍中央は、「北支時局処理要領」にあるように、北京・天津地方の安定確保を第一の目的にし、「北支事変」の呼称どおり、戦場を華北のみに限定していた。

## 2　海軍の謀略・大山事件から第二次上海事変へ

### 海軍の全面戦争発動準備

前年に日中戦争の発動を企図しながら、陸軍の反対で不成功に終わった海軍にとって（一八五頁参照）、盧溝橋事件の発生は、千載一遇の好機到来となった。軍令部は七月一一日、前述のように現地で停戦協定が成立した日であるが、第一連合航空隊（司令官戸塚道太郎大佐）と第二連合航空隊（司令官三竝貞三《みつなみていぞう》大佐）の二隊からなる「特設連合航空隊」を編成した。第一連合航空隊は、九六式陸上攻撃機を主体とする木更津航空隊（千葉県の木更津に基地）と鹿屋《かのや》航空隊（鹿児島県の鹿屋に基地）からなるが、盧溝橋事件の翌日に出撃準備の命令をうけ、爆弾投下器の取り付け、無線帰投装置の装備、機体の迷彩塗装、機銃や銃架の整備、航空図や中国機識別写真の習得などおおわらわで、出撃準備に入った。このように、作戦部隊は非常事態にたいしては、いつでも戦闘行動を開始できるように、政府や軍中央に先行した戦闘準備態勢に入るのがつねである。

軍令部（総長伏見宮元帥・次長嶋田繁太郎中将）は、七月一二日に以下のような「対支作戦計画内案」を策定した。

一　作戦指導方針

(1)自衛権の発動を名分として宣戦布告はおこなわず、ただし彼より宣戦する場合または戦勢の推移によりては宣戦を布告し、正規戦となす

二　用兵方針

(1)時局局限の方針に則り、差当り平津（北京—天津）地域に陸軍兵力を進出、迅速に第二九軍膺懲の目的を達す。海軍は陸軍輸送護衛ならびに天津方面において陸軍と協力するほか対支全力作戦に備う（第一段作戦）

(2)戦局拡大の場合おおむね左記方針により作戦す（第二段作戦）

(ロ)中支作戦は上海確保に必要なる海陸軍を派兵し且主として海軍航空兵力を以て中支方面の敵航空勢力を掃蕩す
(ホ)封鎖線は揚子江および浙江沿岸その他の我が兵力所在地付近に於いて局地的平時封鎖を行い支那船舶を対象とし……ただし戦勢の推移いかんによりては地域的にも内容的にもこれを拡大す
(へ)支那海軍に対しては一応厳正中立の態度および現在地不動を警告し、違背せば猶予なくこれを攻撃す
(ル)上海陸戦隊は現在派遣のものの外二ケ大隊を増派し、青島には特別陸戦隊二ケ大隊を派遣す、何れも其れ以上に陸戦隊を必要とする場合は一時艦船より揚陸せしむ
(ヲ)作戦行動開始は空襲部隊のおおむね一斉なる急襲をもってす、第一、第二航空戦隊をもって杭州を、第一連合航空隊をもって南昌、南京を空襲す、爾余の部隊は右空襲とともに機を失せず作戦を完了す、第二連合航空隊は当初北支方面に使用す、空中攻撃は敵航空勢力の覆滅を目途とす〈註8〉

七月一二日の段階では、陸軍参謀本部と政府は、「北支事変」として、戦闘を北京—天津地域に限定して考えており、実際にこの地域で日中両軍が本格的な戦闘を開始するのは七月下旬になってからであった。しかし、軍令部は当初からこの第一段作戦をこえて、第二段作戦、すなわち中国沿岸海上封鎖、中国海軍艦船への攻撃、杭州・南昌・南京への渡洋爆撃など、戦線を一挙に華中・華南へ拡大する準備を開始したのである。軍令部は、政府が命名したばかりの「北支事変」をとびこえて、九月

二日に命名することになる「支那事変」、すなわち全面的な日中戦争への作戦準備を開始したのである。右の「対支作戦計画内案」に対して、第三艦隊司令長官長谷川清中将は、さらに次のような意見書を海軍中央（軍令部と海軍省）に具申した。当時の日本艦隊は、連合艦隊（第一艦隊と第二艦隊よりなる）と第三艦隊より編制され、第三艦隊が主要に中国作戦に配備されていた。

武力により日中関係の現状を打開するには、現中国の中央勢力を屈服させる以外道なく、戦局局限の作戦は期間を遷延《せんえん》し、敵兵力の集中を助け、作戦困難となる虞《おそれ》大である。故に作戦指導方針に関し「支那第二九軍の膺懲」なる第一目的を削除し、「支那膺懲」なる第二目的を作戦目的として指導されるを要し、用兵方針についても最初から第二段階作戦開始の要がある。

更に中国の死命を制するためには上海、南京を制するを最重要とし、中支作戦は上海確保及び南京攻略に必要な兵力とし、中《なか》支那派遣軍は五コ師団を要する。また開戦当初の空襲作戦の成否いかんはその後の作戦の難易遅速を左右するかぎであるから、使用可能の全航空兵力をもってし、第二航空戦隊も当然これに含ませる要がある。

長谷川長官は、右にもとづき、一九日第三艦隊作戦計画内案を作成して内示した。〈註9〉こうして、軍令部ならびに中国現地の第三艦隊司令部は、盧溝橋事件を機に、「北支事変」を全面戦争へと拡大させるために、全航空兵力を動員しての開戦当初の空襲作戦の決行を企図し、出撃準備を命令していたのである。ついで、軍令部と海軍省は七月二七日に協議をもち、以下のような「時局処理および準備に関する省部協議覚書（要旨）」を決定した。

一　方針

事態不拡大、局地解決の方針は依然堅持するも、今後の情勢は対支全面作戦に導入の機会大なるをもって、海軍としては対支全面作戦に対する準備を行うこととす。〈註10〉

海軍は、局地解決を目指す政府と陸軍中央の不拡大方針に従う姿勢を見せながら、実際には「対支全面作戦」の準備を発動させた。

海軍とは対照的に、陸軍参謀本部は局地解決をはかるために次のような「対支作戦計画の大綱」を策定した。

作戦方針

平津地方の支那軍を撃破して同地方の安定をはかる

作戦地域はおおむね保定、独流鎮の線以北に限定す。状況により一部の兵力をもって青島および上海付近に作戦することあり。〈註11〉

拙著『海軍の日中戦争―アジア太平洋戦争への自滅のシナリオ』（平凡社）を読んだ読者が、海軍陸戦隊員であった父親の折りたたみ型の冊子になっている「履歴表」の実物を見せてくれた。海軍の下士官・兵士の身分証明書で、本籍・家族・身長などが記され、入隊から除隊までの異動・昇進・賞罰などの軍歴が上官によって書きこまれていた。栃木県佐野市に本籍のある高山義男（提供者の希望で仮名とする）の履歴欄にはつぎのように記されていた。

昭和一二（一九三七）年

七月一二日　横須賀鎮守府第一特別陸戦隊員を命ず

七月二八日　第二艦隊附属となる

七月二九日　横須賀発

八月　二日　旅順着

八月一七日　上海に向け旅順発

八月一八日　第三艦隊附属となる（兼第三艦隊司令部附）

八月一八日　乗艦を出雲に指定す

八月二四日　戦傷（八月二三日呉淞）により上海特陸病舎に依託治療中の處便船安陽丸に入院を命ず。佐世保海軍病院を命ず（安洋〈陽を修正〉丸便乗。安洋丸八月二四日上海発八月二六日佐世保着）

九月　一日　佐病入院中儘横須賀海兵団に送籍せしむ

右の軍歴表が示すように、軍令部は、七月一二日に「対支作戦計画内案」を策定するとともに、同日付で、横須賀鎮守府に海軍陸戦隊員の召集を命令したのである。そして召集された横須賀海軍陸戦隊の部隊は七月二九日に上海での戦闘に備えて横須賀港を出発、旅順で上海への出動待機をしていたのである。長崎の大村と台湾の台北の海軍航空隊の基地で、九六式陸上攻撃機が渡洋爆撃出撃態勢に入っていたのと同様、海軍は上海での戦闘開始と渡洋爆撃を決行する臨戦態勢に入っていたことが証明される。旅順で待機していた横須賀海軍陸戦隊の高山義男は、後述するように、大山事件の謀略が成功して第二次上海事変が開始されるとただちに上海へ移送され、第三艦隊の旗艦・出雲に乗船して、上海北郊外の戦闘に投入され、八月二三日に呉淞における戦闘で重傷を負い、本国帰還となったのである。

話を大山事件前にもどすと、参謀本部石原作戦部長は、「北支事変」の早期収拾をめざして、戦線を保定（北京の南西約一五〇キロ）と独流鎮（北京の南東約二〇〇キロ）以北の華北に限定した「対支作戦計画の大綱」をもって七月三〇日に軍令部を訪れ、次長の嶋田繁太郎中将にたいして「これは陸軍大臣にも説明したが、参謀総長はこれを上聞に達したい（天皇に申し上げたい）意向を有しているので、軍令部の御意見を伺いたい」と伝え、「海軍部内には対支全面作戦をおこなうべきであるとの強硬論が多いが、このようなものは作戦の本質を知らないものである」と申し入れた。これにたいして、海軍首脳部から「上聞に達せられることに異存なし」と回答があったので、参謀総長は「対支作戦計画の大綱」を天皇に奏上した。天皇からは「どこまで行くつもりか」と質問があり、総長は「作戦上の見地から保定の線まで前進する」と答えた。翌三一日、石原作戦部長が参謀次長代理として天皇に「対支作戦計画の大綱」による局地解決の作戦計画を説明すると、天皇はうなずいたという。〈註12〉天皇も

「北支事変」のままで局地解決をすることを望んでいたのである。

## 秘密裡に進められた船津和平工作

「重大決意」を発表した近衛首相であったが、個人としては、北支事変の早期解決を願っていた。近衛が「重大決意」声明をおこなった日に、参謀本部第一部（作戦）の第二（戦争指導）課は、課長は不拡大派の河辺虎四郎中佐であったが、事変解決の緊急措置として「速やかに近衛首相、やむを得なければ広田外相が聖旨（天皇の趣旨）を奉戴し、危局に対する日支和戦の決定権を奉じ、直接南京に至り国民政府と最後的折衝を行う」旨の献言をおこなった。これを受けて石原第一部長も風見章内閣書記官などを通じて近衛首相に申し出をおこない、近衛も直接交渉に乗り気であった。

天皇もこの段階では和平工作に非常な関心をはらい、七月三〇日には近衛首相にたいして「永定河（盧溝橋の河）東北地区を平定すれば、軍事をやめてよろしいのではないか」と意見を述べ、近衛も「速やかに時局収拾を図ります」と答えている。天皇はさらに、八月五日に首相にたいして、六日には軍令部総長にたいして、一〇日には参謀総長にたいして、それぞれ外交解決による時局収拾策を望む意向を伝えている。〈註13〉

こうした天皇の意向をうけるかたちで、首相・陸相・海相・外相の合意のもとに本格的な和平工作が検討された。この工作は、強硬派・拡大派にもれると横槍が入るので、関係中心者だけの絶対秘密とし、まず民間人を派遣して、国民政府外交部亜州司長高宗武を上海に引き出し、話し合ったうえで、正式の外交ルートに乗せるという順序を踏むことになった。もっとも熱心に和平工作を立案、推進しようとしたのが、石射猪太郎外務省東亜局長であった。

八月六日に「日支国交全般的調整案要綱」が作成され、七日には外務省東亜局第一課が起案した「日華停戦条件」が陸軍側の改定意見によって何度か修正されたのち、成案が決定され、これに外相・陸相・海相の花押が印された。近衛首相は暑気あたりで体調がすぐれず、六日から一一日まで、永田町邸に引き籠っていた。近衛首相が、日中戦争の大事な政治局面にもかかわらず、体調を崩して引き籠ることは、この後にも繰り返される。

両案は、盧溝橋事件が発生するそもそもの前史となった、関東軍と支那駐屯軍が強行した華北分離工作により拡大した権益を大筋において清算し、日本は「満州国」の維持を最重要の条件としたことにおいて、日本側の大きな譲歩が提示されていた。これらは前述した、石原参謀本部作戦部長が北支事変の早期収拾をめざして七月三〇日に嶋田軍令部次長に面会して説明した、事態収拾案と重なるものであった。そして、両国が交渉のテーブルにつくことのできる案であった。

和平工作の使者には、在華日本紡績同業会総務理事の船津辰一郎が抜擢された。船津は天津・上海・奉天などの領事館の外交官を長く務め、卓越した中国語と温厚な人柄で、中国の政界・財界に多くの知友をもっていた。船津は夫人の病状が重態になったため、帰国したところであったが、石射東亜局長の説得を受けて、八月四日に再び上海へ向かった。

今回の和平・停戦交渉に骨身をけずって尽力した石射東亜局長は、「これが順序よくはこべば、日支の融和、東洋の平和は具現するのだ。日本も支那も本心に立帰り得るのだ、崇い仕事だ」と八月四日付の日記にその期待を書いた〈註14〉。

蔣介石は、列強の権益が交錯する上海・南京地域に日本軍を引きずりこんで抗日戦争を展開して、列強からの干渉と援助を引き出そうという戦略のもとに上海・南京地域の陣地構築と軍備を増強し、全国からの部隊兵員の動員をはかったが、その一方では、抗日全面戦争への突入はできるだけ回避ないし延期させて、国内の経済発展とより強大な国防軍建設に国力を傾注したかったので、和平・停戦交渉にも応ずるという和戦両用の対応をとっていた。したがって、船津和平工作が成果を得て、北支事変を局地戦争段階にとどめて解決する可能性はかなり高かったといえる。

八月七日に上海についた船津は、川越茂駐華大使や岡本季正《すえまさ》上海総領事らと打ち合わせをしたのち、八月九日、南京から上海にきた国民政府外交部亜州司長高宗武を船津の自宅に招き、和平・停戦交渉を開始した。高司長も、「蔣介石氏も国民にたいして申し訳ができ、顔がたつ程度なれば必ず我慢して、日本の要求に応ずるならんと思う」と述べ〈註15〉、交渉は順調に進むかに見えた。

## 海軍が仕掛けた大山事件

日本政府と陸軍中央さらに外務省東亜局が戦局を「北支事変」にとどめようと、国民政府との和平・停戦協定の締結に向けて秘密裡に交渉を開始したのにたいして、その成立をもっとも恐れたのが、海軍軍令部ならびに中国現地の第三艦隊司令部であった。海軍が「北支事変」を全面戦争へと拡大させるために、全航空兵力を動員しての開戦当初の空襲作戦の決行を企図し、出撃準備を命令、さらに横須賀海軍陸戦隊を旅順で待機させていたことは、前述したとおりである。

海軍の木更津航空隊は、盧溝橋事件の翌日に出撃準備命令を受け、「対支作戦計画内案」（七月一二日）にそって、出撃の装備を整えて射撃・爆撃訓練をおこなったのち、八月八日に同隊五個分隊は木更津から長崎の大村基地に移動して、渡洋爆撃への出撃態勢に入った。鹿屋航空隊も基地前進命令を受けて、八月八日に出動可能の九六式陸上爆撃機全一八機を率いて台湾の台北基地へ移動、渡洋爆撃への出撃態勢に入った。

前年に同じように第三艦隊を戦闘準備態勢に入らせ、渡洋爆撃出撃待機をしながら、陸軍の反対で実行できなかった苦い経験から（一八八頁参照）、軍令部としては、上海で戦闘を開始させるための確実な口実となる事件がどうしても必要だった。そこで、第三艦隊司令官らが周到に仕掛けたのが以下のような大山事件であった。なお、大山事件が海軍による謀略事件であったことを明らかにしたのは、筆者が初めてと思われるが、検証の詳細は拙著『海軍の日中戦争―アジア太平洋戦争への自滅のシナリオ』〈註16〉（平凡社）を参照していただきたい。ここでは、同書に基づいて、概要を記したい。証拠史料類も注記しないので、関心のある方はぜひ拙著をご覧いただきたい。

本書第Ⅱ章で述べた第一次上海事変以後、上海海軍特別陸戦隊は第三艦隊所属下に半永久的な兵営を構築、陸戦用の組織・編制・装備・訓練をした総勢約二〇〇〇人の戦闘部隊となった。上海の虹口《こうこう》に本部を置き、共同租界の区分に応じて、北部・中部・東部・西部・八字橋の各部隊に分かれていた。大山勇夫中尉は、西部派遣隊の隊長として、共同租界区域の西区の警備を担当していた。当時の中国は日本をふくむ列強に従属した不平等条約体制下におかれ、共同租界は、列強が行政権をもっていた

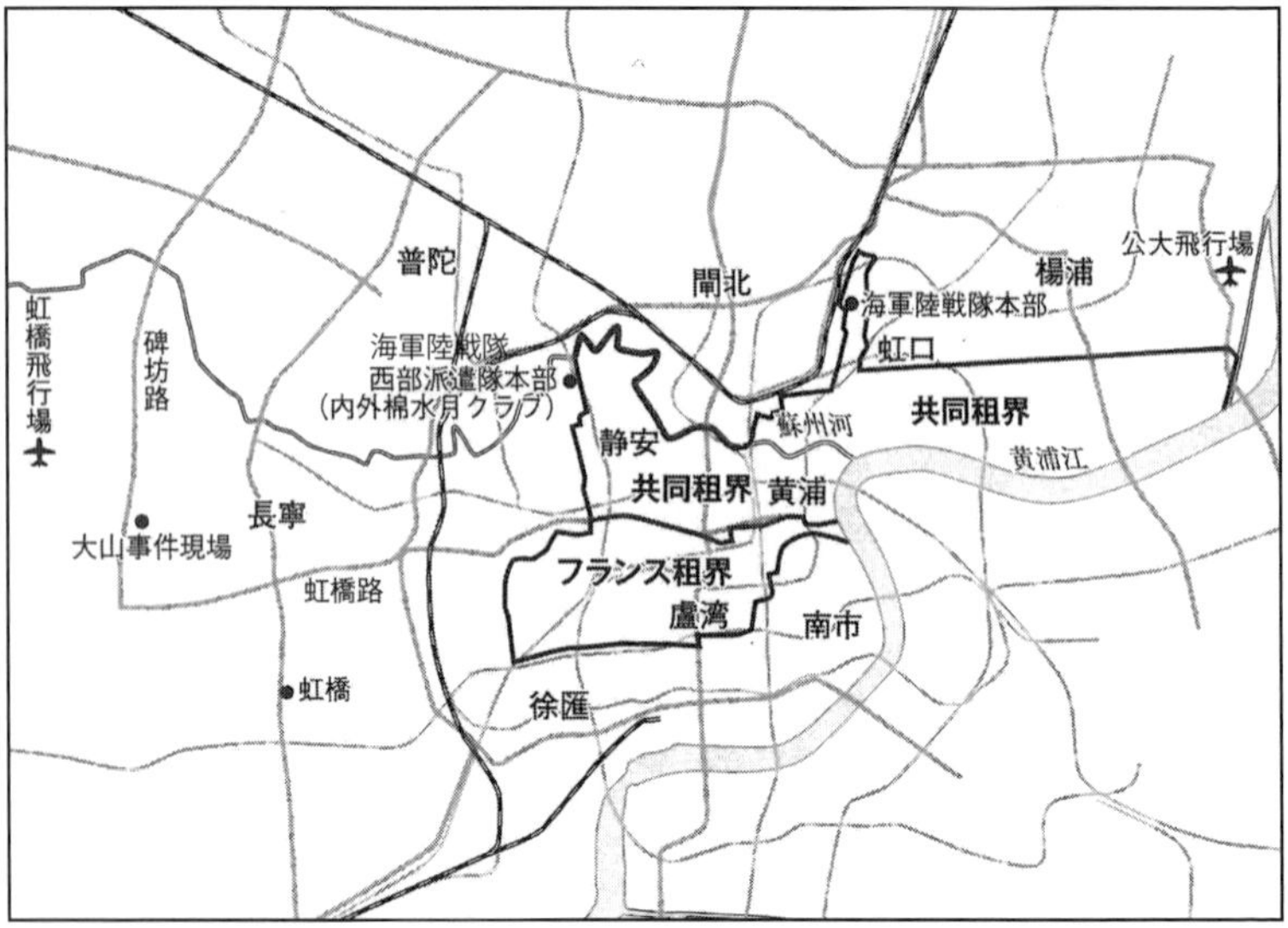


大山事件関連上海地図（筆者作成）。※笠原十九司著『海軍の日中戦争』39 頁掲載「地図２　大山事件関係上海図」を転載

中国の治外法権地域であった。

船津辰一郎が上海に到着して和平交渉に動きはじめた八月七日か八日と思われるが、上海特別陸戦隊司令官大川内《おおこうち》伝七《でんしち》少将は同隊西部派遣隊長の大山勇夫中尉を呼んで、口頭密命（文書証拠を残さないため口頭による秘密命令）を与えた。それは、「お国のために死んでくれ、家族のことは面倒をみる」「こちらからは攻撃するな」などという内容であった。

「密命」は、当時すでに戦闘・出撃に備え臨戦態勢をとるように各部隊に命じていた第三艦隊司令長官長谷川清中将から大川内司令官に伝えられたものであった。

大川内が大山勇夫を選んだのは、当時二六歳であった彼は、仲間や周囲から「童貞中尉」と風評されていたように、独身で妻子がいなかったこと、大山家でいえば、彼は三男で、父がすでに死去して長兄が家を継いでいたので、世間にいう「後顧の憂い」が少なかったこと、さらにカリスマ的国家主義者であった右翼浪人の頭山満《とうやまみつる》に心酔し、「国のために殉ずる」のを潔しとする「愛国壮士」タイプの軍人であったことなどが考えられる。

『大山勇夫の日記[註17]』にあるように、「密命」を受けていた大山中尉は八月八日、身辺整理をして書類を焼却、夕方風呂にはいったあと、新しい襦袢《じゅばん》と褌《ふんどし》に着替えた。後日、遺品として実家に送られた日記には、八月八日の頁に、「家人曰く忠義を尽くせ」と書かれた半紙に包んで大山中尉の「遺髪」と母親が出征時に送った半紙大の絹布《けんぷ》でつくった千人針が挟まれてあった。さらに裏に「断」という字が大きく書かれた客船上海丸の絵ハガキも挟まれ、そこには「自戒」と題して「戦場なり隙あるべからず／雑念を去れ敵を見詰めよ／士魂／任務は力なり／戦斗一般の目的は敵を圧倒殲滅して速やかに戦捷を得るに在り　九日」などの言葉が書かれてあった。九日に死ぬことになる覚悟を書いた「遺書」のようなものである。

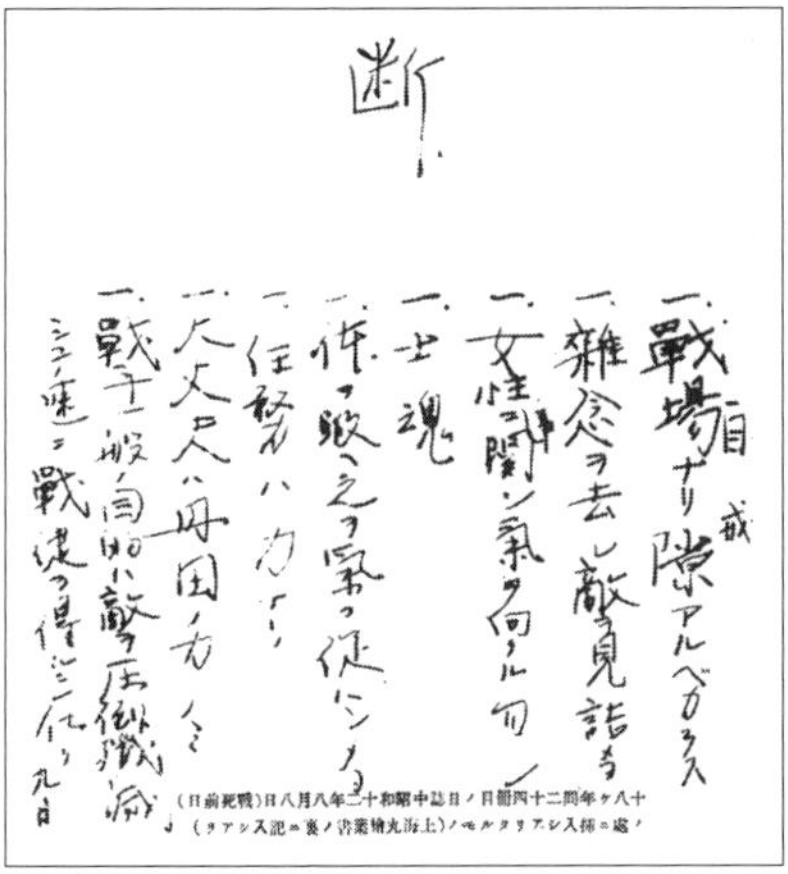


上：大山勇夫中尉の戦死当時の軍装。左下は陸戦隊武装／下：大山勇夫中尉の絶筆（『大山勇夫の日記』より）

事件当日の八月九日の朝、冷水で身を清め、いわゆる斎戒沐浴《さいかいもくよく》をおこなった大山中尉は前夜に新しく着替えた襦袢と褌をつけて、午前、中隊全員を集めて講話をおこなった。その講話について、小隊長だった池田忠太郎は以下のように回想している〈註18〉。

「総員目を閉じろ」と令す。約一分にして「皆は今、戦死をしても何の心残りのない者は手を上げ」、「良し卸せ」。総員目を開け、今見ていると一人残らず全員が思い切り良く元気に手を挙げたのである。中隊長は「感謝に耐えない。それでこそ立派な御奉公ができるものである」。その処迄話さるるや中隊長は感極まってか暫《しばら》く言葉もなく目は異様に光って居たのであった。我々一同も其瞬間瞼の熱くなるのを覚え、一同一死奉公の念を深からしめたのであった。

右の大山中隊長の講話は、「密命」を受けてその日に「戦死」せねばならない自らの「最後の覚悟」をするためのものであったことがわかる。「感極まってか暫く言葉もなく目は異様に光って居た」というのは、死を前にした大山の精神状況がわかるリアルな表現である。

その日早めに夕食を済ませた大山中尉は、その日に限り海軍陸戦隊の軍服と軍刀を持ち、拳銃を携帯せず（前頁写真）、またどこへ行くかも告げずに、斎藤与蔵一等水兵の運転する海軍陸戦隊の車で出かけた。平常おこなっていた租界区域外の視察では、日本軍人であることがわからないように私服で、小隊長や下士官を連れて複数で出かけ、密かに拳銃を携帯するのが常であったから、この日は明らかに違った。視察・偵察に不向きな夕方の時刻にわざわざ出かけたのも、後述するような理由があった。

夕方五時ごろ、上海海軍特別陸戦隊西部派遣隊本部を出た大山中尉の車は虹橋路に出て、上海の西郊外にある虹橋飛行場（現在の虹橋国際飛行場）に向かって、走行した。当時、虹橋飛行場は中国空軍の飛行機が配備されていた軍機密施設であった。飛行場に向かって大山中尉の車が走った虹橋路は西部越界築路区域にある道路だった。それは欧米列強が虹橋にあるゴルフ場に通じるために、上海の

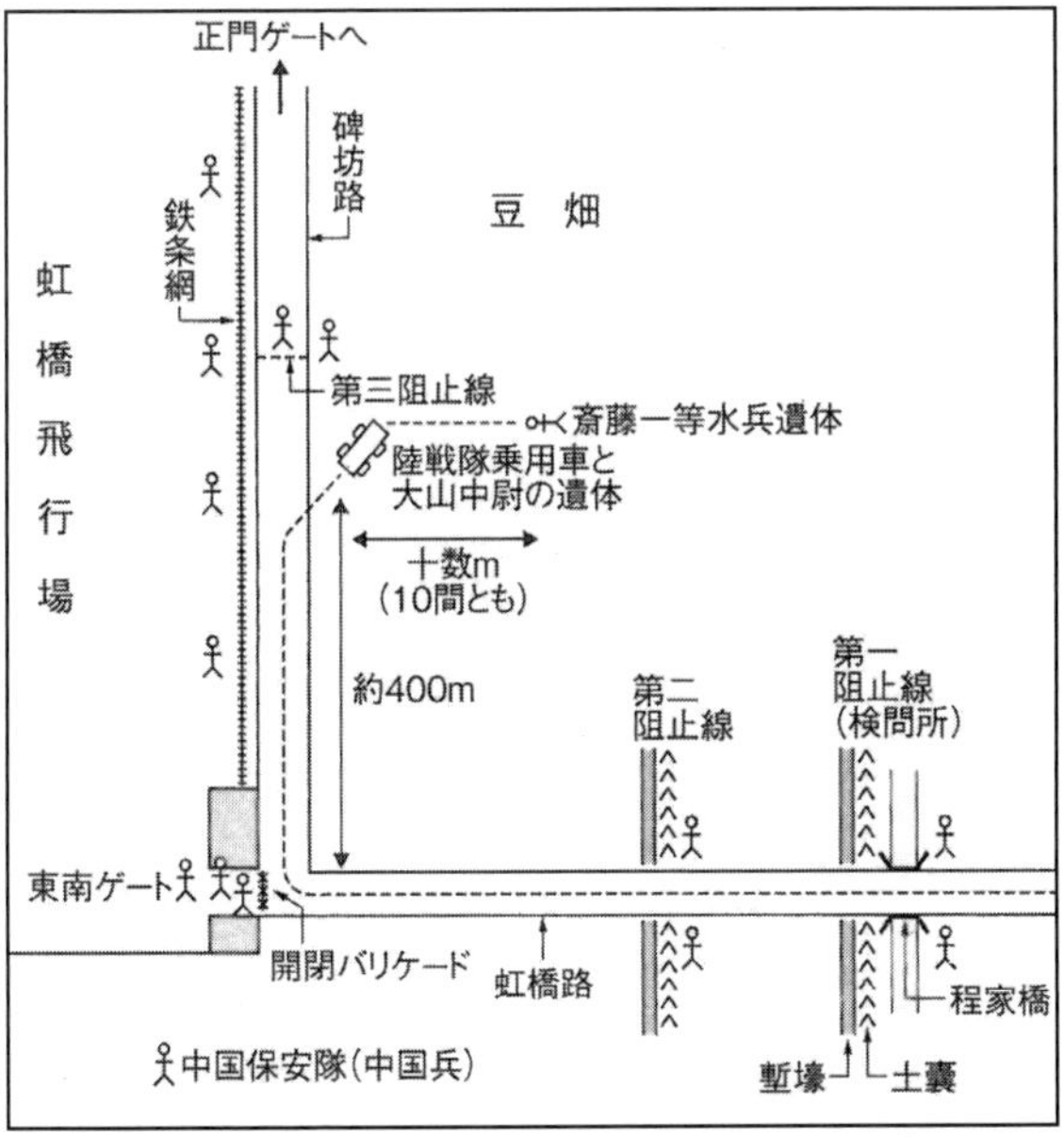

大山中尉の射殺現場地図（筆者作成）※笠原十九司著『海軍の日中戦争』63 頁掲載「地図３　大山中尉の射殺現場地図」を転載

租界区域を「越えた」区域ではあるが、道路だけは特権的に建設＝築路して、その運用・管理権は租界同様に列強が持っているという特殊な道路であった。しかし、道路の両側の広い畑地域は租界にたいして「華界」といわれた中国主権地域であった。軍事緊張の高まっていた当時、上海市街を包囲するように中国軍陣地の塹壕が掘られ、機関銃陣地やトーチカなどが構築されていた。

虹橋路の路上には土嚢と鉄条網でできた検問所が築かれて中国保安隊員が歩哨に立ち、一般の車が飛行場に近づけないようになっていたが、大山中尉の車は、二つの検問所を強行に突

現在の虹橋国際飛行場（撮影／笠原十九司）

破して飛行場へ直進した。飛行場の東南ゲートは保安隊が鉄条網で覆ったバリケード（検問用で開閉できるもの）を築いていたので、大山中尉の車はゲート前を右折して碑坊路（第一次世界大戦の記念碑に通じる路だったので欧米人はモニュメント・ロードと呼んだ。中国名はその訳）を飛行場の正面ゲートへ向かって走行した。ここにいたって、碑坊路上の検問所の歩哨たちが、走行してくる大山中尉の車を銃撃、さらに鉄条網の柵の内側の飛行場内に立っていた警備の保安隊員も銃撃を加えたので斎藤運転手は負傷して道路南側の豆畑に突っこんで車は停止した。

中国の淞滬《しょうこ》警備司令部から連絡を受けて、その日の深夜に大山中尉と斎藤水兵の死体を引き取りに行った日本海軍陸戦隊の軍医の検死によれば、大山中尉はほぼ即死状態で、負傷して運転席から転げ落ちた斎藤水兵は、豆畑の中へ逃げようとしたところで射殺されていた。大山中尉・齋藤水兵の死体とも、蜂の巣のような銃痕があり、軍刀で斬りつけた痕もあった。中国保安隊が、遠くまで見通せない夕暮れ時だったので、大山中尉の車に先導された日本軍の急襲部隊が日没時を狙って、飛行場の襲撃・占拠にきたのではないかと恐怖と敵愾心にかられて、嗜虐的な殺害の仕方をした可能性があった。そのような事態が起こることを「計算」をして、大山中尉は夕方になるのを待ってから、虹橋路を飛行場ゲートへ向かって走行するよう、大川内司令官から

帝國海軍中尉・上海で射殺さる

暴戻！鬼畜の保安隊
大擧包圍して亂射
運轉員の水兵も拉致

陸戰隊出動・非常警戒

支那の不誠意
度し難し

現地へ急行

政府けふ對策を協議
北支事變とは不可分

海軍・愼重方針堅持

昨日の戰局

保安隊なほ密集
昨深更・海軍省發表

共同租界のテロ
帝國軍人に挑戰
憂慮の事態保し難し

齋藤水兵も殺害
上海市長、謝意を表明

日本の新聞は扇情的な見出しを付けて中国に対する敵意を煽った
『東京朝日新聞』（1937 年 8 月 10 日）

指示をうけていたと思われる。

大山事件は海軍が仕掛けた謀略でありながら、マスメディアをとおして、日本国民の中国軍にたいする憎悪心、敵愾心を煽るために操作、宣伝された。

『東京朝日新聞』（一九三七年八月一〇日）は、「帝国海軍中尉・上海で射殺さる」「暴戻！鬼畜の保安隊　大挙包囲して乱射　運転員の水兵も拉致」という大見出しで一面全紙をつかって大きく報道した。中見出しには「支那の不誠意度し難し　戦時的配置を強化」「共同租界のテロ　帝国軍人に挑戦　憂慮の事態保し難し」「保安隊なほ密集　昨深更・海軍省発表」「陸戦隊出動・非常警戒」「上海・死の街」「南京政府に対し厳重要求を提出　川越・日高両氏協議」「斎藤水兵も殺害　上海市長、謝意を表明」「引揚後の権益侵害　海軍・容赦せず　支那側態度を凝視」などとあり、見出しからだけでも中国保安隊の排日、侮辱の不法、暴挙事件にたいして、日本海軍は自衛のために、断固戦わなければならない、という戦意煽動のための報道ぶりがうかがえる。
『東京日日新聞』（一九三七年八月一〇日）は「暴戻・上海保安隊の挑戦」「猛射を浴せ即死せしむ」という大見出しで「無法鬼畜の如き保安隊の行為」「保安隊大挙出動　停戦協定無視の暴挙」とセンセーショナルに報道した。また『読売新聞』（一九三七年八月一一日夕刊）も「滅多斬して所持品掠奪惨虐目を蔽う現場　宛然血に狂う鬼畜の所業」と大山事件発生直後に現場に行った記者の目撃談を大きく報道した。こうした新聞の報道ぶりからわかるように、大山事件報道をつうじて、日本国内では国民の朝野挙げて憤激の坩堝《るつぼ》に叩きこまれた結果、中国にたいする報復・制裁が声高に叫ばれるようになっていった。

ここで、大川内上海特別陸戦隊司令官が大山中尉に「お国のために死んでくれ、家族のことは面倒をみる」と言ったとおりに、大山家の家族への補償が特別になされたことを簡単に記しておきたい。前掲『大山勇夫の日記』に付された「海軍大尉大山勇夫年譜」には、以下のような処遇と補償が海軍および国からなされたことが記されている。

(1)海軍省人事局長より実家の兄大山半平へ、大山中尉が八月九日付で「大尉」に昇級した旨の電報が八月一〇日午後七時五〇分に打たれ、同日の午後九時五五分発で、「大山海軍大尉名誉ノ殉職ヲ遂ラレシ候痛惜ニ耐ヘズ謹ミテ弔意ヲ表ス　海軍大臣米内光政」と米内海軍大臣から弔電が打たれた。ふつうならば、一人の将校の殉職（戦死）にたいして、翌日のうちにこのような処遇が迅速になされることはまずないであろう。

(2)「殉職」にたいして、海軍省より職務勤勉に付特に二四五円が賞賜され、天皇陛下・皇后陛下より祭祀料二〇円、死亡賜金七〇六円、埋葬料金六七円五〇銭が下賜される。ついで、一九三七年一二月一日から、厚生省より遺族扶助料が年額一九八〇円支給されるようになった。さらに一九四〇年五月一〇日、「皇紀二六〇〇年」を紀念して、論功行賞国債第一号一〇〇〇円、第二号二〇〇円を支給された。

大山勇夫の家族というのは、母（事件当時六四歳）と家長である長兄とその妻子だけであったから、右記の補償金の総額を考えれば、「密命」を与えた上官の「家族のことは面倒をみる」という約束は金銭的には十分に果たされたといえる。

(3)表彰については、八月二五日に佐世保水交社で上海戦での戦死者一六柱の海軍合同葬がおこなわれた前日、大山大尉の遺族のみ三人（母と長兄夫妻）が参列して、万松寺で葬儀がおこなわれ、軍令部総長伏見宮博恭王の名代として海軍大臣米内光政が弔問、佐世保鎮守府長官塩沢幸一中将が弔問するという破格な待遇がなされた。また戦時中は「海軍七勇士」の一人として靖国神社の遊就館内に胸像が陳列され、近衛文麿首相・米内光政海相・連合艦隊司令長官永野修身大将・大山勇夫が傾倒した右翼の頭山満から寄せられた色紙が展示されていた。

このような、軍神なみの破格の表彰ぶりにたいして、母親の大山セイは、「母の礼状」（前掲『大山勇夫の日記』に収録）の最後に「武功のなかった者へ深く御同情して下さいます皆様へ厚く御礼申します」と書いている。母親が率直に「武功のなかった者」と書いているように、たしかに大山中尉は「武功」をあげていない。それなのになぜ海軍首脳は「軍神」並みの表彰と補償をしたのか、「密命」の存在なしには考えられないことである。

## 第二次上海事変の開始

大山事件翌日の一〇日午後、日本側から上海駐在の海軍と領事館の責任者、共同租界の最高行政機関の工部局警察の総監、ならびに中国側から上海市政府と淞滬《しょうこ》警備司令部の責任者が集まって、死体現場の実地検証がおこなわれ、事件の解明を開始した。しかし、海軍軍令部は八月一〇日のうちに、以下のような大山事件対処方針と時局処理方策を決定したのである。〈註19〉

要　旨

大山大尉事件の解決は将来此の種事件の根絶を期する方針とし、左記要求事項の充足を目途として交渉するを要す。而して支那側当事者に於て解決実行に対し誠意を示さざるに於ては、実力を以て之を強制するも敢えて辞せざる決意あるを要す。

要求事項

一、事件責任者の陳謝及処刑

二、将来に対する保障

㈠停戦協定地区内に於ける保安隊員数・装備・駐屯地の制限

㈡右地区内に於ける陣地の防御施設の撤去

㈢右の実行を監視すべき日支兵団委員会の設置

## ㈣ 排抗日の取締励行

軍令部は、事件責任者の処刑、上海の中国軍防御陣地の撤去、中国保安隊の縮小と駐屯地の制限など、国民政府がとうてい受け入れることのできない「要求事項」を作成し、八月一一日に、岡本季正上海総領事をつうじて正式に兪鴻鈞《ゆこうきん》上海市長に提出させた。中国側がこれを受け入れなければ、実力行使をするというのであるから、上海戦を挑発する最後通牒または宣戦布告に等しい内容であった。

事件後一日も経過せずして、このような重大な「対処方針」「処理方策」を決定したことは、大山事件は海軍軍令部が関与した「謀略」であることの手の内を明かすようなものである。それは、盧溝橋事件が事件そのものは偶発的であり、現地で停戦協定が結ばれ、陸軍中央においても、参謀本部内では陸軍部隊の華北派兵をめぐって拡大派と不拡大派との間で相当激しい対立があったことと比較すれば、その違いは明確である。

南京では日本側からの「要求事項」を受けて、八月一二日に国民党中央常務委員会を開催、何応欽軍政部長から「虹橋機場事件」（大山事件の中国側呼称、虹橋飛行場事件という意味である）について、日本側の要求が報告され、蔣介石軍事委員会委員長は、「承認することは不可能である」と拒否、同時に「戦闘の準備を命令した」のである。[註20]

蔣介石の対日戦争の構想と軍備については拙稿「国民政府軍の構造と作戦――上海・南京戦を事例に――」で詳細に論じたことがある。[註21]満州事変と「満州国」建国に対して蔣介石は不抵抗主義をとり、華北分離工作にたいしても対日宥和政策をとったが、以後、ドイツ政府・軍の援助をうけながら、近代的な国防軍の強化と軍備増強に全力を傾注、アメリカ・イギリスなどの援助をうけて空軍も建設した。蒋介石の対日戦略は、中国単独では日本に勝利することはできないので、「日中戦争を世界戦争へ発展させる」ことであった。それは日本軍を上海・南京を中心とした欧米列強の権益が錯綜する華中に侵攻させ、アメリカやイギリスの武力干渉を引き起こすか、ソ連の対日戦争発動を促すことであった。蒋介石はドイツ軍事顧問団の指導を受けて、上海地域から南京にかけて防衛陣地を構築、日本軍の主力を防衛態勢と防衛力のもっとも強固な上海・南京地域に引き入れて消耗戦を強いて、日本軍の「一撃論」による速戦即決作戦を挫折させて、長期持久戦に引きずりこむ戦略を考え、その間に中国をめぐる「九カ国条約」(一九二二年、八三頁参照)さらには「不戦条約」(一九二八年、一〇三頁参照)に違反した日本の侵略行為にたいして、アメリカやイギリスさらにはソ連からの武力制裁としての対日参戦に踏み切らせることを構想していた。

蒋介石の対日戦略は、対日開戦を回避するための和平交渉に努力はするが、開戦が不可避となれば、上海・南京地域へ日本軍の主力を引き寄せて近代戦を展開することであった。したがって攻守の立場は逆であるが、海軍の管轄地域である華中・華南で戦争を起こし、海軍の軍備拡大、とくに航空兵力の拡充を図ろうと目論んでいた海軍首脳部との思惑が「一致」したのである。

大山事件の翌一〇日、軍令部は海軍省が陸軍二個師団の上海派遣を閣議で提案するように要求し、伏見宮軍令部総長は八月一一日、米内海相にたいして「大山中尉射殺事件にたいする支那側の態度は不遜である。いまや陸兵を上海に派遣して、治安維持を図るべきだ。陸兵派遣は外交交渉を促進させるものと認める」と陸軍部隊の派遣を督促した。〈註22〉

八月一二日に、長谷川第三艦隊司令長官から、中国軍の第八八師（師は日本の師団に相当するが兵員は師団より少なく、一万人が基本）が上海北停車場付近と呉淞方面に進出しているので、陸軍を派遣するように緊急要請がなされ、同日、軍令部総長伏見宮から長谷川第三艦隊司令長官に次の指示が機密電報により与えられた。〈註23〉

一、第三艦隊司令長官は敵攻撃し来らば上海居留民保護に必要なる地域を確保すると共に機を失せず航空兵力を撃破すべし

二、武力の進出に関する制限を解除す

この機密指示をうけて長谷川第三艦隊司令長官は南京等空襲命令を発令し、第三艦隊所属の第一連合航空隊、第二連合航空隊は一二日夜から出撃待機に入った。しかし、折から強力な台風が発達しながら東シナ海を北上中で、航空母艦からの発進も、台北と大村の基地からの発進も不可能なため、一三日の出撃は「悪天候のため中止」となった。そして一三日第三艦隊司令長官より、左記の命令が発令された。

明十四日空襲を実施する場合空襲部隊の任務行動を左の通予定す。

空襲部隊は全力を挙げて敵航空基地を急襲し、敵航空兵力を覆滅すべし。此の場合飛行機の行

動は特に隠密を旨とし、高高度天象の利用に務《つとめ》るものとす。

空襲目標

第二空襲部隊　第二航空戦隊　南京・広徳・杭州

第三空襲部隊（台北部隊）第一連合航空隊鹿屋隊　南昌

第八・第十戦隊及第一水雷隊飛行機　虹橋

第一空襲部隊　第一航空戦隊及第三空襲部隊（大村部隊）第一連合航空隊木更津隊を使用し得る場合は追って令す。

右記の渡洋爆撃の目標の第一に南京をあげたのは、南京が国民政府の首都であるので、日本国民にたいしては「支那膺懲」の実行として、戦意発揚をはかる目的があったのと、中国政府・国民にたいしては首都空襲により戦意喪失をはかるという戦略的意図があった。それは、後述するアメリカのドゥーリトル隊の東京ならびに本土縦断空襲（一九四二年四月、下巻二七一頁参照）が日本の政府・軍部に与えた衝撃と比較することができるであろう。また、上海の爆撃目標が中国軍飛行場がある虹橋だけになっているのは、共同租界やフランス租界など国際権益の錯綜する上海市街は爆撃できなかったからである。他の広徳・杭州・南昌は国民政府の軍事拠点になっている都市である。

軍令部第一部長近藤信竹少将からの八月一二日発電で、第三艦隊参謀長宛に左記の機密電報が打たれているのは、右記の空襲命令とともに、軍令部が一二日にすでに第二次上海事変の発動を命令していたことの証左である。(註24)

陸軍出兵は未決定なるも出兵の場合は二個師団同時派兵のことに協定しあり。但し陸軍の前進攻撃行動開始は概ね動員二十日後なるに付、其の間海軍陸戦隊の戦闘正面は成るべく之を拡大することなく、陸軍派兵を待つ如く考慮あり度。

海軍陸戦隊は、陸軍の二個師団が上海に派兵されてくるまで、戦闘正面を拡大しないようにして耐えるようにという命令である。このことからも、大山事件は、船津和平工作を粉砕し、出撃態勢にあった大村・台北・航空母艦加賀から海軍航空部隊を出撃させるために仕掛けられた謀略であったことが理解できよう。

米内海相は一二日の夜に、永田町邸で静養中の近衛首相を訪れ、杉山陸相、広田外相の参集をもとめて、緊急に四相会議を開催させ、陸軍の上海派兵の方針を承認させた。そして軍令部より「本十三日陸軍派兵決定せり、派遣時機兵数等に就いては追って通知す」という電報が現地上海に打電され、一三日の午前一〇時ごろ、すでに戦闘命令を受けていた海軍陸戦隊と中国軍第八八師の部隊が、中国人街の閘北《ざほく》と日本人租界といわれた虹口《こうこう》の境界付近で戦闘に突入、第二次上海事変が開始された。

一三日の夜には臨時閣議が開かれ、前日の四相会議の決定をうけての陸軍の上海派兵の閣議決定がはかられた。その夜の閣議は深夜の一時五〇分ごろまでつづけられた。このとき、米内海相は非常に興奮していて、上海派兵にともなう財政上の問題をもちだした賀屋興宣《かやおきのり》大蔵大臣を怒鳴りつけた。「あれ以来海軍が非常に強くなった」と近衛首相は、原田熊雄に語ったという。〈註25〉

## 3　南京渡洋爆撃——宣戦布告なき全面戦争へ

### 焦燥に駆られて強行した八月一四日の渡洋爆撃

大山事件の発生する前日八月八日に台北基地に移動し、渡洋爆撃への出撃態勢をとっていた第一連合航空隊鹿屋航空隊にたいして、一三日の午後一一時五〇分、第三艦隊司令長官長谷川清中将から前述のように翌一四日の攻撃命令が出された。しかし、八月一四日の渡洋爆撃は東シナ海に台風が停滞していたため、長崎の大村基地で出撃待機をしていた木更津航空隊の先制爆撃は中止された。台北基地の鹿屋航空隊も、一四日朝の出撃は、天候回復まで見合わせとなった。中国近海にあった航空母艦加賀の第一航空戦隊も「八・一四　杭州蘇州虹橋方面の攻撃命令に接するも天候険悪にして飛行機の使用不可能なり」と「第一航空戦隊戦闘ノ大要」〈註26〉に記されているように、高波に揺れる甲板からの爆撃機の発進は不可能だった。長崎の大村基地で出撃待機をしていた木更津航空隊も発進を諦めた。

ところが、一四日の午前中に中国空軍の延べ四〇機が、上海の黄浦江に碇泊中の第三艦隊旗艦の出雲と上海特別陸戦隊本部などへ爆撃をおこなった。中国空軍に先制攻撃をされた長谷川長官は激昂し、天候の回復を待たずに、可動航空兵力の出撃を命令した。命令をうけた台北基地の鹿屋航空部隊は午後二時四〇分、一八機の九六式陸上攻撃機を二隊に分け、一隊は浙江省の杭州、一隊は安徽省の広徳を爆撃するために出撃した。中国大陸に入るころから天候は次第に険悪となり、雨雲中は視界がきかないため、雲下の低空高度の飛行をやむなくされ、編隊飛行は困難となったので、単機に分散した。杭州空襲隊は飛行場の発見に苦労したあげく、ようやく筧橋と喬司飛行場を爆撃し、広徳空襲隊も広徳飛行場を高度五〇〇メートルから爆撃して、台北に帰投した。

しかし、悪天候のため、二機が消息不明となり、一機は低空飛行により地上砲火をうけて燃料タンクを射ち抜かれて燃料漏れを引き起こしたが、辛うじて帰還、台湾の基隆港内に不時着した。しかし、結果的には三機を失った。

同日の一四日、軍令部は大海令第十三号を発令、「一、帝国は上海に派兵し、同地に於ける帝国臣民を保護すると共に当面の支那軍を撃破するに決す。二、第三艦隊司令長官は……所要の地域を確保し、同方面における敵陸軍及中支那に於ける敵航空兵力を撃破すると共に所要海面を制圧し、必要に応じ敵艦隊を撃破すべし」と命じたのである。(註27)これにより、海軍は陸軍や政府に先んじて不拡大方針を放棄し、「対支作戦計画内案」(七月一二日策定)の第二段作戦、すなわち中国との全面戦争の作戦の発動を命じたのである。第三艦隊が当初から第二段作戦の発動を準備したことは前述したとおりである。したがって、大山事件は、日中戦争を第一段作戦の北支事変で終結させるためにおこなわれた船津和平工作を粉砕して、第二段作戦へ突入するために、海軍が仕掛けた謀略であったことがわかる。

## 近衛内閣の「暴支膺懲《ぼうしようちょう》声明」

八月一四日の中国軍機の攻撃に態度を硬化させた米内海相は、その日の夜に閣議を開催させ、「かくなるうえは事変不拡大主義は消滅し、北支事変は日支事変となった。国防方針は当面の敵をすみやかに撃滅することである。日支全面作戦となった上は、南京を撃つのが当然ではないか」と主張した。〈註28〉閣議では、米内海相の奮闘により、近衛内閣声明案の内容などが検討され、「午前一時半政府発表」という常軌を逸した時間に、以下のような近衛内閣の「帝国政府声明」を発表した。

事変発生いらいしばしば声明したるごとく、帝国は隠忍に隠忍を重ね事件の不拡大を方針とし、つとめて平和的かつ局地的に処理せんと企図し……（しかるに南京政府は）兵を集めていよいよ挑戦的態度を露骨にし、上海においてはついに、我に向かって砲火を開き、帝国軍艦に対して爆撃を加わうるにいたれり。

かくのごとく支那側が帝国を侮辱して不法暴虐いたらざるなく、全支にわたる我が居留民の生命財産危殆《きたい》に陥るにおよんでは、帝国としてはもはや隠忍その限度にたっし、支那軍の暴戻《ぼうれい》を膺《よう》懲《ちょう》し、もって南京政府の反省を促すため、今や断乎たる措置をとるのやむなきにいたれり。〈註29〉

これは国民の間に「暴支膺懲」熱を煽動する声明となったが、一五日午前一時三〇分という強引といえる発表時間を考えると、それは、この日の早朝に基地発進を命令していた中国の首都南京への渡洋爆撃に大義名分を与えるための御膳立てであったと思われる。「日支全面作戦となった上は、南京を撃つのが当然ではないか」という米内海相の言葉がそれを端的に物語っている。声明発表の二時間前の一四日の夜中一一時三〇分にはすでに、鹿屋航空隊（台湾・台北基地）と木更津航空隊（長崎・大村基地）にたいして「明早朝発進、それぞれ南昌、南京を空襲せよ」という命令が出されていた。〈註30〉

近衛首相が声高に叫んだ「支那軍の暴戻を膺懲」という言葉は、メディアによって「暴支膺懲」（暴戻なる支那を膺懲せよ）というスローガンとして、国民の好戦意識の熱狂を煽動するのに利用された。「支那膺懲」は軍部によって、日中戦争の目的として掲げられるようになり、本書で詳述していくように、日中戦争の目標を絶えず拡大させていくことになった。

いっぽう、蒋介石政府は近衛内閣の「暴支膺懲」声明にたいして、日本政府が不拡大方針を放棄して日中全面戦争を宣言したものと受け止め、中国側の全面抗戦体制の構築を急いだ。八月二一日、南京において中ソ不可侵条約を調印してソ連と同盟的関係を結び、これを契機にソ連からは、戦闘機を中心とする軍事援助が供与されるようになった。八月二二日は中国共産党の紅軍を国民政府の国民革命軍第八路軍（通称、八路軍）に改編し、革命をめぐって敵対関係にあった共産党と国民党の間に第二次国共合作が成立し、抗日民族統一戦線が成立した。

## 八月一五日の南京渡洋爆撃

近衛内閣が「暴支膺懲」声明のための閣議を開催中の八月一四日深夜、第三艦隊は早くも以下のような南京渡洋爆撃命令を出した〈註31〉。

空襲部隊は全力を挙げて敵航空基地を急襲、敵航空兵力を覆滅すべし。此の場合、飛行機隊の行動は特に隠密を旨とし、高々度天象等の利用に務《つとむ》るものとす

これを受けて長崎・大村基地に待機していた木更津航空隊にたいして、第一連合航空隊司令より以下の命令が出された。

一、明十五日木更津部隊は其の全力を挙げて南京を空襲すべし
二、空襲の時期は台風の情況に依り司令の所信に一任す

一三日の夜半すぎに即時待機の命令をうけて、各機に二五〇キロ爆弾二発を搭載したものの、一四日は台風のため出撃できなかった木更津航空隊機は、右の出撃命令をうけて、八月一五日午前九時一〇分、九六式陸上攻撃機（中攻）五中隊二〇機が長崎の大村基地を発進、東シナ海の台風圏を突破、

南京に向けて出撃した。大陸に近づくにしたがって天候はさらに悪化し、雨はますます激しくなり、雨雲低く垂れこめ、視界狭小となったので、高度三〇〇メートルの低高度で中隊ごとに四機編隊を組んで分離行動となった。蘇州及び南京では中国空軍戦闘機の迎撃を受けながらも、午後三時ごろに南京上空に達したときは雨も止んでいた。二〇〇〜五〇〇メートルの低高度で爆弾を投下、格納庫数棟を爆破炎上、地上飛行機二〇数機を爆砕した。

しかし、木更津航空隊機の方も、低高度で強襲したために地上砲火を浴び、さらに中国軍機との空中戦闘もおこなって計四機を失い、予定の朝鮮半島の南の済州島の飛行場に最後の第五中隊が帰投したのは午後九時二〇分となった。第二中隊四機は、南京を発見できず爆撃することなく帰還した。被弾機も多数で翌日使用可能は半減して一〇機となり、その後の中国爆撃への出動基地はより大陸に近い済州島基地に移動した。

台北基地にあった鹿屋航空隊は、保有九六式陸上攻撃機一八機のうち、前日の杭州・広徳爆撃で損傷したため、可動一四機で南昌爆撃に向かった。天候は依然悪く、南昌附近では雲低く雨を伴い、おまけに河川はん濫のため、飛行場の発見に約一時間を要し、内八機だけが飛行場を発見爆撃した。この間敵戦闘機約一〇機と交戦して大半を撃墜した。鹿屋航空隊には被害はなかった。

この日、上海近海で作戦行動中の空母加賀の第二航空戦隊から、﨑長嘉郎大尉ひきいる九四式艦爆隊一六機が蘇州飛行場を、楠本幾登少佐の九六式艦攻隊一二機は南京飛行場を、岩井庸男少佐の八九式艦攻隊一六機は広徳飛行場をそれぞれ爆撃する予定で、一機、一機と飛び立って行った。海軍の艦上爆撃機（艦爆）は魚雷を積めず、急降下によって爆弾を投下するので、水平爆撃の二倍以上の命中率をあげることができたが、このときは、中国の飛行場に備えられた高射砲や対空砲を警戒して、水平爆撃をおこなった。いっぽう艦上攻撃機（艦攻）は魚雷を抱いて雷撃機ともなれるし水平爆撃もでき、爆弾搭載量は艦上爆撃機の三倍も多かった。

岩井隊機は広徳飛行場に向かったが、密雲のため、発見することができず、第二目標の杭州の筧橋飛行場へむかい、格納庫に投弾し、爆破させたが、待ちうけていた中国空軍の戦闘機と空中戦となり、八機が撃墜された。この一五日の作戦だけで、空母加賀の第二航空戦隊は、一〇機が撃墜され、戦死二九人という大きな被害を出したのである。後に重傷者一人が死亡したので計三〇人の死亡となった。八月一五日の南京渡洋爆撃で、木更津航空隊は、四機が撃墜され、九六式陸上攻撃機一機には七人が搭乗しているので、二八人が犠牲となり、さらに中国機との空中戦で二人が機上死したので、計三〇人が犠牲になった。したがって空母加賀の死者三〇人を加えると、海軍航空隊は、八月一五日の一日で計六〇人もの搭乗員を失ったのである。

主要な原因は、中国空軍の戦闘機の戦力を見くびって、戦闘機の護衛をつけずに、爆撃機だけの編隊で長距離爆撃を強行させたことにあった。さらに搭乗員の死者が多かったのは、日本軍には陸軍も海軍も、後に「生きて虜囚《りょしゅう》の辱《はずかし》めを受けず、死して罪過《ざいか》の汚名を残すこと勿《なか》れ」という「戦陣訓」（四一年一月に東条英機陸軍大臣が制定）の一節に集約される、捕虜となることをタブーとする〝皇軍精神〟が、軍上層部から将兵に強制されたからである。捕虜になるより自決せよ、ということである。海軍航空隊の搭乗員は落下傘をつけていたが、撃墜されて落下傘で降下、一命をとりとめたとしても、敵地であるならば自決せねばならなかった。敵地に不時着した場合も自決を強要され、それらが軍国美

荒天の支那海を翔破・敵の本據空爆
長驅・南京、南昌を急襲
敵空軍の主力粉砕
勇猛無比・我が海軍機
首都南京を震撼し
壯絶・大空中戰を展開
空前の戰果收めて歸還

南京渡洋爆撃を大々的に報ずる『東京朝日新聞』（1937年8月16日）

談として新聞・ラジオ・映画などをとおして国民にも宣伝された。そのため、撃墜された場合、落下傘で脱出せずに「愛機と運命を共に」したので、搭乗員の死者も多かった。

日本海軍航空兵力の「生みの親」と言われた山本五十六が、対米戦に備えて、対米劣勢の航空母艦からではなく、陸上基地から発進させて、アメリカ艦隊を攻撃できる長距離爆撃機の開発を急がせ、それが九六式陸上攻撃機として完成されたので、一日でも早く、実戦使用しようと焦慮していたことは前章で述べたとおりである（一八四頁参照）。渡洋爆撃を決行するために大山事件の謀略まで仕掛けて強行した南京渡洋爆撃の初日に、これだけの犠牲者を出したことは、山本五十六にとって衝撃であったにちがいない。当時海軍次官であった山本が、渡洋爆撃から帰還した指揮官たちが海軍大臣室を訪れて戦果の報告をしたとき、次官室にもどった山本が「涙

を滝のごとく流され、拳でそれを払っておられた」と後に海軍兵学校校長となった井上成美《しげよし》は講話のなかで語っている。〈註32〉

痛恨きわまるこの日の教訓から海軍航空関係者は、九六式陸上攻撃機による長距離爆撃機に随行し、護衛できる戦闘機、それも中国空軍が使用したアメリカやソ連、イギリス製の戦闘機に勝る空中戦力を備えた戦闘機の開発を焦眉《しょうび》の課題と考えた。その結果海軍省は、一九三七年一〇月六日、堀越二郎が設計主任をつとめる三菱重工名古屋航空機製作所へ「十二式艦上戦闘機計画要求書」を交付、それが零式艦上戦闘機を製作する契機となったのである。〈註33〉

## 「世界航空戦史上未曽有の渡洋爆撃」

大きな損失をもたらした八月一五日の南京渡洋爆撃であったが、海軍部内では、軍令部と海軍省、「航空主兵派」と「艦隊決戦派」など部局や派閥により思惑は異なりながら、海軍省は、この日と前日の渡洋爆撃を「世界航空戦史上未曽有の渡洋爆撃」と喧伝した。

海軍当局の意向をうけて、新聞メディアもセンセーショナルな報道を開始し、『東京朝日新聞』は一五日のうちに号外を発行し、「我海軍機長駆南京へ　空軍根拠地を爆撃す　敵に甚大の損害を与う」という大見出しで、「我海軍機は長駆南京を襲撃、午後二時から三回にわたり南京附近支那空軍根拠地に多大の損害を与えた」と報じた。しかし、木更津航空隊の戦闘詳報（戦闘終了後各級指揮官が戦闘の詳細を記して提出する報告文書）によれば、南京爆撃は「一四五〇より一五三〇（一四時五〇分より一五時三〇分）の間」であり、朝鮮の済州島（地図①参照）に帰還できたのは、夕方になってからである。したがってこの号外の内容は、海軍報道部当局が宣伝のために記事を作成準備していたものと思われる。

翌一六日付の『東京朝日新聞』は「荒天の支那海を翔破・敵の本拠空爆」と横段抜きの大見出し、「長駆・南京・南昌を急襲　敵空軍の主力粉砕　勇猛無比・我が海軍機」「首都南京を震撼し　壮絶・大空中戦を展開　空前の戦果収めて帰還」と縦五段抜きの大見出しで、南京爆撃を大々的に報じた。リードには「午後我が海軍〇〇空襲部隊は、往復数千キロの支那海を突破し、敵の首都南京飛行場を空襲し、多大の損害を与えたり。敵は無電台を通じてSOSを発し各地に応援を求めていたが、情報によれば蒋介石は周章狼狽し、首脳部と首府移転を謀議中と伝えらる。なお我が飛行機は全部帰還せり」と報道をおこなった。戦果のみを誇大に報道し、損害については「我が飛行機は全部帰還せり」と虚偽の報道をしているのは、後の「大本営発表」を思わせる。

当時「開戦に関する条約」（一九〇七年ハーグにて署名、日本も中国も批准、当事国は四三カ国）があり、「開戦宣言を含む最後通牒の形式を有する明瞭かつ事前の通告なくして、その相互間に、戦争を開始すべからざること」と第一条【宣戦】に規定されていた。海軍航空隊は、この条約をまったく無視し、宣戦布告もしていない中国の首都南京をいきなり爆撃し、「北支事変」「第二次上海事変」とそれまで局地的であった戦闘を一挙に全面戦争へと拡大したのである。日本の軍部はもちろん、政界もメディアも国民も、南京渡洋爆撃が戦時国際法に違反する不法行為であったという認識は持ち合わせていなかった。

南京渡洋爆撃の「戦果」に歓呼の喝采をあげた国民の反応は、軍部・政府内の不拡大派には大きな打撃となり、以後、拡大派が「勝ち組」となって戦争指導を主導するようになった。近衛内閣も一七日、「一、従来執り来たれる不拡大方針を抛棄し、戦時態勢上必要なる諸般の準備対策を講ず。二、拡大せる事態に対する経費支出の為、来九月三日頃臨時議会を召集す」と、海軍につづいて、不拡大方針放棄の決定をおこなった。〈註34〉

## 4 陸軍の上海派遣軍派遣

### 松井石根《いわね》大将の野心

盧溝橋事件直後、参謀本部と軍令部は「帝国居留民の保護を要する場合においては、青島および上海付近に限定して陸海軍所要兵力協同してこれにあたる」という「北支作戦に関する陸海協定」（七月一一日）をむすんでいた。〈註35〉この協定にもとづき、大山事件を仕掛けた軍令部が、事件の翌日の八月一〇日に、陸軍二個師団の上海派遣を閣議で決定するよう米内海相に求め、米内が八月一三日の深夜の閣議で強引に決定させたことは前述したとおりである。

近衛内閣の「暴支膺懲」声明をうけて陸軍も一五日に第三師団と第一一師団よりなる上海派遣軍

（軍司令官松井石根大将）の「編組」を発表した。「編組」というのは、同派遣軍の任務が上海地区の日本人保護という限定された小範囲の一時的派兵であり、純粋の作戦軍ではないという意味であり、天皇の命令による戦闘序列である「編制」という正式用語をわざわざ避けた。参謀本部がまだ戦争不拡大方針でのぞんでいたことの表れである。

「編制」といった場合、戦時または事変にさいし、天皇の命令によって作戦軍の戦闘序列、すなわち各部隊の指揮系統と上下関係がきちんと定められた正式の軍編制のことをいった。

一時的な派兵と考えて、参謀本部は上海派遣軍の部隊には精鋭の現役兵を送らずに、戦力や規律で劣る予備役・後備役の兵隊を多く召集して派遣した〈註36〉。参謀本部作戦部長だった石原莞爾は「今次の上海出兵は海軍が陸軍を引きずって行ったものといって差し支えない……私は上海に絶対に出兵したくなかったが実は前に海軍と出兵する協定がある」ためであったと回想している〈註37〉。

上海派遣軍司令官に任命されたのは、当時満五九歳で、すでに予備役になっていた陸軍最長老の大将の松井石根であった。松井は、陸軍士官学校の第九期の卒業で、同期からは陸軍大将が五人も輩出した。松井石根・荒木貞夫・真崎甚三郎・本庄繁・阿部信行の五人で、荒木は陸軍大臣に就任して男爵、真崎は教育総監、本庄繁は関東軍司令官、侍従武官長を歴任して男爵、阿部はのちにであるが、内閣総理大臣になり、翼賛政治会総裁・朝鮮総督を歴任する。松井は陸軍士官学校を二番で卒業し、陸軍大学校を首席で卒業して秀才といわれたにもかかわらず、同期の四人の大将のように軍中央のトップの職位に登りつめることなく、中風を患って、五人の同期生のなかで一番早くに現役を退いて予備役となっていた。

ところが突然の日中戦争の開始で、陸軍には現役大将が不足し、さらに前年の二・二六事件鎮圧後の〝粛軍〟の影響で荒木や真崎らを任命することはできなかった。そこで松井に「白羽の矢」があたったのである。松井が、軍功をあげて爵位を獲得する最後のチャンスの到来と思ったことは容易に想像できる。

上海派遣軍司令官の松井石根大将に与えられた任務は「上海派遣軍司令官は、海軍と協力して上海付近の敵を掃滅し、上海ならびに北方地区の要線を占領し、帝国臣民を保護すべし」と限定されたものであった。しかし、松井はこの命令を守るつもりは最初からなかった。八月一八日の参謀本部首脳（次長・総務部長・第一・第二部長）との会合において、松井は「国民政府存在するかぎり解決できず……蒋（蒋介石）下野、国民政府没落せざるべからず……だいたい南京を目標としてこのさい断固として敢行すべし、その方法はだいたい五、六師団とし、宣戦布告し堂々とやるを可とす……かく短時日に南京を攻略す……（蒋介石は）南京を攻略せば下野すべし」とまで述べた。松井も武藤章らの拡大派と同じに安易な「一撃論」に立ち、日本軍の「最高司令官」として南京を攻略して国民政府を打倒し、謀略宣伝機関を設置して、「満州国政府」と同様な新政府を樹立することを考えていたのである。

これにたいして石原莞爾第一部長は「個人としては永びけば全体の形勢に危ういものと考えあり」と懸念を表明し、不拡大派であった参謀次長多田駿《はやお》中将も「南京攻略戦の着想は……具体的に研究すれば、困難ますます加わる」と婉曲に反対しただけで、明らかに命令違反を言明する松井司令官を非難し、厳重に注意することもしなかった。〈註38〉多田参謀次長は、病気中の今井参謀次長が時局の重大化により更迭されたのにともない、八月一四日に就任したばかりであった。

軍人としては高齢で中風の持病をもち、しかも上海のような国際大都市の攻防をめぐる航空部隊まで投入した近代戦・陣地戦を作戦指揮した経験がまったくない松井石根のような軍人を、ただ陸軍最高位の大将という理由で任命したことは、日本の軍隊が年功序列の官僚組織であったことの証左である。この欠陥が、後述する南京大虐殺事件（南京事件と略称）を引き起こすことになる。

## 苦戦と犠牲を強いられた上海戦

蒋介石は、日中戦争が不可避となった場合は、欧米列強の利権が錯綜する上海地域に日本軍の主力をひきつけて消耗戦を強いて、日本の「一撃論」すなわち速戦即決作戦を挫折させて長期持久戦に引きずりこみ、この間に、アメリカやイギリスの武力干渉を引き起こすか、あるいは国際連盟加盟国や九カ国条約加盟国による対日軍事制裁・経済制裁を引き出すこと、さらにはソ連の対日戦争発動をもうながす戦略をたて、そのための防衛陣地の構築を進めていた。そして、蒋介石は上海戦（中国では淞滬抗戦と称する）に最大勢力をつぎこみ、しかも国民政府の精鋭部隊のほとんどを投入した。ドイツ製武器を装備し、ドイツ陸軍式に訓練された精鋭部隊であり、さらにドイツから派遣された軍事顧問団（団長ファルケンハウゼン）により市街戦、陣地戦の戦術と技術を直接指導されていた。また、上海市民の支援も得て、中国軍将兵の抗戦士気は高かった。

このため、応急的に動員・編成された上海派遣軍は八月二三日から上海近郊の北部へ上陸を強行し、中国軍との戦闘を開始したが、強固な防衛陣地と中国軍のはげしい抵抗をうけ、戦果を拡大することができないまま戦闘は長期化した。

上海戦の苦戦は、中国の抗戦力を軽視した拡大派の「一撃論」が誤っていたことを早くも露呈したものであったが、逆に日本の軍部・政府そして国民のあいだには、中国の抗戦を「暴戻なる支那」の「侮日」と見て、もっと強い一撃を与えて中国を屈服させよという強硬論が大勢をしめるようになり、近衛内閣の国民精神総動員運動の広がりとともに、不拡大派は軍部の内外において孤立していった。

それでも、上海や南京などの華中への戦線拡大に反対であった石原莞爾作戦部長は、天皇が戦後になって、「二ヶ師の兵力では上海は悲惨な目に遭うと思ったので、私は盛《さかん》に兵力の増加を督促したが、石原はやはりソ連を怖れて満足な兵を送らぬ」と「昭和天皇独白録」で語っているように、上海への師団の増派を認めようとしなかった〈註39〉。

これにたいして武藤章作戦課長らは石原の反対を押し切って、九月七日に台湾軍から応急動員部隊の上海派遣と華北からの後備歩兵一〇大隊の上海への転用を参謀本部に決定させた。さらに九月一一日には、第九・第一三・第一〇一師団および有力砲兵部隊の上海派遣を断行することを決定させた。上海戦への兵力増強については、「昭和天皇独白録」にもあるように、天皇の意思と指導も強くはたらいていたと思われる。

これを期に、参謀本部の作戦の重点は華北から上海戦へ移行することになったが、そのために、不拡大を主張していた石原部長は、更迭されるかたちで関東軍参謀副長に転出していった（九月二八日）。石原は、河辺虎四郎課長ほか不拡大派の部員が多い戦争指導課に転任の挨拶にきたときに、「ついに追い出されたよ」と言って去っていった。石原部長の追い出しには武藤作戦課長が一役買っていたといわれ、まさに「下剋上」といえた。

石原莞爾の後任には、武藤とおなじ拡大派の下村定少将が第四部長から任命された。この人事により、参謀本部は上海攻略戦の作戦に集中することが可能になったが、中国軍の抵抗は頑強で、上海派遣軍は三個師団の増援をえたにもかかわらず、戦線はなお膠着し、日本軍の苦戦はつづいた。

## 5　海軍による中国海上封鎖作戦の強行

南京渡洋爆撃とともに、海軍が日中戦争の全面化を企図したことは、第三艦隊および第二艦隊が強行した、中国海上封鎖作戦によっても証明される。

軍令部の「対支作戦計画内案」（七月一二日）の封鎖作戦を記した（ホ）（二二一頁参照）をうけて長谷川清第三艦隊司令長官は、七月二九日に「第三艦隊作戦計画案」を策定し、「揚子江下流及浙江沿岸其の他我が兵力所在地において局地的平時封鎖（敵国船舶）を実施す」と定めた。「平時封鎖」というのは「戦時封鎖」ではないという意味で、対中宣戦布告をせずに、戦争ではなく「事変」としていたことによる。

第二次上海事変が開始されると、海軍中央は八月二四日、中国政府の抗戦力の根源とみなした海外からの援蒋（蒋介石政府援助）物資の搬入を阻止するための中国沿岸封鎖部隊を編成し、軍令部は第三艦隊司令長官に「中国船舶に対し揚子江以南の中国海湾を封鎖すべき旨」下令した。翌二五日、長谷川司令長官は「封鎖宣言」を発して、日本海軍艦艇による中国船舶にたいする封鎖作戦を開始した。（註40）九月五日には、第二艦隊（司令長官吉田善吾中将）を加えて、連雲港のある海州湾以北の中国沿岸封鎖を強行した。

ここで、海軍の海上封鎖作戦について、少しさきまでまとめて述べておきたい。

海軍は一〇月二〇日には第四艦隊を新たに編成して、第三艦隊と合わせて支那方面艦隊を編成（司令長官は長谷川清が兼任）し、封鎖作戦海域をさらに拡大した。一一月二〇日に大本営が設置され、「帝国海軍戦時編制」が実施されると、第二艦隊は内地に帰還、中国全沿岸の封鎖が、支那方面艦隊司令長官の単一指揮下に徹底しておこなわれるようになった。こうして、一二月末には、地図②「日中戦争における戦線と占領地の拡大」（一二頁）の中国沿岸・沿海封鎖作戦線に示すように、香港、厦門、広州湾を除く山海関から仏領インドシナとの境にいたるまでの全中国沿岸における中国船舶の航行が遮断されたのである。

日本海軍による海上封鎖作戦の結果、日中戦争前は好調に向かっていた中国の対外貿易は激減し、中国の財政収入中、最大なものであった関税収入が激減して、国民政府の財政の逼迫をもたらした。外国貿易の激減により、国内物資が欠乏し、国民生活を圧迫するようになった。武器輸入のルートも、イギリス領の香港だけが、中国に開放された主要な航路として残された。

アメリカやイギリスなどの列強から国民政府への武器や軍需品さらには生活用品、食糧物資の輸出や供給にたいして、日本は蔣介石政府の抗戦力を援助する「援蔣」行為であり、その貿易・搬入経路を「援蒋ルート」と呼んで、封鎖・攻撃・破壊の軍事目標にした。後述するように、一九三九年には中国側がハノイやビルマからのルートを開拓すると、海軍は「援蒋ルート」遮断のために、海南島を占領して航空基地を開き、さらには北部仏印や南部仏印まで封鎖作戦をエスカレートしていくことになる。

## 膨大な海軍臨時軍事費の獲得に成功

盧溝橋事件発生当初、不拡大方針で戦局の早期解決をめざした近衛内閣であったが、陸軍中央部内の拡大派の策動、ならびに大山事件を仕掛けた海軍の策動に引きずられてなし崩し的に方針を転換、不拡大方針を放棄したうえで、八月二四日の閣議では国民精神総動員実施要綱を決定、「抗日支那の膺懲」を戦争目的とする挙国一致の国民精神総動員を呼びかけるまでになった。九月二日の臨時閣議においては、「北支事変」の呼称を戦局の拡大に相応して「支那事変」と改めることを正式に決定した。日中全面戦争化の宣言である。

しかし、当時日本が「支那事変」と呼称し、「日支戦争」とは呼称しなかったのは、宣戦布告をせずに一方的に戦争をしかけたからである。一九四一年一二月八日に対米英宣戦布告して、アジア太平洋戦争を開始したときは「支那事変を含めて大東亜戦争と呼称する」と閣議決定して（下巻二二八頁参照）はじめて、「支那事変」も「戦争」であったと公式に認めたのである。「事変」の本来の意味は、「異常なできごと、天災などの変事や突発的な騒動、事件」（『日本国語大辞典』）である。日本が「満州事変」「支那事変」と意図的に呼称したのは、前述したように、戦時国際法の「開戦に関する条約」に違反して戦争を開始したことを欺《あざむ》くためであった。
日本の軍部には、「事変」は「戦争」ではないから、戦時国際法は適用されないと強弁して、捕虜虐殺や毒ガス兵器・細菌兵器の使用、非戦闘員の殺害など平然とおこなう傾向が強かった。国際的には通用しない、日本だけの独善的な論理である。いっぽう、国内政治・国民対策においては、「戦争」であることを強調して国民精神総動員による「戦時動員体制」の構築をはかり、臨時軍事費を急増させて軍備拡大政策を推進していったのである。まさに典型的なダブルスタンダードである。
第七二回帝国議会が九月四日から八日にかけて臨時に開催された。陸海軍からの要請にもとづいて早急に臨時軍事予算を決定するためであった。大蔵省は「予算的に作戦を掣肘《せいちゅう》するつもりは絶対にないので、直接事変経費の内容に立ち入ることはしない」と、陸海軍からの予算要求にたいしてフリーパスの対応をしたので、臨時軍事特別予算案が簡単に採択された。このため、海軍は航空戦力を拡充するための予算を要求して、海軍臨時軍事費、約四億円が認められた。陸軍の臨時軍事費は約一四億円で、さらに予備費もふくめて陸海合計二〇億円の臨時軍事費が無条件で可決された。陸軍は八月末の段階で中国派兵数は四三万人（戦闘員二九万人、後方人員約一四万)、馬一三万頭という膨大な兵員・物資にのぼっていたから必要経費も膨大であったが、海軍は渡洋爆撃いらいの海軍航空隊の戦闘実績を強調して、「軍艦ではなく飛行機で予算獲得に成功した」のである。〈註41〉
軍部にとって臨時軍事費のうまみは、作戦上の緊急性と機密保持の観点から、大蔵省などからの厳重なチェックなしにほぼ無条件で軍備、戦備に使用できたことである。しかも、一般会計とは別勘定とする「臨時軍事特別会計」を設置し、しかもその事変（戦争）が終結するまでを一会計年度とみなして続行されたのである。

こうして、海軍は全面的な日中戦争を発動させ、膨大な臨時軍事費の獲得に成功、それを駆使して、航空兵力の軍備拡張と、日中戦争を利用した爆撃、空戦などの航空作戦の実戦演習・訓練を存分におこなって、対米航空決戦に勝つための航空兵力の養成に邁進していくのである。日中戦争における海軍航空作戦を詳細に叙述した日本海軍航空史編纂委員会編『日本海軍航空史(4)戦史篇』（時事通信社）は、「第五章　支那事変より大東亜戦争へ」のなかで、「軍備・戦備」として以下のようにまとめている。〈註42〉

> 米国海軍を主対象とする日本海軍の軍備は、昭和六年に始まる第一次軍備補充計画以降進められており、特に支那事変の生起がなくとも逐年推進されていったものと思われるが、事変の発生はこれが促進の役割を果たし、殊に事変に伴う臨時軍事費の設定は、情況に応ずる臨機の処理を講ずることを可能にし、また予算の効率的・経済的運用をもたらして、軍備の促進に寄与すること大であった。
>
> また事変の存在は、急速な軍備の実行を可能にした。航空機はもとより、造船、兵器産業に対する著しい発注の増加、生産設備の拡充などが、㊂計画、㊃計画に基づいて行われたが、これは平時体制の下であったならば、国内、国外ともに異常な刺激を呼んだことであったろうと思われる。支那事変は計画軍備の実施および出師準備作業に隠れ蓑の役をもって寄与した（傍点は引用者）。

㊂計画とは、日中戦争開始後昭和一二（一九三七）年度以降の艦船五カ年、航空四カ年にわたる第三次海軍軍備補充計画で、艦船は戦艦二隻をふくむ合計六六隻二七万トン、航空兵力は一四隊を増勢し、類型五三隊とする計画で、㊃計画とは、昭和一四（一九三九）年度海軍軍備充実計画で、航空は五カ年で七五隊増勢、戦艦は六カ年で艦船八〇隻建造の計画である。日本はすでにワシントン海軍軍縮条約を破棄し（一九三四年一二月）、第二次ロンドン海軍軍縮条約からも脱退（一九三六年一月、一七四頁参照）していたので、ここにいたって、「ワシントン体制」といわれた両軍縮による軍備制限への「リベンジ」を果たそうとするかのような海軍軍備の大拡張計画を立てたのである。

これらは「平時体制」であったならば、国民の側からの批判と反発を呼ぶことになるが、対米戦に勝利するための軍備拡張が、日中戦争を「隠れ蓑」に利用して、容易に遂行できた、ということである。

なぜ海軍が謀略により大山事件を仕掛けて第二次上海事変を引き起こし、南京渡洋爆撃によって日中戦争の全面化をはかったのか、その意図を端的に知ることができる。

## 6　南京空爆作戦と日本の国際孤立

## 天皇の「対支宣戦布告」と国民精神総動員体制の発足

日中戦争拡大のための臨時軍事予算を決定したさきの第七二回帝国議会の衆議院開院式（三七年九月四日）において、昭和天皇は「対支宣戦布告」に代わるという以下の勅語を発した。〈註43〉

中華民国深く帝国の真意を解せず、みだりに事をかまえ、ついに今次の事変を見るにいたる。朕これを憾《うらみ》とす。今や朕が軍人は百艱を排してその忠勇をいたしつつあり。これ一に中華民国の反省を促してすみやかに東亜の平和を確立せんとするにほかならず。

朕は帝国臣民が今日の時局に鑑み、忠誠公に奉じ、和協心を一にして賛襄《さんじょう》もって所期の目的を達成せんことを望む。

日本帝国は、中華民国の政府・国民が日本の軍事侵略行為に抵抗することを止め、かつ抗日行為を反省させ、東亜の平和を確立することを「目的」として対中国宣戦布告をする、というのである。船津和平工作に奔走した外務省東亜局長の石射猪太郎は「暴支膺懲国民大会、芝公園にあり。アベコベの世の中である」と日記（九月二日）に書いて、中国に軍事暴力をふるう日本が抵抗する中国を「暴戻なる（荒々しく人道にはずれている）支那」と糾弾しているさまを「アベコベ」であると非難した。この勅語というかたちの「宣戦布告」も、中国にたいして宣戦布告もせずに一方的に武力侵略を開始した日本が、自国防衛のために抗戦に起ちあがった中国を「東亜の平和を乱す」ものとして「反省」を迫っていることにおいて、まさに「アベコベ」であった。

天皇制国家の日本において、天皇の勅語は、「臣民」すなわち国民にたいして、日本の侵略戦争を皇国日本のための「聖戦」と思いこませる役割を果たした。この勅語において、天皇は、「帝国臣民」は「忠誠公に奉じ、和協心を一にして賛襄《さんじょう》もって」すなわち、国民が一丸となって「天皇をたすけて」戦時総動員体制を構築し、「所期の目的を達成」するまで、つまり、中国が抗日戦争を止めて日本に「屈服」するまで戦うことを命じたのである。

ただし、天皇の「対支宣戦布告」もあくまでも日本国内向けであり、中国にたいして正式になされたものではない。国際的には戦争ではないと強弁する日本のダブルスタンダードは変わっていない。

いっぽう、この天皇の勅語には、満州事変・日中戦争・アジア太平洋戦争と日本の侵略戦争を拡大させた昭和天皇の役割が顕著に示されている。これまで見てきたように、盧溝橋事件勃発後は、戦場を華北に限定することを望み、不拡大の立場をとって船津和平工作にも期待を示したが、海軍が大山事件を仕掛けて「暴支膺懲」熱を煽動して南京渡洋爆撃を強行、陸海軍部内の拡大派の「中国一撃論」が大勢となるや、それを追認、さらには国民を鼓舞し宣揚する役割を積極的に果たすようになったことである。

天皇の勅語をうけて近衛首相も同日の施政方針演説において、盧溝橋事件いらい、日本は不拡大方針をとって日中関係の調整をはかってきたが、中国が侮日・抗日の気勢をあげて憚らぬため、戦局はやむなく華中・華南に波及してしまったことを述べたうえで、挙国一致の国民精神総動員をよびかけた。帝国議会以後、近衛内閣は本格的な戦時動員体制への移行に着手し、九月九日に「尽忠報国の精神を振起して」「挙国聖戦に立ち向かう」ために国民精神総動員を実施する旨の内閣告諭を全国の官庁へ訓令した。ついで、一一日、国民精神総動員運動を発足させ、日比谷公会堂で政府主催の国民精神総動員大演説会が開かれ、おりからの暴風雨をついて会場につめかけた五〇〇〇人の聴衆を前に、近衛首相は、「時局に処する国民精神の覚悟」と題する大演説をおこなった。〈註44〉

抗日の激するところ、いまや国を挙げて赤化勢力の奴隷たらんとする現状に立ちいたった。ここにいたっては、ただに日本の安全の見地からのみに止まらず、広くは正義人道のため、特に東洋百年の大計のためにこれに一大鉄槌を加えて直ちに抗日勢力のよってもって立つ根源を破壊し、徹底的に実物教育によりてその戦意を喪失せしめ、しかる後において支那の健全分子に活路をあたえ、これと手を握って俯仰《ふぎょう》天地に愧《は》じざる東洋平和の恒久的組織を確立するの必要に迫られてきた。（中略）

この日本国民の歴史的大事業を、我らの時代において解決するということは、むしろ今日生をうけた我ら同時代の国民の光栄であり、我々は喜んでこの任務を遂行するべきであると思う。

「赤化勢力の奴隷」というのは、日本の全面的な中国侵略戦争開始にたいして、既述のように、蒋介石国民党政府が共産党と第二次国共合作をおこない、ソ連と中ソ不可侵条約を結んだことを指しているが、抗日政策を推進している蒋介石政府を打倒して、傀儡の反共親日政権を樹立することまで謳ったのである。

近衛首相の南京国民政府へ「一大鉄槌を加えて直ちに抗日勢力のよってもって立つ根源を破壊し、徹底的に実物教育によりてその戦意を喪失せしめ」という呼びかけは、盧溝橋事件以後、陸軍の武藤章ら拡大派が主張した「中国一撃論」と呼応するものであった。それはつぎに述べる海軍航空隊による大規模な南京空爆作戦によって遂行されることになった。

国民の先頭に立って、挙国一致の戦争動員体制の構築を呼びかける近衛首相の姿は、ニュース映画やラジオ、新聞で大々的に報道され、これに即応した挙国一致体制を構築せよというキャンペーンがマスコミ、ジャーナリズム、官庁や学校、さらに種々の民間団体を通じて展開されるようになった。

南京国民政府に「一大鉄槌を加え」れば簡単に屈服するかのような「中国一撃論」が「暴支膺懲論」とセットになって、日本国民の間にファナティシズム（熱狂）が高まっていった結果、現地日本軍の独断専行による南京攻略戦を「南京に日章旗翻る日」はいつかと熱狂して支持する国民意識となっていったのである。

## 〝南京空襲の壮挙を決行〞

国民精神総動員運動の開始に合わせるように、一九三七年九月一〇日に、上海公大飛行場（二三〇頁地図参照）がようやく使用できるようになり、大連郊外の周水子基地にあった第二連合航空隊（司令官三竝貞三《みつなみていぞう》大佐）が移駐してきた。同飛行場は、前年の上海水兵射殺事件（一八七頁参照）に際して海軍中央が建設を指示した飛行場であった。上海共同租界東区のはずれ、黄浦江が北に折れ曲がる所に建設された長さ七〇〇メートル、幅二〇〇メートルの小さな飛行場で、滬江大学《ここう》（現在の上海理工大学）の南にあるゴルフ場を改造して造成された。現在は上海海洋大学の軍工路校区となっている。

上海の航空基地が使用できるようになったため、それまでおこなっていた渡洋夜間爆撃に変えて、戦闘機の護衛をつけた本格的な爆撃部隊の出撃が可能になった。八月一五日以降つづけて白昼におこなった渡洋爆撃は、中国空軍戦闘機に迎撃されたり、地上砲火によって撃墜されたりして、甚大な被害が出たので、一週間後からは夜間爆撃に変更していた。

九月一四日、長谷川清第三艦隊司令長官は、南京空襲部隊の編成（指揮官三竝貞三大佐、第二・四・五空襲部隊よりなる）による南京反復攻撃を命令し、さらに第一空襲部隊には準備ができしだい広東の爆撃を、第三空襲部隊に漢口、南昌などの奥地航空基地の爆撃をそれぞれ下令した。

大規模な南京空爆作戦を前にして南京空襲部隊指揮官の三竝貞三大佐は、上海公大飛行場において、「南京空襲の壮挙を決行せんとするにあたり、各級指揮官に訓示」をおこなった。〈註45〉

有史以来いまだかつて見ざる敵首都上空における航空決戦の壮挙を決行せらるることとなり……今次の空襲計画において奇襲を選ばず、敵首都上空において敵航空兵力との決戦を企図するゆえんのものは、九六式艦戦の卓絶せる性能のほか、我が海軍が世界に誇る空戦射撃の技能に深く信倚《しんい》するありしをもってなり。戦闘機隊諸官は必勝の信念をもって見敵必戦敵機を掃滅して我が海軍の精華を発露せられんことを切望す。（中略）

第一次空襲成功し初期の目的を達成せば、爾後連続空襲隊をもって制空権下の空爆を敢行し、南京市中にある軍事政治経済のあらゆる機関を潰滅し、中央政府が真に屈服し、民衆が真に敗戦を確認するまでは攻撃の手を緩めざる考えなり……本空襲、就中《なかんづく》第一次空襲の成否はただちに今事変の戦果を左右すべき重大性を有するに鑑み、各指揮官は充分計画を周密にして果敢なる実施とあいまって所期の成功を収められんことを切望してやまざるなり。

三竝が「卓絶せる性能の九六式艦戦」と言っているのは、九六式陸上攻撃機と同じ一九三六年に堀越二郎が設計主任となって製作した九六式艦上戦闘機のことである。長距離の渡洋爆撃には無理であったが、上海からならば十分に南京や漢口・南昌などに出撃できる航続力を備えていた。堀越らはこれにさらに長距離航続力と速度、格闘力の強化を要求されて、零式戦闘機を設計していくことになるのは、前述したとおりである。

三竝は、九六式陸上攻撃機と九六式艦上戦闘機からなる南京空襲部隊による南京爆撃の目的は、中国政府の首都南京の軍事・政治・経済機能を破壊して、国民政府を屈服させ、国民に敗戦を自覚させることにある、と明言している。日本の海軍航空隊は、世界戦争史において前例のない、「敵国」の首都にたいする戦略爆撃を企図したのである。それは現在の戦争の主要形態になっている空爆戦争の先駆けであった。

九月一九日早朝七時五五分、「敵首都上空における敵航空兵力との決戦により、これを一挙に滅して南京の制空権を獲得せんとする企図のもとに」四五機からなる第一次南京空襲部隊が上海公大飛行場を出撃した。（飛行場にある中国機の爆破ならびに誘出を任務とする）艦爆隊の九六式艦上爆撃機一七機は高度約三〇〇〇メートル、（艦爆隊を直接掩護するのを任務とする）水偵隊の九五式水上偵察機一六機がこれに従い、（空中戦により中国機撃滅を任務とする）艦戦隊の九六式艦上戦闘機一二機は約四〇〇〇メートルの高度で南京に向かった。

以下は、「南京空襲部隊戦闘詳報」に記された一九日の南京爆撃の記録である。〈註46〉

九時五〇分、句容付近において敵カーチスホーク型戦闘機約十二、ボーイング型戦闘機約六機は艦爆隊後尾において掩護中の八戦隊一水戦水偵に挑戦、我が四機これに応戦し、激戦の後、名取機由良機は各々敵二機を、鬼怒機は敵の一機を撃墜、川内機は敵と一戦後行方不明となれり。南京上空には、二十余機の敵戦闘機配備しあり、我が艦戦隊ならびに水偵隊は各個に敵を求めて一〇時頃大規模の空中戦を開始せり。その結果撃墜せる敵機、艦戦隊によるもの二十一機、神威水偵隊によるもの四機、二十二空機によるもの三機、合計二十八機を撃墜、我が軍に一の被害なく空前の戦果を収め、一〇時一五分以後一〇時三〇分頃まで南京上空に敵機見ざるに至れり。

この間艦爆隊は、一部をもって板橋鎮飛行場を偵察し、敵機あらざるを確認したる後、大部をもって一〇時一〇分頃大校飛行場、一部をもって兵工廠を爆撃せり（投下弾数六〇キロ爆弾三四）。飛行場には約二十機を場周に沿い粗散に配列しあり。空襲に際し離昇の模様なく、爆撃の結果、格納庫一棟炎上、地上飛行機に相当の損害をあたえる。本爆撃中、川口大尉の率いる一個中隊（艦爆六）は戦闘機の追躡《ついじょう》を受けつつありしが、内一機は急降下爆撃運動中白煙を引き、降下せるを認めたる後消息不明、川口大尉機および他の一機は爆撃終了後消息を絶てり。
この戦闘において、我が軍は水偵一機、艦爆機三機を失えるも一方においては敵戦闘機の大部すなわち三十三機を一挙に撃墜し、空前の戦果を収め、爾後の作戦の大勢を決せるが、これ艦戦隊ならびに水偵隊の勇戦奮闘によるところきわめて大にして、一面我が海軍が多年錬成せる空戦射撃技能の精華を発露せるものというを得べし。（中略）
帰途神威水偵一機鎮江付近江上に不時着せるも三航戦の迅速適切なる救援により人員を収容機体を焼却せり。

一九日は午前に第一次空襲を敢行したあと、まだ中国の戦闘機一〇余機が残っていると認められたので、午後三時から南京空襲部隊三二機による第二次空爆を決行、戦闘機九機以上と交戦して七機を撃墜、南京の中心にある憲兵司令部と警備司令部の建物を目ざして六〇キロ爆弾を二二個投下した。日本軍機には被害はなく、この日二次にわたる攻撃によって、海軍航空隊は南京の制空権を基本的に獲得した。

海軍航空隊の南京空襲部隊による南京爆撃は第一次（九月一九日）から第一一次（九月二五日）までおこなわれ、延べ二九一機が参加、撃墜した中国戦闘機は四八機、投下した爆弾数は計三五五個、重量にして三二・三トンに達した。日本側の被害は、戦死（行方不明を含む）一八人、失った機は一〇数機であった。「南京空襲部隊戦闘詳報」に記されている各次ごとの作戦・戦闘記録を読むと、早い段階で制空権を獲得した海軍航空隊が自在におこなった「爆撃実戦演習」の感がする。同詳報に戦果として記載された爆撃箇所は、以下のように南京城内外の枢要地を網羅している。

大校飛行場・兵工廠・憲兵司令部・警備司令部・中央放送局・雨花台砲台・富貴山砲台・航空署・防空委員会・国民党中央党部・南京市政府・南京鉄道駅・浦口鉄道駅・首都電力発電所・南京市国民党党部・財政部・軍政部・北極閣防空指揮所・軍医司・船政廠・交通兵団。

南京空爆作戦が、国民政府の屈服を目途とした戦略爆撃の性格をもっていたことは明確である。

飛行機から爆弾を投下する側は、被害者の惨状が見えないことによるが、一般市民も殺傷していることへの痛痒や葛藤はまったく感じていないと言ってよい。南京空襲をされた側の南京市民の悲惨な状況と被害については、拙著『南京難民区の百日』（岩波現代文庫）に「南京空襲の日々」と題して叙述したので、ここでは一例だけを紹介しておきたい。

九月二五日は一日だけで空襲が第八次から第一一次にわたり午前一一時から夕方五時すぎまで延べ九四機が出撃しておこなわれ、合計一二九個の爆弾が投下された。下関の首都電力発電所が爆撃されたさい、上海戦のため住む家を戦場にされて避難してきた難民の収容所に爆弾が投下され、一〇〇人以上の死者がでた。国立中央病院は、屋上にペンキで大きく赤十字のマークと漢字で「中央病院」と書いてあったにもかかわらず、爆弾の標的とされて二〇個近くの爆弾が投下され、職員数人が死傷、病院の施設は使用不能になった。この日、昼食後、空襲の合間をぬって緊急手術をおこなうため、金陵大学（現、南京大学）附属鼓楼病院に出勤しようとしたロバート・ウィルソン医師は、途中で貧しい民家が爆撃で破壊され、柱に胸を潰されて即死状態の男性や、防空壕の入口に爆弾のため肉体を引きちぎられた遺体がころがっているのを目撃している。この日の空襲だけで、南京市民の死者数百人、負傷者数千人という悲惨な被害をだした。

海軍航空部隊の長期にわたった南京空襲によって、国民政府の首都機能は麻痺し、何よりも政府関係者や広範な市民に恐怖感、敗北感を与えた。国民政府が南京を放棄して首都を奥地に移転する選択を迫られたのは、海軍航空隊の南京空襲による物的、人的損害ならびに精神的ダメージが大きく作用したからである。

## 都市爆撃にたいする国際連盟の対日非難決議

海軍航空隊の南京渡洋爆撃は、日本軍機の被害を避けるために、昼間から夜間爆撃それも高高度からの爆弾投下に変更したために、日本側が正当化しようとした軍事目標をそれて、一般市民の犠牲が多発した。そのため、八月二九日には、在南京のアメリカ・イギリス・フランス・ドイツ・イタリアの五カ国外交代表は、駐日アメリカ大使をとおして、日本政府にたいして、以下のように爆撃行為の停止要求を提出した。〈註47〉

八月二十六日夜、南京市の地域に行われた大規模な爆撃は、明らかに非戦闘員である外国人および中国人の生命や財産に対する危険を無視したものであった。それにともない、当外交代表は、いかなる国の政治的首都、とりわけ戦争状態にない国の首都に対する爆撃に対して、人間性と国際的礼譲についての配慮を必要とするような抑制について、日本側当局に適当な配慮を促すべき

である。（中略）

自分たちの公務を妨害を受けることなく遂行できる疑う余地のない権利、通常の人間の諸権利、およびこれらの友好関係にかんがみて、五カ国代表は爆撃行為の停止を要求する。爆撃は、かかげられた軍事目標にもかかわらず、現実的には教育や財産の無差別の破壊、および民間人の死傷、苦痛に満ちた死につながる。

しかし、南京駐在の五カ国外交代表の南京空爆停止の要求に挑戦するように、長谷川清第三艦隊司令長官は、先の南京空襲作戦の開始にともない、南京駐在の列国外交機関・各国居留民にたいする通告文ならびに南京市民にたいする警告文を発表した〈註48〉。

通告文（九月一九日付）

我が海軍航空隊は、九月二十一日正午以後、南京市および付近における支那軍ならびに作戦および軍事行動に関係あるいっさいの施設に対し、爆弾その他の加害手段を加えることあるべし。

（中略）

第三艦隊長官においては南京市および付近に在住する友好国官憲および国民に対し、自発的に適宜《てきぎ》安全地域に避難の措置をとられんことを強調せざるを得ず、なお、揚子江上に避難せらるるむき、および警備艦船は下三山上流に避泊せられんことを希望す。

警告文（九月二〇日付）

帝国海軍航空隊は、爾今南京市およびその付近における支那軍隊その他作戦および軍事行動に関係ある一切の施設に対し、必要と認むる行動をとることあるべく、（中略）非戦闘員は該軍事目標に接近せざるを可とすべく、当該各人自身の危険においても、その起こるべき危害にともなう責任は、我が軍においてはこれを負わざるべし。

国際法にのっとった対中国宣戦布告をしていない日本が、首都南京への空爆宣言をしたことは、世界を刺激し、日本にたいする国際世論をにわかに悪化させた。南京には、アメリカ伝道団各派が創立・運営する学校や病院、教会施設が集中しており、南京渡洋爆撃においてすでに、それらの施設が爆撃を受けていた。第三艦隊司令長官の避難勧告は、日本軍がそれらのミッション施設を爆撃して、アメリカ人を南京から追い出そうとするものだと、大きな反発を引きおこした。

日本の海軍機による南京その他の都市爆撃による民間人の殺害について、アメリカにおいては八月、九月の早い段階から報道されて国民の非難を呼び起こした。上海戦において、日本軍機が共同租界へと避難する数千人の市民の群れに爆弾を投下した光景や、日本軍に家を焼き出され、さらに爆弾や砲弾の犠牲にされた膨大な民間人の惨状が、報道写真やニュース映画・雑誌・パンフレット類をとおしてアメリカ人に知られるようになり、非戦闘員を巻き込んだ日本軍の蛮行にたいする非難の声が上がりはじめていた。南京空襲の惨状も、南京で取材中であった新聞記者やニュース映画のカメラマンなどによって世界に報道された。

日本海軍機による無防備都市の爆撃、および日本の中国侵略を非難する世界の世論がたかまるなかで、イギリスは国際連盟に日本の行動を非難する決議案を上程した（九月一三日からスイスのジュネーブで第一八回国際連盟総会が開催されていた）。九月二七日イギリス代表は、連盟の日中紛争諮問委員会において「現在中国において行われつつある無防備都市への空襲に対する英国政府の深い恐怖を記録にとどめ、かつこのような行動を委員会がきっぱりとした言葉で非難すること」を要求する提案をして可決された〈註49〉。

「都市爆撃に対する国際連盟の非難決議」は翌二八日の国際連盟総会において、全会一致で採択された〈註50〉。

> 日本航空機による支那における無防備都市の空中爆撃の問題を緊急考慮し、かかる爆撃の結果として、多数の子女をふくむ無辜《むこ》の人民に与えられる生命の損害に対し、深甚《しんじん》なる弔意を表し、世界をして恐怖と義憤の念を生ぜしめたるかかる行動に対しては、何等弁明の余地なきことを宣言し、ここに右行動を厳粛に非難す。

アメリカは国際連盟に加盟はしていなかったが、国際連盟総会における「都市爆撃に対する国際連盟の非難決議」などをうけて、アメリカのルーズベルト大統領は一〇月五日、シカゴにおいて有名な「隔離演説」をおこなった〈註51〉。

宣戦の布告も警告も、また正当な理由もなく婦女子を含む一般市民が、空中からの爆弾によって仮借なく殺戮されている戦慄すべき状態が現出している。このような好戦的傾向が漸次《ぜんじ》他国に蔓延するおそれがある。彼らは、平和を愛好する国民の共同行動によって隔離されるべきである。

国名は名指しされていないが、日本海軍機による南京空爆をはじめとする中国の無防備都市への爆撃が強く批判されたことは明らかである。そして日本のような侵略国が伝染病のように他国へ蔓延するのを防ぎ、国際社会の健康を守るために隔離すべきである、つまり経済的政治的に封じ込めてしまうべきだと主張したのである。翌六日には、国務長官ハルも「日本の行動は国際関係を規律する原則に違反し、九カ国条約（八三頁参照）およびケロッグ不戦条約（一〇三頁参照）に違反する」という声明を発表した。

しかし、広田弘毅外相は、九日、国際連盟総会の決議およびアメリカ政府の批判にたいして、「今次事変における日本の行動は自衛であり、現存条約に違反しない」旨の次のような声明を発表した。〈註52〉

国際連盟は現に帝国が支那に於いて執りつつある行動をもって、九国条約及不戦条約違反なりと断定し、米国務省また同趣旨の声明を発したるが、右は今次事変の実体および帝国の真意を理解せざるより来れるものにして、帝国政府の甚だ遺憾とするところなり。（中略）

帝国政府の対支行動は、如何なる現存条約にも違反せず、却って赤色勢力に操られ、国策として執拗悪性なる排日抗日を実行し、武力行使に依り自国内に於ける日本の権益を除去し去らんとして今次事変を招来せる支那政府こそ不戦条約の精神に背戻《はいれい》し、世界の平和を脅威するものと言うべきなり。

海軍航空隊が南京から中国諸都市へと拡大した都市爆撃が、国際世論の非難を浴び、日本を世界から孤立させていったが、外務省も海軍に同調する対応しかできなくなっていたのである。

## ブリュッセル会議とトラウトマン和平工作

蔣介石が中国の命運をかけて上海戦にこだわったのは、上海や華中に利権をもつイギリスやアメリカの対日干渉を誘いだすことであった。そのためにも戦局を優勢にすすめておく必要があった。もう一つは、国際連盟に提訴して、連盟加盟国による対日の軍事的・経済的な制裁を引き出すことであった。そこで蔣介石は、アメリカのルーズベルト大統領の「シカゴ隔離演説」やハル国務長官の「日本の行動は九カ国条約と不戦条約に抵触する」という声明を、アメリカが孤立主義から転換する契機であると喜んだ。

いっぽうこれより先の九月一三日からジュネーブで開かれた第一八回国際連盟総会において、中国政府は、盧溝橋事件以後の日本の侵略行為の拡大をワシントン会議において締結された九カ国条約に違反するとして提訴した。連盟理事会は中国の提訴を日中紛争諮問委員会に付託し、委員会はアメリカ・ドイツ・オーストラリア・日本・中国の五カ国を招請したが、日本とドイツが参加を拒否したため、九カ国条約締結国の会議は開催できなかった。

同諮問委員会の決議を経て日本海軍機による都市爆撃に対する非難決議を連盟総会において採択したことをうけて、日本の中国侵略を非難する世界の声のたかまりは、日本の侵略に対して連盟が態度を明らかにすることを望んだ。同諮問委員会は、一〇月五日、(1)日本の軍事行動は九カ国条約ならびに不戦条約に違反すると判定し、(2)九カ国条約調印国および関係国による国際会議により日中紛争を解決すべきであるという勧告書を採択した。翌日の連盟総会は、諮問委員会の報告書を採択し、さらに、連盟が「中国を道義的に支持することを表明し」また加盟国が「個々に中国に対する援助をいかに拡張しうるかを」考慮すべきだとすることを確認した。

国際連盟の総会における勧告を受けて、アメリカとイギリスが提案国となり、一一月三日から、九カ国会議がベルギーのブリュッセルで開催されることになった。

一九三七年当時、日本の国際貿易において、アメリカは輸入の三三・六パーセント、輸出の二〇・一パーセントを占めて、日本の経済的死命を制することができる立場にあり、戦争遂行に不可欠な軍需品や戦争資材、とりわけ石油と鉄の対日供給において、決定的な役割を果たしていた。翌三八年度の数字で見ると、日本の輸入に占めるアメリカの比率は、総額三四・四パーセント、石油類七五・二パーセント、鉄類四九・一パーセント、機械および同部品五三・六パーセントに達しており、日本は戦争遂行の軍備のためにもっとも重要な石油の大半と鉄のほぼ半分をアメリカからの輸入に依存していた。

このような圧倒的な対米依存の経済構造のため、日本政府・軍部首脳がもっとも恐れたのは、ブリュッセル会議においてアメリカ主導の対日経済制裁が決定されることであった。一〇月一日、近衛首相・杉山陸相・米内海相・広田外相は、南京政府との和平交渉のための条件をさだめた「支那事変対処要綱」を決定し、近衛首相は、これを天皇に上奏した。同条項の講和条件は、大山事件で挫折させられた船津和平工作の「日華停戦条件」にそったもので、中国の「満州国」承認、華北の一定地域と上海周辺に非武装地帯を設定すること、華北は中国中央政府の行政のもとにおくことを認め、日中経済合作の協定をむすぶことを主とする比較的「寛大」なものであった。

一〇月二一日、駐日ベルギー大使から広田外相にブリュッセルで開催される九カ国条約の招請状が手交された。日本政府は、同会議は日本を条約違反者と判定するだけで、公平な結果は結果できないとして参加拒否を回答したが、いっぽうで、広田外相から駐日ドイツ大使ディルクセンにたいして、ドイツが日中和平工作を斡旋してくれるよう申し入れた。

当時ドイツは、アメリカ・日本についで中国の外国貿易中第三位を占めるなど、中国との経済関係をつよめ、さらには武器輸出や軍事顧問団の派遣などによって軍事関係も強めつつあり、中国市場が戦争で攪乱されるのを好まなかった。さらに世界的な対ソ防共戦略からして、日本と中国が長期の戦争で消耗しあうこともおそれた。そのため、ドイツ外務省の意向をうけた駐華ドイツ大使トラウトマンは、積極的に日中和平工作に乗り出した。トラウトマン和平工作、あるいは単にトラウトマン工作といわれる。

一一月初め、トラウトマンは蒋介石にたいしてさきの「支那事変対処要綱」にもとづく日本政府の和平条件をつたえた。しかしこのとき蒋介石は、ブリュッセル会議で対日制裁が決まることを期待して、日本側の提案は、同会議の結果が判明するまでは、とくに考慮に値しないと答えて交渉は進展しなかった。〈註53〉

一一月三日から開催されたブリュッセル会議は、国際紛争を戦争ではなく、平和的手段によって解決しようとしいう不戦条約（一〇三頁参照）の理念にもとづいて、日本の中国侵略を平和的手段によって阻止することを試みようとした会議であった。同会議において、中国代表顧維鈞は、列強が日本に道義的・物資的・経済的圧迫をくわえて即時停戦を迫るように要請し、いっぽうでは列強が日本への物資および信用の供与を停止するとともに、中国への武器・借款援助の実行を促進するよう要請した。

ところが、当時の国際連盟にも、不戦条約にも、国際法に違反する国にたいする制裁規定とそれを執行するための国際機関についての定めがなかった。そのため、当時の日本のように、軍事制裁や経済制裁のような物理的圧力がないかぎり、国際法の条理や国際的道義に従おうとしない国にたいしては無力な側面があった。

しかも、この段階では、アメリカ・イギリス・フランスの列強は、対日戦争のリスクをおかしてまで、対日軍事制裁や経済封鎖などの共同干渉を実行する決意はもたなかった。結局、ブリュッセル会議は一五日の本会議において、「各国代表は条約の規定を無視する日本に対し共同態度を採ることを考慮する」という日本の国際法違反を非難する宣言を採択したものの、中国代表が希望した具体的な対日制裁措置は決定せずに、二四日に閉会した。日本の政府・軍部首脳がもっとも恐れた、アメリカの主導による対日経済制裁の決定は回避されたのだった。

ブリュッセル会議が対日実力制裁措置を決定しなかったことに勢いを得た日本の政府・軍部は、一一月二〇日に戦時における最高統帥機関である大本営を設置した。大本営とは、陸海軍の最高司令官である天皇の総司令部という意味で、戦時に際して設ける最高統帥機関であり、参謀本部・陸軍省・軍令部・海軍省の最高首脳が出席した。日本は日中戦争を国際法上の戦争でないとして対外的に戦争宣言をせず、「支那事変」と称してきたので、「事変」においても大本営が設置できると軍令を改正したうえで、宮中に設定したのである。

大本営の設置は、本格的な戦時指導体制の構築を意味した。

大本営は日清戦争のときに当初参謀本部内に設けられ、のち宮中さらに広島に移ったが、日露戦争のときは宮中に設けられた。その後、第一次世界大戦やシベリア出兵、満州事変においても設けられなかった。それが、盧溝橋事件以後、なし崩し的に拡大してきた日中戦争にたいして、天皇が大本営御前会議に臨席して、作戦指導に直接関与するようになったのである。大本営はその後、逐次権限と機構を拡大し、アジア太平洋戦争の準備、開戦、戦争指導などにおいて、決定的に重要な役割を果たすことになった。

ブリュッセル会議の結果を見た日本は、一一月六日に日独防共協定に参加して日独伊防共協定としたムッソリーニのイタリアとの関係を緊密化させ、イタリアの「満州国」承認（一一月二九日）、イタリアの国際連盟脱退（一二月一一日）によって対イタリア関係をさらに強化した。こうして東京―ベルリン―ローマ枢軸の結成によって、国際的にも勢いづいた日本軍部と政府は、中国政府の全面屈伏をめざして、陸上からの南京攻略戦になだれ込むことになる。

トラウトマン和平工作にたいする日中の対応は逆転し、高圧的になった日本側は講和条件をエスカレートして、蒋介石政府に降伏をせまるような過酷な内容に引き上げ、同工作を事実上頓挫させるにいたった。

## 7　上海戦から南京攻略戦へ

### 中《なか》支那方面軍、独断で南京へ進撃

一九三七年八月一三日に始まった上海戦（第二次上海事変）は、日中戦争史上最大の激戦となり、三カ月目に入った一〇月末になっても勝敗は決しなかった。膠着した戦局の打開に苦慮した武藤章作戦課長は、杭州湾に一軍を上陸させて、背後から上海の中国軍を攻撃する作戦を考案し、下村作戦部長の内諾をえて北支那方面軍司令部に飛び、華北から上海への兵力抽出を説得した。その結果、杭州湾上陸のための第一〇軍（軍司令官柳川平助中将、第六・第一八師団・第一一四師団と第五師団の国崎支隊よりなる）が編成された。あわせて第一六師団を華北から転用し、上海派遣軍に増加することにした。

一一月五日、第一〇軍が杭州湾に上陸、背後を衝かれた上海防衛の中国軍に動揺がはしり、一一月一三日に第一六師団が長江岸の白茆口《はくぼうこう》（上海北西約七五キロ）に上陸すると中国軍の撤退と潰走がはじまり、やがて総崩れとなり、上海戦は一段落をつげた。

三カ月におよんだ上海戦に、中国は述べ七〇余個師、全国の軍隊の三分の一にたっする七〇万の兵力を投入して戦い、その戦死者は二五万人前後といわれるほど膨大なものとなった。〈註54〉いっぽう、日本は、戦術としてはまずい、場当たり的な増派を九回にわたって繰りかえし、けっきょくは一九万人という予想外の大兵力をつぎこみ、戦傷者四万三六七二人（戦死者九一一五人）にたっした。くわえて戦病者もふえ、指揮官の大部分と兵士の過半も補充で入れかわるという代価を払ったのである。〈註55〉

杭州湾上陸作戦が成功した後の一一月七日、上海派遣軍と新しく編成された第一〇軍とを合わせて中支那方面軍が「編合」され、松井大将が方面軍司令官を兼任した。「編合」というのは、天皇の命ずる正式な軍の編制である戦闘序列ではなく、仮の編制の意味である。戦争時の日本軍は、複数の師団で「軍」、複数の軍で「方面軍」、複数の方面軍で「総軍」を構成した。上海派遣軍は上海戦のために派遣された複数の師団からなる軍である。一九三九年九月に編成された支那派遣軍は北支那方面軍をはじめ全中国の全陸軍部隊を統括した総軍で総司令部が南京に設けられ、総司令官が統括した。最後の総司令官は岡村寧次大将であった。

ところで、本書では「編制」と「編成」を使いわけている。「編成」は軍隊や部隊を組織する「編成する」という動詞で使っており、編成された軍隊の組織系統や構成を「編制」と名詞で使っている。一般的には「編成」も「編制」も区別しないで使われていることが多いが、軍事史、戦争史の記述としては区別すべきであろう。

中支那方面軍は、上海派遣軍と第一〇軍を合わせたので方面軍と呼称したが、北支那方面軍（一九三七年八月二六日編成）やアジア太平洋戦争時のビルマ方面軍や山下奉文が司令官となった第一方面軍などと比べて、中支那方面軍は名ばかりの方面軍であった。中支那方面軍司令部は、上海派遣軍と第一〇軍との作戦を一時統一指揮するだけのものとされたので、二、三人の副官と参謀長以下七人の参謀と若干の部付将校がいるだけで、通常の方面軍司令部が備えている兵器部・経理部・軍医部・法務部（法務官が派遣され、軍法会議により兵士の軍刑法違反を取り締まった）はなかった。法務部がないことは、麾下《きか》の軍隊の軍紀風紀を取り締まる正式な機関がなかったことであり、後述する南京事件の要因となる日本軍の軍紀紊乱《びんらん》を放任することになった。さらに、部隊の食糧を運輸・補給したり、宿営施設の設置、軍需品の運送などを統括する兵站《へいたん》機関も備えていなかった。このことは南京事件の根本的な要因となる。

中支那方面軍は、上海戦という地域限定の戦闘のために編成された部隊であり、さらに奥地の南京攻略作戦をおこなうことは軍事常識からいって不可能だったのである。参謀本部は「中支那方面軍の作戦地域は概ね蘇州、嘉興を連《つらね》る以東とす」と制令線（前進統制、進出制限を命令したライン）を指示し、上海戦で決着をつける作戦を明示していた。

いっぽう、中支那方面軍の幕僚には参謀本部から五人の部員が出向し、参謀長には第三部長だった塚田攻少将、参謀副長に作戦課長だった武藤章大佐が就任した。塚田も武藤と同じ拡大派だった。杭州湾上陸作戦を作案した武藤は自ら希望して出向、東京を出発するときすでに南京攻略を考えていた。

武藤参謀副長は、一一月上旬上海において、軍令部第一課長福留繁大佐にたいし「中支那方面軍は今のところ中央の意を体し、依然として常熟・蘇州・嘉興の線の占拠をもって、当面の作戦の一段落とし、南京進撃の態勢を整えて爾後の計を樹てるとの方針を持っている」と語っていた。武藤は、上海の経済都市を押さえ、政治中枢の南京を攻略すれば、戦争終結の動機をつかむことが出来るであろう判断していた。たとえ戦争終結にいたらないでも、蒋介石政権はもはや一地方政権にすぎなくなるので、南京攻略の意義は政戦略上大きなものがあると考えていた。〈註56〉中国一撃論を強硬に主張して、下剋上的に石原作戦部長を「追い出した」武藤としては、自分の拡大戦略の正しさを南京攻略によって実証して見せる必要があったのである。

一一月中旬、日本軍は上海全域を制圧した。上海派遣軍の本来の作戦目的であった「上海居留民保護」はこれで達成され、三カ月におよんだ上海戦で多大な犠牲を強いられ、心身ともに消耗、疲弊した兵士たちは本国へ「凱旋」できるはずであった。陸軍中央にとっても、上海派遣軍の士気低下、軍紀の弛緩、不法行為の激発が深刻な問題になっていた。参謀本部は、軍紀頽廃した将兵からなる上海派遣軍をさらに南京攻略へ駆り立てれば、軍紀を逸脱した不法行為・残虐行為が激発する可能性を懸念して、上海戦を一段落として派遣軍を整理し、休養を与える必要を考慮していた。

そのような折、第一〇軍は一一月一五日に軍司令官柳川平助臨席のもとに幕僚会議を開き、軍主力をもって独断で南京追撃を敢行することを決定し、一九日朝、第一〇軍の全力をもって南京に向かって追撃をすることを命令した。制令線を設定して奥地に侵攻することを禁じた参謀本部にたいする明らかな命令違反であった。一一月二〇日にその報告が届いた参謀本部では、石原莞爾に近い不拡大派であった多田駿参謀次長が非常に驚き、急を要するのでただちに中止させ、制令線から後退させよ、と指示した。拡大派の下村第一（作戦）部長は内心は南京攻略論だったので、本問題は中支那方面軍の統帥にまかせるべきであると意見を述べた。しかし、多田次長の強い意見にしたがい、二〇日夕方、中支那方面軍参謀長あてに「第一〇軍の南京追撃は臨命第六百号（作戦地区）指示の範囲を逸脱している」と打電した。

しかし、一一月二四日、中支那方面軍から「事変解決を速やかならしむるため、現在の敵の頽勢に乗じ、南京攻略を要す」という意見書が参謀本部に届いた。すでに南京攻略を考えていた下村第一部長は、なお前進不可論を堅持する多田参謀次長を説得して、中支那方面軍の作戦地域を制限している制令線の撤去を指示した。それでも多田参謀次長は戦線拡大を深く憂慮し、中支那方面軍参謀長あてに、南京方面へは進撃しないよう電報を打った〈註57〉。

同日、天皇が臨席して第一回大本営御前会議が開かれ、参謀本部の下村第一部長が中支那方面軍の作戦について、参謀本部で起案した原稿を読むかたちで報告した。そのあと、下村は、前線からの報告にもとづき、中支那方面軍の現状では南京攻略は無理であると述べたうえで、多田参謀次長に無断で、以下のような原稿にないことを抜け駆け的に発言した〈註58〉。

方面軍はその航空部隊をもって海軍航空兵力と協力して南京その他の要地を爆撃し、かつ絶えず進撃の気勢をしめして敵の戦意を消滅せしむることと存じます。統帥部といたしましては、今後の状況いかんにより、該方面軍をして新たなる準備態勢を整え、南京その他を攻撃せしむることも考慮しております。

多田参謀次長は御前会議の場では控えて、あとで下村を叱責したが、結果的には現地軍の態勢が可能ならば南京攻撃をおこなう方針を説明し、その場では反対論がなかったので、承認されたかたちになった。参謀次長を出し抜いた下村の下剋上的言動の根拠に、海軍航空隊の三カ月におよぶ南京爆撃により首都機能が大きな被害をうけた国民政府が一一月二〇日、重慶への遷都を正式に発表したこともあった。その意味では、海軍航空隊の南京爆撃作戦は、陸軍の南京攻略戦の前哨戦の役割を果たしたのである。戦略爆撃の効果を発揮したということである。

戦略爆撃とは、イタリア人のジュリオ・ドゥーエ少将が『制空権論』（一九二一年）において理論的に説いた戦略論で、最初は航空機の爆撃により、敵国政府の首都ならびに主要都市を爆撃して、敵国の物質的・精神的抵抗力を破壊し、「敵の戦意を消滅」させておいて、最後は地上から陸上部隊を侵攻させて、首都ならびに主要都市を占領して降伏させるという理論である。南京爆撃につづく地上からの南京攻略は、ジュリオ・ドゥーエが説いた戦略爆撃論を世界最初に本格的に実施したものといえた。

参謀本部の制止を無視して制令線を突破して南京への進撃を開始した第一〇軍（丁集団と称した）は、上海派遣軍のように上海戦で消耗していなかったので、破竹の勢いで南京を目指した。第一〇軍司令官柳川平助中将は、一一月二〇日、「一、皇軍の神速勇猛なる作戦に心胆を奪われたる国民政府は、遂に南京を脱出し、今や同地は軍事機関のみを残置するに過ぎざるに至れり　二、南京城頭高く日章旗を揚ぐる日今や近きにあり、将兵努めよ」と訓令を発した〈註59〉。

参謀本部の命令を無視して南京進撃を命じた柳川平助司令官は、二・二六事件以前の皇道派の中心メンバーであった。皇道派に近かった荒木貞夫陸軍大臣のもとで二年間陸軍次官をつとめたあと、一九三四年から第一師団長となったが、同師団（東京）は皇道派青年将校の最大の牙城となった。陸軍当局は、皇道派の盲動を押さえようとして、一九三五年一二月に柳川中将を台湾軍司令官に転出させ、第一師団の満州派兵を決定した。この措置に反発、危機感をもった皇道派の青年将校たちが「昭和維新」の決行を決断して、二・二六事件を引き起こしたことは前章で述べた。

事件鎮圧後の「粛軍」によって柳川も予備役に編入されたが、上海戦で苦戦を強いられた武藤章らが考えた杭州湾上陸作戦のために、三七年一〇月に召集され、第一〇軍司令官として現役に復帰したのである。二・二六事件の鎮圧と「粛軍」で辣腕を認められた統制派の武藤章が、ここでは皇道派の柳川を利用して独断専行で南京進撃を開始させ、その急進撃の成果を誇示して、先の下村作戦部長の抜け駆け発言にあった南京攻撃の態勢が整ったことを参謀本部に認めさせようとしたのである。武藤参謀副長は、第一〇軍の南京急進撃を利用して上海派遣軍を挑発して「南京一番乗り」を競わせることまでおこなった。杭州湾上陸作戦で軍功をあげた柳川も、さらに南京攻略において軍功をあげ、軍中央に復権したいという野心を抱いていた。

柳川は思惑どおり、南京攻略の立役者の一人となったが、皇道派であった手前、顔写真の掲載をはじめとして、メディアで公然とは活躍を報道できなかったので、「覆面将軍」といわれた。柳川は、杭州湾上陸作戦と南京攻略戦の「武勲者」として陸軍中央の復権に成功し、興亜院総務長官、第二次近衛内閣の法務大臣、第三次近衛内閣の国務大臣を歴任、四一年三月から大政翼賛会副総裁の要職にもついた。柳川平助の影響下に「昭和維新」に決起し、死刑に処せられた青年将校たちの処遇との差は、あまりにも大きい。

陸軍中央において「中国一撃論」を豪語して「下剋上」的に主導権を掌握しようとした武藤章ら拡

大派の党派心と南京占領＝中国の屈服の殊勲者という時代錯誤的な功名心にかられた松井石根中支那方面軍司令官、そして二・二六事件後の「粛軍」からの復権を企んだ柳川平助第一〇軍司令官、かれらの野心が相乗して、正式な命令のないままに南京攻略戦が強行され、南京大虐殺事件（南京事件と略称）を引き起こしていくことになる。さらにその前提として、宣戦布告もせずに中国の首都への南京爆撃作戦を強行、その実績を誇示して、膨大な臨時軍事予算の獲得に成功、さらに日中戦争を利用して、対米決戦を想定した海軍の軍備拡大を目指した、大海軍主義者たちの野心があったことも忘れてはならない。

# 8　南京事件

## 大本営、南京攻略を下令

大本営の正式の命令もないまま、参謀本部の統制に反するかたちで、中支那方面軍が独断専行で発動した南京攻略作戦であったが、日本の大新聞は同作戦に便乗して、大規模な報道陣を前線へ派遣し、従軍記者に少なからぬ犠牲者を出しながらも、「南京城に日章旗が翻る日はいつか」「どこの郷土部

# 南京攻略戦の参加部隊

（陸軍）
中支那方面軍
松井石根大将

- 上海派遣軍　朝香宮鳩彦王中将
  - 第九師団　吉住良輔中将
    - 歩兵第六旅団　秋山義兌少将
      - 歩兵第七連隊　伊佐一男大佐
      - 歩兵第三五連隊　富士井末吉大佐
    - 歩兵第一八旅団　井出宣時少将
      - 歩兵第一九連隊　人見秀三大佐
      - 歩兵第三六連隊　脇坂次郎大佐
    - 騎兵第九・山砲兵第九・工兵第九・輜重兵第九連隊
  - 第一六師団　中島今朝吾中将
    - 歩兵第一九旅団　草場辰己少将
      - 歩兵第九連隊　片桐護郎大佐
      - 歩兵第二〇連隊　大野宣明大佐
    - 歩兵第三〇旅団　佐々木到一少将
      - 歩兵第三三連隊　野田謙吾大佐
      - 歩兵第三八連隊　助川静二大佐
    - 騎兵第二〇・野砲兵第二二・工兵第一六・輜重兵第一六連隊
  - 山田支隊（第一三師団の一部）
    - 歩兵第一〇三旅団　山田栴二少将
      - 歩兵第六五連隊　両角業作大佐
  - 第三師団先遣隊
    - 歩兵第六八連隊　鷹森孝大佐
  - 他に第一三師団主力は長江北岸、第三師団主力と第一一師団、第一〇一師団は後方警備
- 歩兵第一一旅団
  - 歩兵第一三連隊　岡本保之大佐

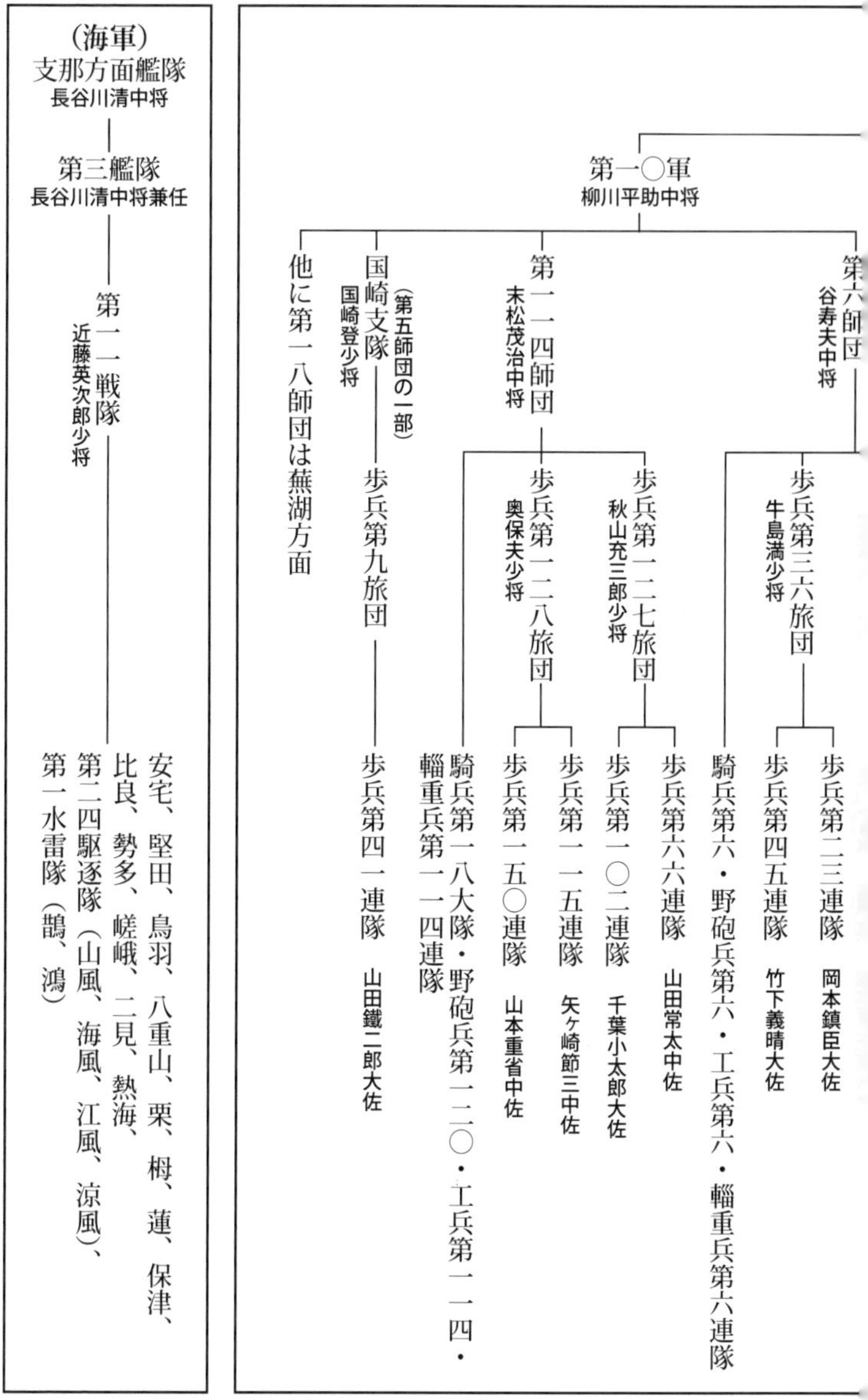


※笠原十九司著『南京事件』（岩波新書）80-81頁「図1　南京攻略戦の参加部隊」を元に作成

隊が南京城一番乗りを果たすか」などの報道合戦を繰りひろげた。国民は、「いつ南京は陥落するか」「南京城一番乗りの誉れの部隊はどこか」などと、南京城に迫る日本軍部隊の報道に注目し、興奮するようになった。その結果、大新聞は一挙に購買数を増大させた。南京へ進撃する皇軍（天皇の軍隊）の連戦連勝の華々しい捷報《しょうほう》が、連日報道されるなかで、国民の戦勝・祝賀ムードが必要以上に煽られ、国民も拡大派が喧伝した「中国一撃論」に幻惑され、南京が陥落すればあたかも日本が勝利して日中戦争が決着するかのような期待感をいだくようになった。官庁、学校は南京陥落祝賀行事のための提灯や垂れ幕を準備して、さながら南京をゴールとする戦争ゲームでも観戦するかのように、日本軍の進撃ぶりに喝采を挙げ、早期南京占領を待った。

事ここにいたって、南京攻略戦に強く反対していた多田参謀次長もついに同意を与えざるをえなくなり、一二月一日、大本営は「中支那方面軍は、海軍と協同して敵国首都南京を攻略すべし」と南京攻略を下令して、中支那方面軍の独断専行を正式に追認したのである。同時に中支那方面軍はこれまでの臨時編成の「編合」から正式な戦闘序列の「編制」に下命され、松井石根が兼任していた上海派遣軍司令官に皇族の朝香宮鳩彦王《あさかのみややすひこおう》中将が任命された。

## 南京進撃途上で重ねられた不法行為

近代戦において、大部隊は前線部隊と後方の兵站部隊とに分かれ、前線の戦闘部隊は後方の兵站部からの食糧・弾薬その他の軍事物資の補給をうけながら進軍していく。したがって、前進部隊のあらたな前進は、兵站部が補給可能な位置まで移動してきてからおこなうのが常識であった。ところが、中支那方面軍の独断専行でおこなった南京攻略戦ではこの作戦常識が無視された。同軍司令部そのものが兵站部を統括する機関を持たず、各師団の兵站部は最初から貧弱だった。また、上海派遣軍も、もともと上海周辺だけを戦場に想定して派遣された部隊であったので、長距離を移動、進軍する作戦に備えた軍装備、輸送部隊もなかった。それにもかかわらず、前線部隊は「南京一番乗り」を煽られ、補給を無視した強行軍を余儀なくされたのである。

中支那方面軍は糧秣（食糧と軍馬の飼料）のほとんどを現地で徴発するという現地調達主義をとった。日本軍はこれを「糧食を敵中に求む」「糧食は敵による」戦法と称したが、現実には通過地域の住民から食糧を奪って食べることであったから、戦時国際法に違反した略奪行為であった。各部隊の兵士たちは兵士たちで、進軍の先々で、畑の農作物の略奪、家畜の殺害、農家の貯蔵食糧の略奪などして毎日の食べ物を捜さなければならなかった。欧米の近代的軍隊ではあり得ないことであった。

石川達三『生きている兵隊』（中公文庫）は、現在でも読むことができるが、同書は、芥川賞作家の石川達三が南京陥落直後の南京を訪れ、第一六師団歩兵第三〇旅団の第三三連隊所属の部隊の兵舎を訪ねて、将兵たちから手柄話も含めた戦場体験を聞き取り、それを素材に書いたルポルタージュ的な作品である。同書には、一つの連隊の部隊が上海から南京へ進撃する過程で繰りかえしていった婦女凌辱行為のほかに、捕虜・投降兵・敗残兵の虐殺や民間人の殺害・略奪・放火・民間人の連行と使役などの不法行為がリアルに描写されている。同書がほぼ歴史事実にもとづいて記述されていることは、筆者がすでに実証的に明らかにした〈註60〉。

そのため、「生きている兵隊」を掲載した『中央公論』（一九三八年三月号）は、内務省によって発行と同時に発売禁止となり、石川達三と編集・発行・印刷人とも逮捕、起訴され、石川は禁固四カ月、執行猶予三年の判決をうけた。「皇軍兵士の非戦闘員殺戮、掠奪、軍規弛緩の状況を記述したる安寧秩序を紊乱する事項」を執筆したというのが判決の理由だった。

ここでは、『生きている兵隊』と同じ第一六師団に所属の第一九旅団に属した歩兵第二〇連隊に所属した牧原信夫上等兵の日記を抜粋しながら、上海から南京への進撃途上で、日本軍部隊が繰りかえしていった不法行為を具体的に紹介してみたい〈註61〉。

### ◆無錫《むしゃく》付近

一一月二六日　七時四〇分頃、自分達が休けいしている場所に四名の敗残兵がぼやっと現れたので早速捕らえようとしたが、一名は残念ながら逃がし、あと三名を捕らえた。兵隊達は早速二名をエンピや十字鍬で叩き殺し、一名は本部に連行、通訳が調べたのち銃殺した。八時半宿舎に就く。三小隊は早速豚を殺していた。全くすばやくやるのにはおそれ入った。夕食を終わり、二食を炊飯す。

一一月二七日　支那人のメリケン粉を焼いて食う。休憩中に家にかくれていた敗残兵をなぐり殺す。支那人二名を連れて一一時出発する。鉄道線路上を前進す。休憩中に五、六軒の藁ぶきの家を焼いた。炎は天高くもえあがり気持ちがせいせいした。

一一月二八日　或る橋梁に来た時、橋本与一は船で逃げる五、六名を発見。照準をつけて一名射殺。自分達が前進するにつれ支那人の若い者が先を競って逃げて行く。何のために逃げるかわからないが、逃げる者は怪しいと見て射殺する。

## ◆常州付近

一一月二九日　武進は抗日、排日の根拠地であるため全町掃討し、老若男女をとはず全員銃殺す。敵は無錫の線で破れてより全く浮足立って戦意がないのか、或いは後方の強固な陣地に立てこもるのかわからないが全く見えない。この町は今までに見た事のない様な立派な町だった。支那人苦力《クーリー》（農村などで拉致、連行され、荷物運搬や食事の支度など雑役を強制された成年男子）も立派に入城す。

三時過一二中隊は五、六人の支那人を集め手榴弾を投げて殺していた。壕にはまった奴は仲々死ななかった。

一一月三〇日　武進の前夜の宿舎に引き返す。直ちに米やその他の物資徴発に行く。昨日昼食したところへ行って見ると、昨日殺した支那人がまだ橋の下にぷかぷかと浮いて居た。米、芋、シイタケ、ギンナン、その他色々と徴発し、二時間の後重い荷を人力車に乗せ、やっと半分程引き返したところで四方宏が俄かに出発ですと言ってきたので、残念にも支那人に全部をひかし、早速自分は帰り出発準備をする。

昼食を終えて午後一時南城を出発することになった。本道路上の休憩中チョット見ると焼跡に双児の死体が土にうずもれて全く可愛想である。

一二月一日　途中の部落を全部掃討し、亦舟にて逃げる二名の敗残兵を射殺し、或いは火をつけて部落を焼き払って前進す。

呂城の部落に入った折すぐ徴発に一家屋に入った所、三名の義勇兵らしきものを発見。二名はクリークに蹴落とし射殺する。一名は大隊本部に連行し手渡す。

## ◈丹陽付近

一二月三日　仮眠した部落を出発する時に家に火をつけたのが大事に至り、後程大隊長にきつく叱られるにきまっていると思っていたが、叱られずに終わった。防毒面二個と鉄帽二個を火事のため失った。

## ◈句容付近

一二月四日　二、三日は滞在の予定だと言うので今度こそは一ぷくだという事で早速徴発に出る。自分は炊事当番で岡山、関本と共に昼食を準備する。徴発隊は鶏、白菜等を持って帰《かえ》り家の豚も殺して昼食は肉汁である。

午後五時同村を出発……約一時間は六粁《キロメートル》行軍である。苦力も重い荷物を背負ってよくもついて来たものだと感心した。

一二月五日　午後八時準備万端終わり、同部落を出発する。出発する時は最早全村火の海である。南京街道を右廻りして高原（丘陵）地帯に入る。

南京に近いのだろう。一軒屋に乾いもが目についた。吾先にとまたたく間に取り尽した。六時頃後方に敵方のらしい銃声が聞こえたが、自分達には南京攻撃を前にして物の数ではない。六時には一度通過した村に逆戻りして高原上の一部落にて安らかに故郷をしのび寝につく。

以上の牧原上等兵の日記には、すでに戦闘する意志もない敗残兵を容赦なく殺害し、抗日勢力の拠点の町とみなせば、全住民を老若男女すべて、作戦として虐殺したことが記されている。進軍途上に遭遇する中国人を「敵地住民」として、逃げたり、不審に思っただけで殺害することに全く躊躇がない。

行軍中の食糧補給はほとんどなく、毎日の食糧を徴発と称して住民からの略奪によっていたことがわかる。日本兵たちは、民家に押し入り、食糧をはじめ生活物資を住民から掠奪する行為が日常化していた。また、南京へ向かって行軍していった部隊には、宿営テントなどの野営設備もなく、かつ上海戦に参加した将兵は夏服のままで防寒用の装備もなく、初冬の大陸を行軍させられたので、多くの部隊が、中国人の民家に押し入って宿泊したことが記されている。しかも、宿泊した民家、農家を出発するさいにほとんど焼き払っていたのである。中国の住民や農民が住む家を焼かれた後の悲惨な生活への配慮はまったくなく、「炎は天高くもえあがり気持ちがせいせいした」などと面白がっているのである。

さらに、食糧・軍需物資運搬のための輜重部隊などがなかったので、兵士たちは現地の農民や住民の成年男子を拉致、連行して苦力《クーリー》として、荷物を運搬させせたり、食事作りや他の雑役に使役したことが記されている。

　上海戦で疲弊し、軍紀の弛緩した部隊を、徒歩で南京まで強行軍させたため、そこでは、民家に住民が隠れていれば、男子の場合殺害、女性の場合は強姦行為におよび、さらに宿営した民家を発つ時は放火していくなどした。さらに本隊のほかに、上海戦で膨大な戦傷者を出した各師団の欠損を補うために日本から派遣された補充部隊が、それぞれ本隊に追いつくべく波状になって、南京を目指して進軍、その途上、「敵地住民」である中国人への暴行・殺害・強姦・放火などの不法行為をつぎつぎと重ねていった。上級指揮官のいない、補充部隊の不法、残虐行為は目に余るものがあった。

　また、上海派遣軍の兵士の多くが、予備役・後備役の二〇代後半から三〇代前半の兵士で、家族もちが多く、妻子を残しての出征であった。上海戦が終われば帰還できると思いきや、そのまま南京攻略戦に駆り立てられた不満や憤りが兵士間に燻《くすぶ》っていた。それらの不満のガス抜きとして、軍の上官たちは性的蛮行を「兵士の元気をつくるに却って必要」といった理由で黙認する傾向があった。「中国女性を征服し」「力ずくで女をものにする」という戦場の役得としての性暴力が、兵士を南京攻略に駆り立てるために黙認された〈註62〉。

　上海から南京まではおよそ三〇〇キロの道程である。日本でいえば、東京から名古屋手前の豊橋までの距離にあたる。この間を上海派遣軍と第一〇軍が先陣争いをしながら進撃していき、さまざまな不法行為、残虐行為を重ねていったあげくに、南京大虐殺事件をひき起こしたのである。

## 南京近郊の県城と村で始まった虐殺

行政区としての南京市は、南京城内とその周辺地域からなる南京城区（中国の都市は西欧の都市と同じように周囲に高い城壁をはりめぐらしているので、城あるいは城市ともいう）と、行政区として南京市に属する県城（中国の県の県都にあたる小都市も城壁で囲まれていたので県城という）と村を合わせた近郊区とからなる。南京市行政区は、南京城区と六つの県からなり、全面積は日本の東京都と埼玉県・神奈川県を合わせた広さにほぼ匹敵する。日本軍が侵攻する前は、近郊六県全部を合わせて約一五〇万人の人口があった。南京城区の人口は、日中戦争前は一〇〇万人以上であったが、日本海軍航空隊の連日の空襲と国民政府の重慶遷都の決定により、人口は激減、一一月二三日に南京市政府が国民政府軍事委員会へ報告した書簡には現在の本市（南京城区）の人口は約五〇万人と記されていた。〈註63〉

広大な南京市行政区地域内に、蒋介石は防衛陣地を築いて中国軍を配備、進撃してくる日本軍にたいして南京防衛戦を展開する準備をしていた。したがって、行政区としての南京市が、日本側がいう南京戦、中国にとっての南京防衛戦の戦区であり、この戦区内でおこなわれた日本軍の中国兵と民衆にたいする不法殺害、不法残虐行為の総体が南京大虐殺事件である。

中支那方面軍の前線部隊がこの南京防衛陣地（南京戦区）へ突入したのが、三七年一二月四日であった。広大な南京戦区の県城と村は、それぞれ孤立して散在、当時はラジオや新聞などの通信手段はなく、日本軍襲来の正確な情報も伝わらなかった。また家財道具や財産をもって遠くへ避難していけるような交通手段もなかった。なによりも、農民には守るべき畑や田と家があった。それについで大切な財産だった馬・牛・ラバ・ロバなどの役畜、食糧源でもあった豚・ヤギ・羊・鶏・アヒルなどの家畜も飼っていた。家を何日も空けるような遠くへの避難はとてもできなかったのである。そのうえ、二〇万を超える日本の大軍が、つぎつぎと波状的に進撃してくるなどとは予想もしていなかった。

中支那方面軍は南京包囲殲滅作戦をとり、総勢二〇万近い軍隊で包囲陣を形成、中心部の南京城へ向かって、師団、旅団、連隊、大隊といった各規模の部隊単位で波状的に進撃していった。南京近郊の農村地帯に住んでいた膨大な数の農民は、さながら日本軍が南京戦区になげた巨大な投げ網のなかを逃げまどう雑魚のような運命にさらされた。

南京攻略戦において日本軍は、上海から撤退してゆく中国軍の追撃殲滅戦と、南京防衛軍にたいする包囲殲滅戦という戦法を実行した。投降兵・敗残兵・捕虜であろうとも中国兵であった者、そう思われた者もふくめて、殲滅つまり皆殺しにされた。

日本は「捕虜の待遇に関する条約」（一九二九年）に意図的に加盟しなかった（一〇五頁参照）が、それでもハーグ陸戦条約（一九〇七年）には加盟していたので、兵器を捨てて投降あるいは無抵抗な敵兵、あるいは武装解除されて捕虜となった敵兵を殺傷することは禁じられていた。しかし、日本軍は中国軍にたいしてはそれを遵守しなかった。

南京城に向かう日本軍の諸部隊が、軍紀の弛緩による破壊欲や気晴らしから沿道の村々を放火して進撃していったので、住む家を灰燼にされた多数の農民が、自分の村の周辺で難民のような生活をしているところを部落掃蕩にきた日本軍に発見され、成年男子が捕縛されて集団虐殺される悲劇が頻発した。

## 南京市行政区の概略図

※笠原十九司著『南京事件』(岩波新書) 74頁
「南京行政区の概略図」を元に作成

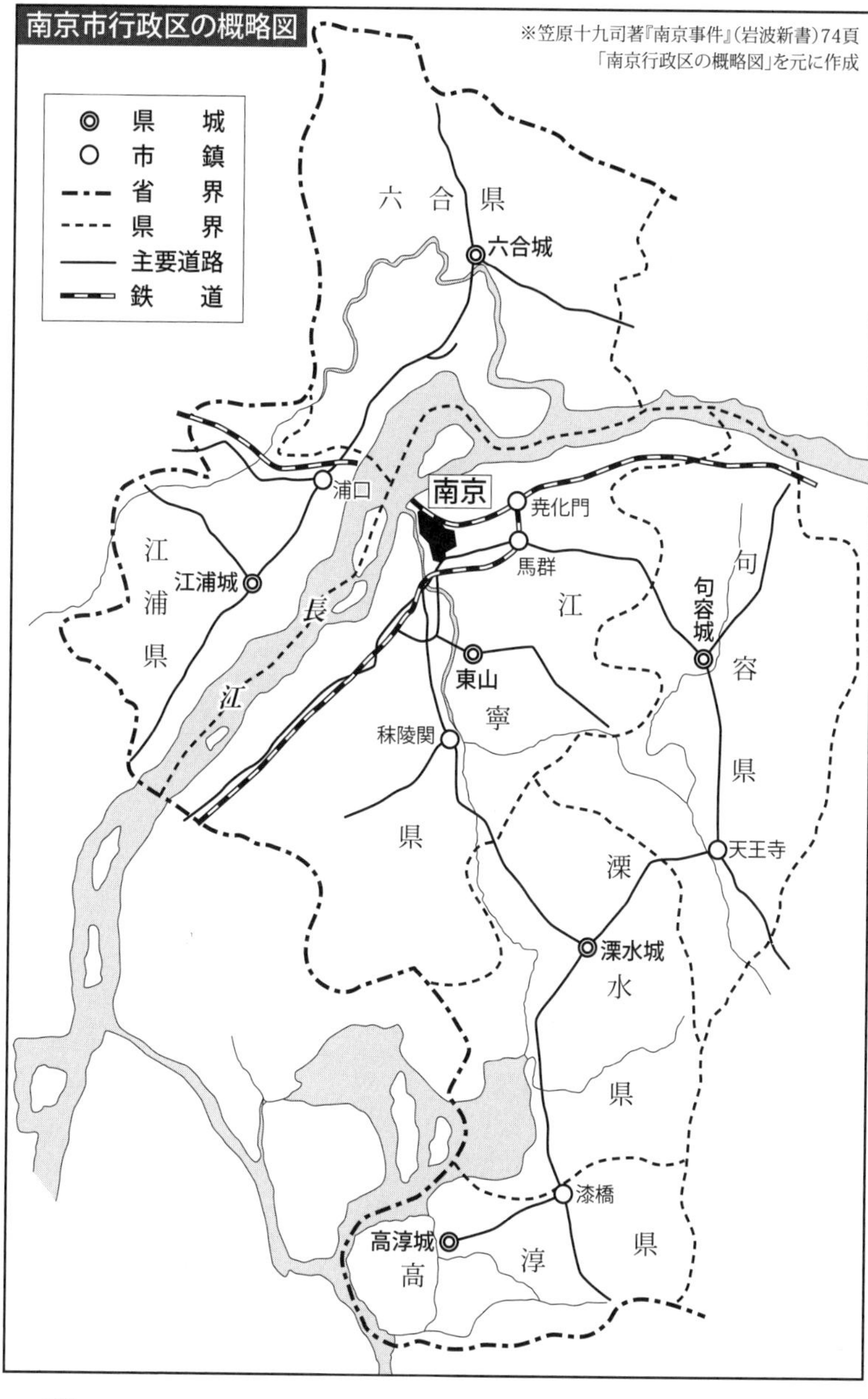

## 南京陥落

南京の中心部はJR山手線の全長とほぼ同じ外周の城壁に囲まれていた。そこへ、一二月一〇日から日本軍は総攻撃を開始した。一二月一二日、日本軍は夜明けとともにかつてなく激烈な攻撃を開始した。南京の制空権を完全に掌握していた日本海軍航空隊は、中国軍陣地内に容赦ない爆撃をくわえ、南京城壁を包囲するかたちで陣地を据えた日本軍の砲列は、城壁と城内に向けて猛烈に砲弾を撃ちこんだ。日本軍はこの日の昼までに南京城の四方を完全に取り囲んで包囲殲滅戦の陣容を整え、各部隊は「南京城一番乗り」を競って膨大な死者を出しながらも壮絶な突撃戦を敢行した。

一二月三日に常州に前進基地をひらいた第二連合航空隊は、同基地から出動して激しい爆撃を南京城内に連日くわえた。蒋介石は一一月二〇日に国民政府の重慶遷都を発表し、政府機関、文化教育機関など諸機関・施設の移転作業を進めさせながら、蒋介石自身は最高国防会議（九月九日設立）主席すなわち中国の最高軍事指導者として南京に留まって南京防衛戦を指導していた。しかし、日本軍の南京防衛陣地内への突入によって、蒋介石自身の生命が危険となったため、南京固守作戦の堅持にこだわっていた蒋介石も、側近からの強い説得にしたがい、一二月七日早朝に南京を飛行機で脱出した。

蒋介石に代わって、打算と野心から南京防衛軍司令長官となった唐生智は、軍閥出身の軍人であり、南京戦のような近代戦を作戦指揮した経験は皆無であった。総数約一五万人を数えた防衛軍の作戦指揮は最初から不可能であった。松井石根と唐生智と、中支那方面軍と南京防衛軍とも、実力・実

南京城区略図

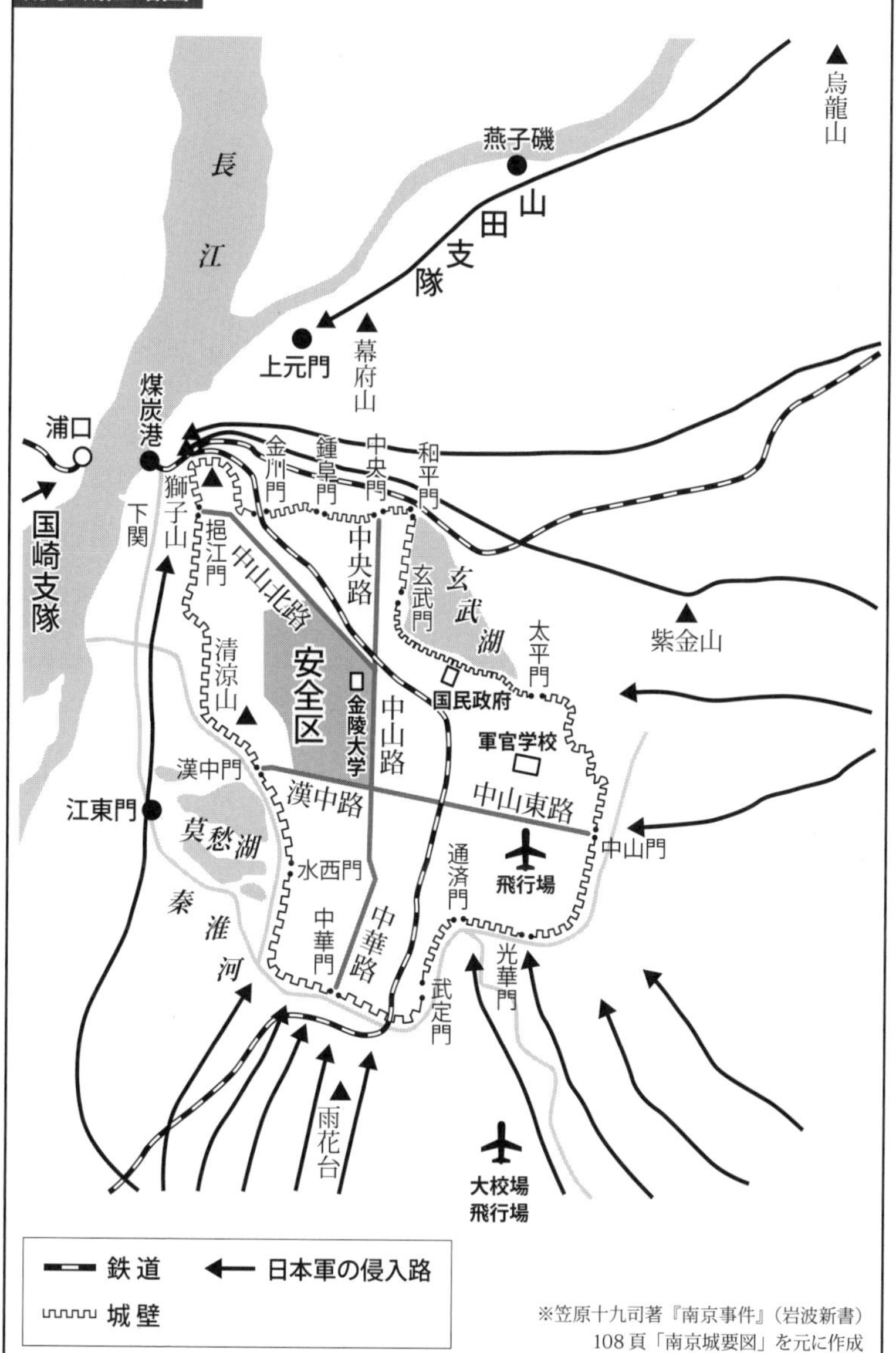


※笠原十九司著『南京事件』(岩波新書)
108頁「南京城要図」を元に作成

城壁の上から撮影した中華門（撮影／齋藤一晴）

績のない不適格者が司令官となったことも、南京大虐殺の一つの要因となった。唐生智司令長官は、迅速な戦況判断も作戦指揮もできないまま、一二月一二日の午後、日本軍が城壁を越えて城内に突撃してくるにおよび、指揮系統は瓦解した。城内の防衛軍は長江方向へ脱出しようとする部隊とそれを阻止しようとする部隊との間に味方どうしの銃撃戦まで発生し、混乱の極にたっした。しかも、唐生智と司令部の幹部は、一二日の深夜、海軍艦艇専用の埠頭から小汽船で長江を渡って脱出してしまったのである。このため、司令部を失って南京城区に残された膨大な中国軍兵士は、もはや軍隊の体をなさず、烏合の衆と化したまま、南京大虐殺の犠牲になったのである。

一二日夕方、日本軍が南京城の南側と東側の城壁と門を破壊して城内に殺到すると、中国軍兵士と市民はパニックに陥った。膨大な数の退却兵・潰走兵と、軍隊といっしょに南京を脱出しようとする避難民の大群が、北西部の挹江門《ゆうこうもん》から脱出、長江をわたって逃げようと埠頭のある下関《シアカン》へ殺到した。しかし、南京死守作戦を命令した唐生智司令長官によって、長江を渡るための船舶はすべて撤収されていた。

一三日午前二、三時ごろには、城内の砲声や銃声も途絶え、中国軍のすべての抵抗は瓦解した。南京城は陥落したのである。

## 「残敵掃蕩作戦」＝大殺戮の開始

南京包囲殲滅作戦をとった中支那方面軍は、一九三七年一二月一三日早朝から南京城内外の「残敵掃蕩」を開始した。各師団・各部隊に担当地域が割りあてられ、掃蕩作戦は周到、徹底したものになった。第一〇軍（丁集団）司令官柳川平助は、こう下令した。〈註64〉

丁集団命令　十二月十三日午前八時三十分

一、（丁）集団は南京城内の敵を殲滅せんとす

一、各兵団は城内にたいして砲撃はもとより、あらゆる手段をつくして敵を殲滅すべし、これがため要すれば城内を焼却し、特に敗敵の欺瞞行為に乗せられざるを要す

南京城外を大軍で完全包囲した日本軍は、手近な城門や城壁の破壊口から城内に侵入して、残留し

ていた市民を巻きこんで徹底的な「残敵掃蕩」を遂行した。

長江沿いの下関一帯には、長江を渡河して脱出できると思った何万という中国兵の大群とそれに混じった難民の群れが、雲霞《うんか》のごとく集まっていた。ハーグ陸戦条約（一〇五頁参照）にもとづけば、すでに軍隊の体をなさず、戦意を失っているそれらの敗残兵の大軍にたいしては、投降を勧告し、捕虜として処遇する必要があった。しかし、日本軍がおこなったのは、殲滅＝皆殺しだった。

同地域の「残敵掃蕩作戦」を担当した第一六師団の佐々木到一支隊長は、一三日の私記に「軽装甲車中隊午前十時ごろ、まず下関に突進し、（長）江岸に蝟集《いしゅう》しあるいは江上に逃れる敗敵を掃射して、無慮《むりょ》一万五千発の弾丸を打ち尽くした。（中略）この日、我が支隊の（掃蕩）作戦地域内に遺棄された敵屍は一万数千に上り、その外、装甲車が（長）江上に撃滅したものならびに各部隊の俘虜を合算すれば、我が支隊のみにて二万以上の敵は解決されている筈である。（中略）その後、俘虜続々投降しきたり数千に達す、激昂せる兵は上官の制止を肯《き》かばこそ、片はしより殺戮する」と書いている。(註65)

佐々木支隊だけで二万数千の残敵（敗残兵）を虐殺したのである。

「江上に逃れる残敵」というのは、一二日の夜から、日本軍の追撃を逃れて、長江南岸を埋め尽くすように集まった何万という群衆が、長江の上流と下流の両方向から日本軍が殲滅戦を展開してくるという絶望的な状況に追いこまれ、さらに前述のように渡河船舶もない絶望的な状況のなかで、にわかづくりの筏、戸板や丸太などの浮力物を利用して、渡河を試みた群衆のことである。長江一面を覆って浮遊しながら下流へ流されていく敗残兵および難民の大群にたいして、一三日に長江を遡って南京に突入した海軍の艦隊が銃撃を浴びせて殺戮した。第一掃海隊「南京遡行作戦経過概要」には、「沿岸一帯の敵大部隊および江上を舟艇および筏などによる敗走中の敵を猛攻撃、殲滅せるもの約一万に達し」と記されている。

「残敵掃蕩作戦」について、ここでは、下関地域の事例のみを紹介したが、南京を占領した中支那方面軍の全部隊が南京城区の全域において展開したのであるから、殺害された中国兵および民間人は膨大な数にたっしたことは想像できよう。

## 入城式のための「残敵大掃蕩」

日本国内では、南京攻略戦に便乗した大新聞同士の報道「一番乗り」合戦が高じた結果、一二月一〇日午後五時、第九師団（金沢）の脇坂部隊が光華門の前門（奥に後門があった）の一角に取りつき、工兵隊の爆破で城壁の一部がくずれてできたピラミッド状の瓦礫の上に日章旗を立てたのを「南京城一番乗り」と誤報（部隊そのものは壊滅状態となる）するまでにエスカレートした。『読売新聞』（一二月一一日）は、「感激の十日、首都を占領　光華門、脇坂部隊誉れの一番乗り　前線一斉に突入市街戦展開」という大見出しで報じた。こうした大新聞の誤報をうけて、一一日の夜、国会議事堂にイルミネーションが点じられ、東京をはじめ全国で南京陥落を祝賀する提灯行列がおこなわれた。朝日新聞社は、南京陥落に合わせて「皇軍大捷《たいしょう》の歌」を懸賞募集し、一二月一〇日に募集を締め切ったところ、東京と大阪の各本社合わせて三万五九九一編の応募があったという。当選した次頁の歌詞には、慶応大学応援歌「若き血」の作詞作曲や「女心の歌」「君を知るや南の国」「カルメン」などのオペラ歌曲の訳詞で知られていた堀内敬三が作曲して熱狂的に歌われようになった。〈註66〉堀内敬三は戦後は日本音楽著作権協会の会長をつとめ、ＮＨＫラジオの「音楽の泉」「話の泉」にレギュラー出演するなど、音楽評論家として音楽界の長老となった。

首都南京は　遂に陥《お》つ
焼けた砲銃《ほづつ》の手をとめて
にっこり笑《ほほえ》めば　隊長も
莞爾《かんじ》と見やる　城壁に
御陵威《みいつ》かがやく朝日影
皇軍大捷万万歳

一二月一三日の昼には、読売新聞社主催で「南京陥落戦勝祝賀大会」が後楽園スタジアムで開催され、一〇万人が集まって君が代を大合唱した。〈註67〉翌一四日には全国の小中学校は休校とし、政府・官庁・教育界の肝いりで全国で旗行列、提灯行列が繰り広げられ、東京では市民四〇万人が繰りだして、皇居の周囲を提灯行列で埋めつくした。日本国民全体が「祝南京陥落」「南京陥落戦勝祝賀」の熱狂の渦中になげこまれたのである。

この日、昭和天皇より南京占領を喜ぶ「御言葉」が下賜された。〈註68〉

陸海軍幕僚長に賜りたる大元帥陛下御言葉
中支那方面の陸海軍諸部隊が上海付近の作戦に引き続き勇猛果敢なる追撃をおこない、首都南京を陥れたることは深く満足に思う。

中支那方面軍の松井石根司令官や武藤章参謀副長、柳川平助第一〇軍司令官らが陸軍中央の統制を無視して強行した南京攻略戦であったが、大元帥昭和天皇からじきじきに「御言葉」が下される大軍功とされたのである。現地軍の中央の命令無視、独断専行による侵略戦争の拡大も、一時的であっても「成功」したと見なせば、天皇が追認して鼓舞、激励するという、以後も繰り返される戦争拡大の構図である。

中支那方面軍の南京占領を日本国民がこぞって熱狂的に祝賀し、天皇からもお褒めの「御言葉」が下賜されるなかで、松井司令官の最大の関心事は、日本の朝野が注視するなかでの南京入城式を一日も早く実施することであった。功名心にはやる松井は、南京城の内外で掃蕩作戦を展開中の師団長たちからの時期尚早であるという反対を押し切って、一七日に入城式を決行することを決定した。このため、日本軍は、一四日から一七日にかけて、南京城の内外で全軍あげての徹底した「残敵大掃蕩」作戦を遂行することになった。大報道陣によって日本国内で報道される「未曾有の盛事、敵の首都への皇軍の入城」の一大セレモニーの日に、式場はもちろん、城内・城外においても、敗残兵や便衣兵（私服兵）によるゲリラ活動のような不祥事が発生してはならなかった。さらには、上海派遣軍司令官朝香宮は皇族で「宮殿下」「宮様」であったから、天皇の軍隊の象徴である皇族の司令官の身に、

幕府山のふもとから長江をのぞむ、対岸は浦口方面（撮影／齋藤一晴）

もしものことがおこれば、一大事であり、関係者の処分、引責問題につながった。

　こうして、一七日に入城式を挙行するために、南京城区だけではなく近郊農村にまでおよんで過酷な「残敵大掃蕩」が強行され、軍民の犠牲をいっそう大きなものにした。集団虐殺の典型は、南京陥落にともない収容していた中国軍の捕虜・敗残兵の大集団（避難民も含む）を長江岸の広大な空き地に連行して、機関銃で射殺、石油をかけて死体を焼却したあと長江へ流すやりかたであった。

　ここでは、大殺戮の一例だけを紹介するが、全体的な様相については拙著『南京事件』（岩波新書）および『南京難民区の百日』（岩波現代文庫）を参照していただきたい。

　第一三師団（仙台）の山田支隊（支隊長山田梅二《せんじ》少将）では、一六日と一七日にかけて捕虜総数一万七〇二五人を上海派遣軍司令部の命令で、三分の一ずつを長江岸に引き出して射殺、虐殺死体の処理は、死骸を長江まで運んで流す方法で、一九日までかけておこなった。

南京大虐殺の犠牲者総数について拙著『南京事件』では、「十数万以上それも二〇万近いかあるいはそれ以上の中国軍民が犠牲になったことが推測される」（二二八頁）と書いたが、犠牲者数でもっとも多かったのは、捕虜・投降兵・敗残兵の状態で虐殺されたおよそ八万人と推定される中国兵であるが、その中でも、以上述べた入城式のための「残敵大掃蕩」による犠牲者がもっとも多かったのである。

## 9　パナイ号事件――〝真珠湾攻撃への序曲〟

### アメリカ砲艦パナイ号を撃沈

時間は少しもどるが、海軍の第一連合航空隊上海派遣隊と第二連合航空隊は、一九三七年一一月下旬に南京攻略戦を開始した第一〇軍および上海派遣軍の陸上作戦に協力して、南京への途上にある常州・丹陽・鎮江などの無防備都市の市街を爆撃したり、敗走する中国軍密集部隊への機銃掃射、撤退部隊を乗せたジャンク群の爆撃、駅や貨車や鉄道などの運輸交通手段の爆撃・破壊など、さまざまな空爆作戦を展開した。陸上戦闘協力の主な航空作戦は、南京へ向けて撤退、敗走する中国軍部隊の退路遮断と殲滅だった。

この間、南京にたいする空爆作戦も継続して実施した。一二月三日、第二連合航空隊は、南京の東南約一三〇キロの位置にある常州に前進基地をひらき、同隊の約半数の飛行機を移駐させ、同基地から南京爆撃へ出撃できるようになった。以後、南京・蕪湖方面への陸戦協力のための出撃は容易となり、空爆は激しさを加えた。一二月一三日の南京陥落まで、海軍航空隊の南京空爆は、最初の渡洋爆撃から数えて五〇余回におよび、参加飛行機延べ九〇〇余機、投下爆弾は一六〇余トン、南京市民は、二日半に一度は空襲に見舞われるという激しい頻度であった。また、南京をのぞいた上海・杭州—南京間の中支那方面軍の陸上作戦に協力した飛行機の延べ機数は五三三〇余機、投下爆弾は九〇〇余トンという莫大な数に達した。

前述のように、一二月一二日は南京市街を囲む城壁を完全に包囲した日本軍が、城内突入を目ざして、中国軍と最後の激闘を繰りひろげた日となった。完全に南京の制空権を掌握していた海軍航空隊機は、中国軍陣地に容赦ない爆撃をくわえた。川（長江）と空からの中国軍の包囲殲滅をめざした支那方面艦隊は、遡江部隊が烏龍山砲台（南京の下流の長江岸にある砲台）の下流まで進撃してきていた。支那方面艦隊航空部隊・第一空襲部隊所属の第二連合航空隊の第一二航空隊と第一三航空隊の艦上爆撃機、艦上戦闘機、陸上攻撃機の各隊は、南京城内外陣地および浦口（南京の下関埠頭と長江をはさんで北岸にある埠頭）を終日爆撃した。

この日の午前、中支那方面軍司令部から、常州基地の第二連合航空隊の司令部に、「本日午前、南京上流約一〇浬《カイリ》（およそ二〇キロメートル）の揚子江上に中国の敗残兵を満載した商船約一〇隻が上流に向かって逃走中である。陸軍にはこの敵を攻撃する手段がないので、ぜひとも海軍航空部隊で攻撃してもらいたい」という電話による通報があった〈註69〉。

これを受けて、常州基地所在の海軍航空部隊指揮官であった第一二航空隊司令の三木守彦大佐は、可動の全機をもって、中国商船団を爆撃することを決定した。常州基地を午後零時四〇分前後に発進したのは、第一三航空隊指揮官村田重治大尉の九六式艦上攻撃機三機、第一三航空隊指揮官奥宮正武大尉の九六式艦上爆撃機六機、第一二航空隊指揮官小牧一郎大尉の九四式艦上爆撃機六機、第一二航空隊指揮官潮田良平大尉の九五式艦上戦闘機九機の計二四機であった。

午後一時三〇分ごろ、攻撃隊の先頭を飛行していた村田隊が南京上流約四五キロの長江に停泊しているアメリカ砲艦パナイ号とスタンダード石油会社の船三隻を発見した。村田隊はわずかに三機の編隊であったが、各機六個ずつ計一八個の六〇キロ爆弾を搭載していた。先頭の村田機は、パナイ号からの防禦砲火がなかったので、急降下爆撃をおこない、その一、二弾がパナイ号に命中し、これが致命弾となり、およそ二時間後に沈没した。

パナイ号は、アメリカ・アジア艦隊のヤンツー・パトロール（揚子江警備隊）に所属する船底の浅い河川用砲艦で、長さ一九一フィート（約五八・二メートル）、重量四五〇トン、二つの三インチ砲と一〇挺の口径三〇ミリ機関銃を備えていた。ヤンツー・パトロールは、長江流域でのアメリカの商業活動を護衛する目的で創設され、数隻の軍艦から編成されていた。

その日は日曜日だったので、日本軍機の爆撃をうけるとは予想もしなかった乗組員たちは平常よりもゆるやかな休日の勤務態勢をとっていた。船員の八人は近くに停泊しているスタンダード石油会社の美平号にビールを飲みに行ったまま、戻らずに爆撃をうけることになった。

パナイ号には、艦長のヒューズ少佐以下将校・乗組員五九人、南京アメリカ大使館員四人、アメリカ人のジャーナリスト五人、商社員二人、イギリス人ジャーナリスト一人、イタリア人ジャーナリスト二人が乗っていた。ネルソン・ジョンソン駐華大使ら主要スタッフは、日本軍の南京攻略を前にして、国民政府機関が暫定首都の武漢へ移転していったのにともなって、一一月二三日に武漢へ移っていったので、ジョージ・アチソン・ジュニア二等書記官以下四人の南京アメリカ大使館員が、南京アメリカ大使館に留まって執務をつづけていたのである。しかし、日本海軍機の南京爆撃があまりにも危険になったため、一二月九日に大使館を一時閉鎖して、南京城内を引き揚げ、無線施設をそなえたパナイ号に臨時の大使館分室を置いて、執務をしていた。そこを爆撃されたのである。アメリカにとっては、政府を代表する大使館機関が日本海軍機に爆撃されたことを意味した。

本書ではパナイ号事件について、詳述する余裕はないので、拙著『日中全面戦争と海軍―パナイ号事件の真相』(青木書店)で専門的に論じ、さらに拙著『海軍の日中戦争―アジア太平洋戦争への自滅のシナリオ』(平凡社)においても比較的詳細に論じたので参照していただければ、幸いである。

## "REMEMBER The PANAY!"

パナイ号撃沈により、パナイ号水兵の二人が死亡、同乗していたイタリア人記者死亡、さらにパナイ号が警護していたアメリカ商船美安号の船長も爆撃で死亡したので、パナイ号撃沈事件の死者は四人、重傷者はヒューズ艦長以下三人、負傷者一〇人という犠牲者がでた。

同じころ、奥宮正武大尉の指揮する九六式艦上爆撃機六機は、パナイ号の下流に停泊していた、イギリス砲艦スカラブ号、クリケット号を爆撃したが、反撃されたうえに、中途からイギリス砲艦と判明したので、爆撃を中止、死傷者は出さなかった。しかし、同日の午前、南京の上流にある蕪湖に停泊していたイギリス砲艦レディーバード号が、第一〇軍所属の野戦重砲兵第一三連隊（連隊長橋本欣五郎大佐）の砲列による陸上からの砲撃を受け、死者一人、重傷一人、軽傷数人を出したレディーバード号事件が発生した。

橋本欣五郎は、ファシスト運動を推進した国粋主義者で、参謀本部少壮将校を集めて「桜会」を結成、満州事変に前後して軍部のクーデター未遂事件であった三月事件、十月事件の首謀者であった。十月事件で行政処分をうけ、二・二六事件後の粛軍によって、予備役とされたが、柳川平助第一〇軍司令官と同様に杭州湾上陸作戦のために召集され、野戦重砲兵第一三連隊長として南京攻略戦に参加、南京から撤退する蕪湖付近の中国軍を撃滅する作戦任務を遂行していてこの事件を引き起こしたのである。

レディーバード号事件とパナイ号事件は、政府・軍中央の統制がきかない日本軍の暴走的体質を警戒したアメリカ軍とイギリス軍が以後連携を強めていく重要な契機になった。

日本海軍と政府はパナイ号事件にたいして、日本軍機の乗員がパナイ号の星条旗を認識できずに中国艦船と誤って爆撃、撃沈した「誤爆」であったとひたすら謝罪、アメリカ側が請求するとおりの賠償金を全額支払った。また日本の婦女子を中心にしたアメリカへの謝罪運動を展開した。ルーズベルト大統領もこの時点では、日本との軍事的衝突を好まなかったので、「誤爆」であることは認めなかったが、謝罪と賠償を受け入れた。日本ではアメリカ政府の謝罪・賠償受け入れで「円満解決」されたとして、以後、現在にいたるも、パナイ号事件がもった深刻な歴史的意味が考えられていない。

「REMEMBER The PANAY!」のポスター

いっぽう、アメリカでは右の写真のように、日本商品ボイコットを呼びかけるポスターに"REMEMBER The PANAY!"というスローガンが記され、また、アメリカ海軍の将校の間では、日本海軍への報復を誓うという意味で、乾杯の際の合い言葉になったという。アメリカ政府と国民は、日本海軍機が「故意爆撃」をおこなったと確信したからこそ、アメリカ海軍に敵対したととらえ、対日感情を悪化させたのである。おりから、南京を攻略した日本軍による南京大虐殺についても大々的な報道がなされ、日本軍の残虐行為にたいするアメリカ国民の憤りが高まり、その結果として、日本の中国侵略批判と抗日中国への支援運動が開始された。アメリカ国民の日本商品ボイコット運動が拡大するにともない、それは対日経済制裁の要求にまで発展するようになった。さらにルーズベルト大統領以下、アメリカの政府指導者は、現地軍の独断専行や海軍航空隊の中国都市爆撃の拡大などを統制できない日本政府と軍部中央の指導力にたいして不信感と危機感を抱き、「再び不意打ち」「奇襲攻撃」がおこなわれる可能性を警戒して、アメリカ海軍、航空兵力の軍備拡張を推進するようになった。

そして、一九四一年一二月八日（アメリカ時間では一二月七日）の真珠湾奇襲攻撃がなされた後、パナイ号事件が"Prelude to Pearl Harbor"として改めて想起、記憶されることになった。それは、パナイ号事件三〇周年の年に、アメリカで次のような歴史書が出版されたことからも伺われる。

Harlan J. Swanson, *The Panay Incident: Prelude to Pearl Harbor*, 1967.

Manny T. Koginos, *The Panay Incident: Prelude to War*, 1967.

Hamilton D. Perry, *The Panay Incident: Prelude to Pearl Harbor*, 1969.

アメリカの歴史書において、パナイ号事件を「真珠湾攻撃への序曲」「日米戦争への序曲」と位置付けるのは、パナイ号撃沈と真珠湾奇襲とは、規模はまったく異なるが、日本海軍機のアメリカ艦船への「不意打ち」「騙し討ち」「卑怯な急襲」によって戦争を挑発されたことにおいて、同質であるというアメリカ人の認識を示している。

## 〝真珠湾攻撃への序曲〟を証明した三人

ここで、歴史の駒を少し進めて、日本側からもパナイ号事件が〝真珠湾攻撃への序曲〟となったことを証明する軍人が三人存在することを紹介しておきたい。

山本五十六は、本書で詳述してきたように海軍航空隊の「生みの親」といえたが、パナイ号事件のときは海軍次官をつとめていた。山本は、米内光政海相に代わって、日米国交断絶と日米開戦の危機まで招来した事件の鎮静化に辣腕をふるった。山本次官は、対アメリカ政府、対日本国民、対海軍とそれぞれにたいする対策を使い分け、日本国民にたいしては、「誤爆」の謝罪・賠償をアメリカ政府が受け入れて「円満解決」したという虚構の安堵感をあたえたのである。その山本五十六が、一九三九年に連合艦隊司令長官となってから、真珠湾奇襲攻撃作戦を作案、準備・訓練をさせたうえで、パナイ号事件からちょうど四年後の一九四一年一二月八日、日本海軍の真珠湾攻撃を総指揮し、日米戦争そしてアジア太平洋戦争へと日本を突入させたのである。

二人目の軍人は、パナイ号に致命爆弾を命中させた第一三航空隊指揮官で操縦士の村田重治大尉である。

村田重治は、パナイ号撃沈により米内海相から譴責処分されたが、それはアメリカ政府向けの形式にすぎず、翌三八年三月には第二連合航空隊の分隊長に任命された。同年八月の漢口大空爆作戦においてはその功績により、勲五等を叙勲され、瑞宝章を授与された。村田大尉は、三九年二月の海軍の海南島の攻略作戦（下巻五八頁参照）においても、空爆隊の指揮官として海南島の町や村落の爆撃、破壊に活躍した。

四一年一二月八日の真珠湾攻撃において、「雷撃王」として名をはせた村田重治少佐は、機動部隊第一波攻撃隊の雷撃機四〇機の指揮官として出撃、自機が浅海面発射した魚雷を戦艦ウェストバージニアに命中させた。パナイ号を撃沈した村田大尉は、「誤認」爆撃を謝罪、山本海軍次官は村田を譴責処分する立場にあったが、真珠湾攻撃作戦においては目標どおりに戦艦ウェストバージニアを撃破、その功績により、連合艦隊司令長官山本五十六より感状を授与されたのである。

村田重治はパナイ号を撃沈し、真珠湾攻撃では先陣を切って魚雷攻撃で米戦艦ウェストバージニアを撃破したことにおいて、まさにパナイ号事件が〝真珠湾攻撃への序曲〟となったことを証明したパイロットといえた。

三人目の軍人は、パナイ号を撃沈した航空隊が発進していった常州基地に駐在して、第二連合航空隊の参謀として、現場での事件処理にあたった源田實中佐である。源田中佐は、九月一九日からの南京空爆作戦に自らも参加し、また中国空軍機との航空戦の体験を踏まえて、零戦の設計主任の堀越二郎に具体的な注文をした（二五二頁参照）。

源田實中佐は四一年二月に大西瀧治郎少将から「真珠湾作戦計画」の研究を依頼され、以後真珠湾攻撃作戦のプランナーとなった。四一年四月から第一航空艦隊（司令長官南雲忠一中将）の参謀となった源田は、真珠湾に停泊する米国太平洋艦隊の主力艦を奇襲攻撃により撃沈するために、航空魚雷を主用することを考えたが、真珠湾は水深わずか一二メートル程度の浅海面であったので、魚雷の浅海面発射の飛行技術の困難性を認識していた。そこで、四一年九月に空母赤城の臨時飛行隊長（一一月に正式に飛行隊長）に抜擢したのが村田重治少佐であった。

四一年一二月八日、真珠湾攻撃の機動部隊旗艦の空母赤城の艦橋で戦果を待っていた源田のもとに、全攻撃隊の中で、一番先にはいってきたのが「われ、敵主力を雷撃す、効果甚大」という村田雷撃隊長からの報告であった。

パナイ号事件については、日本政府・軍部の誠意ある謝罪と賠償、再発防止の保障をアメリカ政府が全面的に受け入れたことにより、パナイ号事件は「円満解決」したという国内向けのごまかしは功を奏して、日本国民の記憶からパナイ号事件はほとんど忘れられていくことになり、現在にいたるも、歴史辞典類に歴史的事件として記載されることも少なく、歴史教科書には記述されておらず、歴史書に言及されている場合も、アメリカ政府が「誤爆」を認めて「円満解決」したかのように書かれているだけである。

【註】


〈1〉マルコ・ポーロ、愛宕松男訳『東方見聞録〈1〉—マルコ・ポーロの旅』平凡社、一九八三年、二二二頁。

〈2〉浅井純「新証言・盧溝橋事件〝運命の銃声〟」『文藝春秋』一九八五年八月号。

〈3〉外務省編纂『日本外交年表竝主要文書　下』日本国際連合協会、一九五五年、三六六頁。

〈4〉秦孝儀総編纂『総統　蒋公大事長編初稿　巻四上冊』一九七八年、七九頁。

〈5〉笠原十九司「国民政府軍の構造と作戦」（中央大学人文科学研究所編『民国後期中国国民党政権の研究』中央大学出版部、二〇〇五年）二五八頁。

〈6〉『現代史資料9　日中戦争2』みすず書房、一九六四年、二〇頁。

〈7〉前掲『総統　蒋公大事長編初稿　巻四上冊』、九三頁。

〈8〉防衛庁防衛研修所戦史室『戦史叢書　中国方面海軍作戦(1)』朝雲新聞社、一九七四年、二四八頁。

〈9〉防衛庁防衛研修所戦史室『戦史叢書　中国方面海軍作戦(1)』朝雲新聞社、一九七四年、二五二頁。

〈10〉同前、二六〇頁。

〈11〉防衛庁防衛研修所戦史室『戦史叢書　支那事変陸軍作戦(1)』朝雲新聞社、一九七五年、二二三頁。

〈12〉防衛庁防衛研修所戦史室『戦史叢書　支那事変陸軍作戦(1)』朝雲新聞社、一九七五年、二二四頁。

〈13〉防衛庁防衛研修所戦史室『戦史叢書　支那事変陸軍作戦(1)』朝雲新聞社、一九七五年、二四五、二四六頁。

〈14〉伊藤隆・劉傑編『石射猪太郎日記』中央公論社、一九九三年。

〈15〉外務省編纂『日本外交文書　日中戦争　第一冊』六一書房、二〇一一年、九〇頁。

〈16〉笠原十九司『海軍の日中戦争―アジア太平洋戦争への自滅のシナリオ』平凡社、二〇一五年。

〈17〉『上海海軍特別陸戦隊　殉職海軍大尉　大山勇夫の日記』大山日記刊行委員会、一九八三年。

〈18〉同前、二一二頁。

〈19〉防衛庁防衛研修所戦史室『戦史叢書　中国方面海軍作戦⑴』朝雲新聞社、一九七四年、三一〇頁。

〈20〉国民党中央常任委員会『中常第五〇次会議（一九三七年八月一二日）速記録』（台北、中国国民党史委員会所蔵）

〈21〉笠原十九司「第五章　国民政府の構造と作戦―上海・南京戦を事例に―」（中央大学人文科学研究所編『民国後期中国国民党政権の研究』中央大学出版部、二〇〇五年）

〈22〉生出寿『【不戦海相】米内光政』徳間書店、一九八九年、八四頁。

〈23〉『現代史資料9　日中戦争2』みすず書房、一九六四年、一九九頁。

〈24〉同前、一九八頁。

〈25〉原田熊雄『西園寺公と政局　第六巻』岩波書店、一九五一年、六八、七三頁。矢部貞治『近衛文麿上巻』近衛文麿伝記編纂刊行会、四二四頁。

〈26〉「第一航空戦隊戦闘ノ大要　軍艦加賀」防衛省防衛研究所図書館所蔵資料。

〈27〉防衛庁防衛研修所戦史室『戦史叢書　中国方面海軍作戦⑴』朝雲新聞社、一九七四年、三一七頁。

〈28〉生出寿『【不戦海相】米内光政』徳間書店、一九八九年、八六頁。

〈29〉「隠忍を捨てて断乎膺懲、今暁・政府重大声明、緊急閣議で遂に一決」『東京朝日新聞』一九三七年八月一五日付。

〈30〉防衛庁防衛研修所戦史室『戦史叢書　中国方面海軍作戦⑴』朝雲新聞社、一九七四年、三四三頁。

〈31〉「昭和十二年八月十五日　南京攻撃戦闘詳報　木更津航空隊」防衛省防衛研究所図書館所蔵資料。

〈32〉『井上成美』資料編、井上成美伝記刊行会、一九八二年、一七七頁。

〈33〉笠原前掲書『海軍の日中戦争』二〇八頁。

〈34〉防衛庁防衛研修所戦史室『戦史叢書　中国方面陸軍作戦(1)』朝雲新聞社、一九七五年、二六四頁。

〈35〉防衛庁防衛研修所戦史室『戦史叢書　大本営陸軍部(1)』朝雲新聞社、一九六七年、四三八頁。

〈36〉一九三七年当時の兵役制度では、男子は満二〇歳で徴兵検査を受け、兵営に入って現役として軍隊訓練生活をするのが二年間（海軍は三年間）、在営が終わるとさらに五年四カ月の予備役、そのあと一〇年間の後備役に服さねばならなかった。後備役は二〇歳代後半から三〇歳代後半であり、体力の低下はもとより、多くのものが結婚して妻子をもち、一家の生活をささえていた状況での出征であったから、戦場においても後顧の憂いの多い年齢階層で、士気も一般に低かった。

〈37〉「石原莞爾中将回想応答録」（『現代史資料9　日中戦争2』みすず書房、一九六四年）、三〇七頁。

〈38〉「陸軍少将・上海派遣軍参謀長　飯沼守日記」（南京戦史編集委員会『南京戦史資料集』偕行社、一九八九年。

〈39〉寺崎英成『昭和天皇独白録　寺崎英成・御用掛日記』文藝春秋、一九九一年、三七頁。

〈40〉防衛庁防衛研修所戦史室『戦史叢書　中国方面海軍作戦(1)』朝雲新聞社、一九七四年、四八一～四八五頁。

〈41〉田中新一『支那事変記録　其の二』防衛省防衛研究所図書館所蔵資料。

〈42〉日本海軍航空史編纂委員会編『日本海軍航空史(4)戦史篇』時事通信社、一九六九年、七六七頁。

〈43〉「第七二回帝国議会衆議院議事速記録号外」（『帝国議会・衆議院議事速記録　六九』東京大学出版会）

〈44〉「国際正義実現のため我等今敢然起つ　首相、街頭へ第一声」『東京朝日新聞』一九三七年九月一二日。

〈45〉二連空機密第九八号「南京空襲部隊戦闘詳報」別紙第三、防衛省防衛研修所図書館戦史史料、②支那事変三九。

〈46〉二連空機密第九八号「南京空襲部隊戦闘詳報」防衛省防衛研修上図書館戦史史料、②支那事変三九。

〈47〉南京事件調査研究会編訳『南京事件資料集　①アメリカ関係資料編』青木書店、一九九二年、二二頁。

〈48〉『海陸軍大空爆戦記』（雑誌『日の出』一九三八年一月号第一付録）、八九～九〇頁。

〈49〉歴史学研究会編『太平洋戦争史3　日中戦争Ⅱ』青木書店、一九七二年、四一頁。

〈50〉外務省編纂『日本外交年表竝主要文書　下』日本国際連合協会、一九五五年、三七〇頁。

〈51〉防衛庁防衛研修所戦史室『戦史叢書　支那事変陸軍作戦(1)』朝雲新聞社、一九七五年、三一一頁。

〈52〉外務省編纂『日本外交文書　日中戦争　第三冊』六一書房、二〇一一年、一六一七頁。

〈53〉歴史学研究会編『太平洋戦争史3　日中戦争Ⅱ』青木書店、一九七二年、四八頁。

〈54〉石島紀之『中国抗日戦争史』青木書店、一九八四年、六五、六七頁。

〈55〉南京戦史編集委員会『南京戦史』偕行社、一九八九年、六頁。

〈56〉上法快男編『軍務局長　武藤章回想録』芙蓉書房、一九八一年、一一六、一一九頁。

〈57〉防衛庁防衛研修所戦史室『戦史叢書　中国方面陸軍作戦(1)』朝雲新聞社、一九七五年、四一八、四一九頁。

〈58〉「下村定大将回想応答録」(『現代史資料9　日中戦争2』みすず書房、一九六四年)、三八三頁。

〈59〉南京戦史編集委員会『南京戦史資料集』偕行社、一九八九年、五五二頁。

〈60〉笠原十九司「第3章　日本の文学作品に見る南京虐殺の記憶」(都留文科大学比較文化学科編『記憶の比較文化論―戦争・紛争と国民・ジェンダー・エスニシティ』柏書房、二〇〇三年)。

〈61〉「牧原日記」(井口和起・木坂順一郎・下里正樹編『南京事件・京都師団関係資料集』青木書店、一九八九年、所収)

〈62〉国府台陸軍病院附軍医中尉早尾乕男「戦場に於ける特殊現象と其対策」(吉見義明編『従軍慰安婦資料集』大月書店、一九九二年。早尾乕男軍医中尉「戦場神経症竝ニ犯罪ニ就イテ」昭和一三年四月(高崎隆治編『軍医官の戦場報告意見集』〈十五年戦争重要文献シリーズ①〉不二出版、一九九〇年)。

〈63〉笠原十九司『南京事件』岩波新書、一九九七年、二二〇頁。

〈64〉南京戦史編集委員会『南京戦史資料集』偕行社、一九八九年、五五四頁。

〈65〉「佐々木到一少将私記」(南京戦史編集委員会『南京戦史資料集』偕行社、一九八九年)、三七八頁。

〈66〉長田暁二『戦争が遺した歌―歌が明かす戦争の背景』全音楽譜出版社、二〇一五年、五〇七頁。

〈67〉「轟け南京まで！　十万人の大合唱　歓喜沸く後楽園スタジアム」(『読売新聞』一九三七年一二月

一三日夕刊)。
〈68〉南京戦史編集委員会『南京戦史資料集Ⅱ』偕行社、一九九三年、一四一頁。
〈69〉奥宮正武『海軍航空隊全史(上)』朝日ソノラマ、一九八八年、一一三頁。

笠原　十九司（かさはら・とくし）

1944年群馬県生まれ。最終学歴：東京教育大学大学院修士課程　文学研究科東洋史学専攻　中退。学位：学術博士（東京大学）。職位：都留文科大学名誉教授。専門分野：中国近現代史、日中関係史、東アジア国際関係史。

主な著書：『南京事件』（岩波新書、1997年）、『日中全面戦争と海軍—パナイ号事件の真相』（青木書店、1997年）、『南京難民区の百日』（岩波現代文庫、2005年）、『体験者27人が語る南京事件』（高文研、2006年）、『日本軍の治安戦』（岩波書店、2010年）、『海軍の日中戦争—アジア太平洋戦争への自滅のシナリオ』（平凡社、2015年）など。

# 日中戦争全史〔上〕

●二〇一七年七月二〇日———第一刷発行
●二〇一七年九月一八日———第三刷発行

著者／笠原　十九司

発行所／株式会社 高文研
東京都千代田区猿楽町二—一—八
三恵ビル（〒一〇一—〇〇六四）
電話03=3295=3415
http://www.koubunken.co.jp

印刷・製本／モリモト印刷株式会社



ISBN978-4-87498-624-0 C0021